Esoterik

Herausgegeben von Ger

Unwissende halten den Sufismus für einen mysteriösen Zweig der Esoterik. Die wahre Natur des Sufi-Erbes tritt jedoch immer deutlicher hervor, dank der zahlreichen Veröffentlichungen zu diesem Thema in den letzten Jahren. Sufi-Denken und Sufi-Handeln haben ihren Platz im alltäglichen Leben gefunden. Sie erfordern, daß die Menschen ihre unbewußten und festgefahrenen Einstellungen erkennen und verändern. Das in die Wege zu leiten ist Ziel der Fragen und Antworten in diesem Buch, in dem Idries Shah versucht, die Bedingungen zu schaffen, unter denen wahres Lernen erst beginnen kann.

Idries Shah wurde 1924 in Indien geboren. Er ist afghanischer Abstammung und lebt heute als britischer Staatsbürger in England. Er ist Direktor des Institute for Cultural Research in London, Mitglied des Club of Rome und der British Association for the Advancement of Science. Durch seine zahlreichen Veröffentlichungen ist er einer der bekanntesten Vertreter des Sufismus unserer Zeit geworden. Sein Werk überschreitet die Grenzen von Kultur, Religion und gesellschaftlicher Prägung.

Deutsche Erstausgabe

Titel der Originalausgabe »Learning How to Learn«

Umschlaggestaltung Dieter Bonhorst
Satz IBV Satz- und Datentechnik, Berlin
Druck und Bindung Clausen & Bosse, Leck
Printed in Germany · 1 · 9 · 885
ISBN 3-426-04144-8

1. Auflage

Idries Shah:
Wege des Lernens

Die spirituelle Psychologie der Sufis

Aus dem Englischen von Christa Broermann

Knaur

ISBN 3-426-04144-8 1280

Laß dir das Unglück anderer zur Warnung dienen, damit dein Unglück nicht den anderen zur Warnung dienen muß.

Saadi, *Der Rosengarten*
13. Jahrhundert

Wenn das Kamel unserer Bemühungen im Treibsand versinkt, was ändert es dann, ob unser Ziel noch weit entfernt oder schon nahe ist?

Ustad Khalilullah Khalili
Quatrains, 1975

Die Welt ist nur eine Allegorie: Von Anfang bis Ende nur eine Farce, ein Theaterstück.

Shabistari, *Der geheime Garten*
13. Jahrhundert

Inhalt

Einleitung Wie man den Anfang findet . . . 11

1 Wahres und vermeintliches Studium . . . 17

Sufis und ihre Nachahmer . . . 17
Auf dem Weg zum Wissen . . . 23
Die Geheimnisse und die Sufis . . . 36
Wann man sich treffen soll . . . 38
Die Decke . . . 43
Widersprüchliche Texte . . . 49
Selbstbetrug . . . 51
Reisen in den Orient . . . 52
Wie sieht ein Sufi-Lehrer aus? . . . 55
Buchweisheit und lebendiges Wissen . . . 59
Heiligkeit . . . 64
Innerstes Bewußtsein . . . 67
Was Buchstaben lehren können . . . 71
Die Hintergründe der ›Bescheidenheit‹ . . . 76
Wie ernsthaft ist der Schüler? . . . 83
Soziale und psychologische Elemente der Sufi-Lehre . . . 86

2 Über die Aufmerksamkeit . . . 90

Die Charakteristika von Aufmerksamkeit und Beobachtung . . . 90

3 Themen für Sufi-Studien 96

4 Die Dinge dieser Welt 99

Ein orientalischer Weiser und die Zeitungen . . 99
Die Grundlage für das Interesse der Menschen . 101
Das Denken in den Begriffen von ›Angebot und Nachfrage‹ 103
Die Wirkung von Geschichten und Erzählungen . 106
Wundergeschichten 109
Ständige versus effektive Aktivität 113
Urteilsvermögen wiegt schwerer als Meinungen . 115
Geheiligte Gier 116
Das Streben der Narren 119
Wann Kritik aufhören kann 121
Kenntnisse und Erfahrungen 123
Die Lehre ist eine Sache des Verhaltens . . . 124
Das Wissen um die eigene Aufrichtigkeit . . . 129
Möchtegern-Anhänger und Berufene 131
Befriedigung und Zwecke von Ritualen . . . 134
Wirkliche und scheinbare Weiterentwicklung . 136
Die Rollen von Lehrer und Schüler 137

5 Handlung und Bedeutung 141

Wahre und relative Großzügigkeit 141
Warum Sufis sich durch Vortrefflichkeit auszeichnen 142
Verwirrung als persönliches Problem 144
Wenn man ein ›Guru‹ wird 146
Systeme 148
Das Ausdrucksmittel und die Botschaft . . . 150
Sorgen und Wehgeschrei 152
Gebrauch, Mißbrauch und Vernachlässigung verschiedener Formen des Lernens 154

Potential und Funktion 157
Konditionierung und Erziehung 159
Die Suche nach einem redlichen Menschen . . 160
Wie kann eine Methode ebenso gut sein wie eine andere? 162

6 Dreiundzwanzig Lehrsätze 165

7 Studium Generale 171

Lernen und Nichtlernen 171
Einige Eigenheiten der Sufi-Literatur 175
Unparteilichkeit als Grundhaltung 181
Eigenschaften und Aufgaben einer Sufi-Gruppe . 183
Voraussetzungen für Sufi-Schüler 184
Im Takt ist aus dem Takt 188
»Färbe deinen Gebetsteppich mit Wein« . . . 191
Der Meisterfärber 193
Methode, System und Konditionierung . . . 196
Westliche Kultur 199
Die westliche Tradition 201
Wie lehrt der Sufi? 204
Die Weisheit der Narren 207
Feuer angreifen 211
Die Aufgabe einer Brücke 213
Der Verfall von Studien 215
Gemeinschaft und menschliches Wachstum . . 217
Der Wert von Frage-und-Antwort-Stunden . . 223
Hingabe, Dienst, Aufrichtigkeit 226
Sufis und Gelehrte 230
Ein Unternehmen muß nach seiner Zielsetzung beurteilt werden, nicht nach dem äußeren Anschein 238
Sufi-Organisationen 239

8 Sufi-Studien 242

Zusammenkommen 242
Das Verschweigen von Schwächen 245
Helden und Heilige 247
Die Ebenen des Dienens 249
Ritual und Praxis 251
Über die Präsenz 254
Der Weg zum Sufismus 257
Wohltätigkeit 264
Wie oft man ein Buch lesen soll 266
Der schwindende Einfluß der Religion 269
Warum gibt es kein britisches Karakulschaf? . . 272
Lehrmethoden und Voraussetzungen 277
Leiden in ›spirituellen Unternehmungen‹ 285
Das Lehren durch Schock 288
Emotionale Erwartungen 292
Voreilige Schlüsse 294
Der Rosenkranz und die Robe 297
Übungen aufs Geratewohl 299
Nach den Richtlinien einer Schule 303
Lehren durch persönliches Vorbild 306
Der Lehrplan einer Schule 309
Alles über jemanden wissen 316
Bemerkungen zum Derwisch-Pfad 317
Zusammenkünfte, Gruppen, Klassen 320
Verborgene Dimensionen 324
Erklärung 327

Einleitung

Wie man den Anfang findet

Der Sufismus war bis vor wenigen Jahren für die meisten Menschen ein Buch mit sieben Siegeln. Daran erinnern uns jetzt immer wieder literarisch Gebildete, Psychologen und die wachsende Anzahl derjenigen, die sich dem Studium des menschlichen Bewußtseins widmen. Die Sprache, die in den klassischen und technischen Schriften des Sufismus verwendet wird, war fast nicht zu entschlüsseln. Die Orientalisten (die man neuerdings zutreffender ›Spezialisten für Geisteswissenschaften in Asien und Afrika‹ nennt) hatten beinahe ein Monopol auf Informationen zu diesem Thema und waren sich trotzdem nicht darüber einig, was Sufismus ist, wie und wo er begann und was seine Lehren bedeuten. Einige islamische Forscher lehnten ihn ab, andere erblickten in ihm die Essenz des Islam. Manche Nichtmoslems waren fasziniert, andere fanden ihn zu kulturspezifisch für ihren Geschmack.

Dieses Bild hat sich völlig verändert, seit Sufi-Geschichten ohne didaktischen Überbau und umständliche Weitschweifigkeit sowie Studien über die psychologische Arbeit im Sufismus veröffentlicht wurden. Vor allem hat man inzwischen auch Parallelen zu aktuellen gesellschaftlichen und kulturellen Problemen entdeckt. Es ist nun allgemein anerkannt, daß Forschung und Erfahrung der Sufis in den letzten tausend Jahren höchst vielversprechende Ansätze für ein Verständnis des Menschen geleistet haben. Sufis haben schon lange darauf hingewiesen, daß der Mensch auch eine übersinnliche Wirklichkeit wahrnehmen kann. Aber erst als man, hauptsächlich im Westen, auf Übereinstimmungen im

religiösen und psychologischen, im esoterischen und kulturellen Denken aufmerksam wurde, konnte man in einer eher ganzheitlichen Weise an das Thema herangehen.
Noch immer freilich halten einige Unverbesserliche in der Wissenschaft den Sufismus für eine mysteriöse Esoterik, und die Kultliebhaber wollen noch immer diese Aura bewahren. Einige Gelehrte versuchen, sich das alte Monopol der Orientalisten mit der Behauptung zu sichern, daß nur ihre Interpretationen gültig seien und gebärden sich dabei zum Teil wie Alchimisten, die gegen die Chemie ankämpfen, weil sie nichts davon verstehen.
Es war nicht schwierig, die Vielseitigkeit und die aktuelle Bedeutung des Sufismus aufzuzeigen, denn zwei Grundvoraussetzungen waren gegeben: die Freiheit, zu publizieren, und eine in vielen Kulturen ständig wachsende Unzufriedenheit mit engstirnigen und dummen Autoritäten. Es genügte, aus echten Sufi-Quellen, auch aus Dokumenten, Lehrinhalte zu zitieren, die nicht nur von religiösem, sondern auch von wissenschaftlichem Interesse sind. Man mußte nur anhand derselben Quellen beweisen, daß die psychologischen Einsichten der Sufis ständig neue Erkenntnisse hervorbringen, die den Ergebnissen moderner Forschungen über den menschlichen Geist durchaus ebenbürtig sind.
Außerdem ermöglichte die ›Entdeckung‹ der Sufis durch einige Wissenschaftler von Bedeutung und die Existenz einer lebendigen Sufi-Tradition, die sich freigehalten hatte von Sektierertum und sonstigen Verfallserscheinungen, daß in der kurzen Zeitspanne von zehn Jahren Materialien erstellt werden konnten, die die wahre Natur des Sufi-Erbes nachweisen und sein Weiterwirken bezeugen.
Natürlich wurde eingewendet, daß die ›Popularisierung‹ der Sufi-Überlieferungen viele Leute den alten Traditionen und Werten entfremden könnte, die manche in diesen Texten verkörpert sehen. Aber das Gegenteil ist richtig. In rasch aufeinanderfolgenden Veröffentlichungen haben viele Au-

toren in Ost und West, darunter auch traditionalistisch und formalistisch orientierte Gelehrte, es begrüßt, daß die Überlieferungen in jüngster Zeit wieder an Bedeutung gewonnen haben. Die Zahl der Interessierten hat gewaltig zugenommen. Wer diese Neulinge verachtet, weil sie nicht immer professionelle Orientalisten oder Kultanhänger sind (zu viele sind noch beides), der übersieht, daß viele von ihnen mindestens ebenso intelligent, sachkundig und potentiell nützlich für die Wissenschaft vom Menschen sind wie ›Spezialisten‹. Tatsächlich war eine der traurigsten Reaktionen auf die Enthüllung neuer Einsichten in das Wesen des Sufismus, daß bestimmte Kreise eine geradezu erstaunlich primitive Bigotterie und Engstirnigkeit an den Tag legten. Dabei sind diese Eigenschaften besonders in diesen Kreisen nachteilig für das Ansehen der Gelehrten. Sie bergen die Gefahr, daß solche Leute künftig von denen nicht mehr ernst genommen werden, auf deren Achtung sie so großen Wert legen.

Kurz, der Sufismus ist in den Köpfen der Leute ›angekommen‹. Und zwar in denjenigen Bereichen des zeitgenössischen Denkens, die offen sind und zunehmendes Interesse finden. In aller Welt haben einige berühmte Leute Erfahrungen mit dem Sufismus gemacht und ihm ihre Aufmerksamkeit geschenkt. Er hat in vielen interdisziplinären Wissenschaftsbereichen einen Einfluß, dessen Wert und Leistung weder geleugnet noch aufgehalten werden kann. Das kommt daher, daß immer mehr Leute bereit sind, ewige Wahrheiten unabhängig von ihren lokalen Manifestationen und den daraus abgeleiteten soziologischen Formen zu studieren, die hauptsächlich einen anthropologischen Wert haben.

Traditionellerweise hat man im Sufismus viel mit Fragen und Antworten gearbeitet. Die folgenden Seiten sind ein Querschnitt durch Hunderte von Gesprächsstunden und beziehen sich auf viele Themen, die heute zahlreiche Menschen beschäftigen.

Die hundert Gespräche sind zugleich Antworten auf Fragen, die in über 40000 Briefen aus aller Welt immer wieder gestellt wurden.

Es gibt ein weitverbreitetes Bedürfnis nach Darstellungen des Sufi-Denkens, die sich im Rahmen vertrauter Einstellungen und lokaler kultureller Ausdrucksformen bewegen. Es wäre aber sowohl den Sufis gegenüber als auch gegenüber jenen, die von ihnen lernen möchten, unfair, den Geist des Sufismus in eine Flasche sperren zu wollen.

Sufi-Denken und Sufi-Handeln erfordern ihren eigenen Rahmen, in dem sie sich manifestieren und in dem sie funktionieren können. Aus diesem Grund hat der Sufismus in der Vergangenheit für seine verschiedenen Wirkungsbereiche eigene Institutionen und Unterrichtszentren eingerichtet. Der moderne Westen hat es versäumt, solche Einrichtungen für seine eigenen Belange zu entwickeln. Trotzdem ist er heute viel eher als früher bereit, der Hypothese zuzustimmen, daß es eine Art des Lernens geben kann, die am besten von spezialisierten Institutionen angeboten, gezielt gepflegt und verbreitet wird. Aber wenn die Leute anfangen zu glauben, daß die äußere Form solcher Institutionen, die einmal einem Ort und einer Epoche angemessen waren, auch dem Hier und Jetzt angemessen sei, und darüber hinaus die Sache selbst repräsentiere, haben wir die Pflicht, deutlich zu machen, daß solche Auffassungen beschränkt und beschränkend sind. Wer sie vertritt, gelangt ebensowenig zum wahren Verständnis wie der Bauerntölpel in der Sufigeschichte, der seine glattgerührte Suppe nicht essen wollte, weil er glaubte, daß ›in *jeder* Suppe Klumpen sind‹.

Ein Mann eröffnete einmal ein Restaurant mit einer guten Küche, hübsch gedeckten Tischen und einer vorzüglichen Speisekarte.

Bald kam einer seiner Freunde und sagte:

»Warum hast du kein Schild draußen, wie man es an anderen Wirtshäusern findet? Ich schlage dir vor, daraufzuschreiben: ›RESTAURANT: ERLESENE SPEISEN‹.«

Als das Schild gemalt und aufgestellt war, sagte ein anderer:
»Du mußt genauer sein. Du könntest damit ja jedes beliebige Restaurant meinen. Schreib noch dazu: ›WERDEN HIER SERVIERT‹, dann ist dein Schild komplett.«
Der Besitzer hielt das für eine gute Idee und ließ das Schild entsprechend ändern.
Nicht lange danach kam wieder jemand zu ihm und sagte:
»Warum schreibst du ›HIER‹? Das sieht doch jeder, wo es ist!«
Also ließ der Wirt das Schild abermals ändern.
Alsbald belehrte ihn ein weiterer Neunmalkluger:
»Ist dir eigentlich nicht klar, daß das Wort ›SERVIERT‹ überflüssig ist? In allen Restaurants wird doch serviert. Warum streichst du es nicht einfach weg?«
Also wurde das Wort weggestrichen.
Jetzt sagte ein anderer Besucher:
»Wenn du dabei bleibst, den Ausdruck ›ERLESENE SPEISEN‹ zu gebrauchen, werden sich sicher einige Leute fragen, ob sie wirklich erlesen sind. Bestimmt werden einige das bestreiten. Wenn du Kritik und Streitigkeiten vermeiden willst, mußt du das Wort ›erlesen‹ streichen.«
Der Mann tat es.
Jetzt war nur noch das Wort ›SPEISEN‹ übriggeblieben, und ein sechstes naseweises Individuum steckte den Kopf zur Tür herein: »Warum steht das Wort ›SPEISEN‹ an dem Restaurant? Das sieht doch jeder, daß hier Speisen serviert werden.«
Der Wirt entfernte das Schild. Er hoffte, daß endlich einmal ein Hungriger und kein Neugieriger oder Besserwisser zu ihm kommen würde…
In dieser Geschichte wird der Wirt vom nüchternen Denken der ›Vernunftmenschen‹ geplagt, für die, wie für uns alle, der Intellekt eine nützliche Rolle spielt.
Aber die Speise, die der Mann reichen möchte, ist eine ›Herzensspeise‹. ›Herz‹ steht im Sprachgebrauch der Sufis

jedoch für die höheren Wahrnehmungsfähigkeiten des Menschen.

Der zeitgenössische Sufi-Dichter Professor Khalilullah Khalili, mein berühmter Landsmann, drückt es so aus:

»Mein Herz ist meine Stütze, zu jeder Zeit:
Im Königreich des Daseins ist es mein Herrscher.
Wenn der Tücken der Vernunft ich müde werde –
Gott weiß, wie dankbar ich dann meinem Herzen bin.«*

Idries Shah 1978

* Persische *Quatrains of Ustad Khalilullah Khalili*, dreisprachig, Bagdad: Al-Maarif Press, 1975, 22/23.

1

Wahres und vermeintliches Studium

Sufis und ihre Nachahmer

F: Was kann man gegen Nachahmer tun? Seit sie angefangen haben, den Sufismus im Westen wirklich weithin bekannt zu machen, konnte man beobachten, daß zahlreiche kleine Sufi-Gruppen größer wurden und ganz neue entstanden. Aber das waren keine echten Sufi-Gruppen, sondern nur sektiererische Kulte, und die meisten Beobachter haben das erkannt.

Der kleine Junge und die Prüfung

A: Das erinnert mich an einen Witz. Einem kleinen Jungen wurde einmal die Prüfungsfrage gestellt: ›Was ist Rabies (Tollwut, A. d. Ü.) und was kann man dagegen tun?‹ Er schrieb die folgende Antwort: ›Rabies sind jüdische Priester und man kann *nichts* dagegen tun!‹
Diese Sufis sind ›Sufisten‹, keine Sufis, und man kann nichts gegen sie tun. Aber was mich interessiert, ist eine versteckte Annahme hinter der Frage, nämlich die, daß man etwas dagegen tun sollte oder daß man tatsächlich irgend etwas dagegen tun *könnte*... Wenn wir etwas dagegen zu tun versuchen, laufen wir Gefahr, eine große Anzahl enttäuschter früherer Sufisten anzulocken, die vielleicht hoffen, daß wir ihnen DAS EINZIG WAHRE bieten. Sie würden sich aber

zum zweitenmal enttäuscht sehen, wenn sie merken, daß eine Filiale der Unterhaltungsindustrie geschlossen und keine neue dafür eröffnet wurde!

Erinnern wir uns daran: Sufi-Studien im Westen und im heutigen Osten wiederholen stets dasselbe Grundmuster.*

In allen Zeitaltern gab es Sufis und Nachahmer. Vielleicht sollten Sie sich, um selbst klarer zu sehen, folgende Frage stellen: »Wie komme ich zu der Annahme, es könnte irgendeine Aktivität geben, die nicht ihre Nachahmer und Scharlatane, ihre Chaoten und ›Gaffer‹ als Passagiere hat?«

Alle Welt weiß, daß man auch gegen Bauernfänger und Gauner, die Reisen auf den Mond anbieten, nichts unternehmen kann – außer die Öffentlichkeit besser über Raumflüge zu informieren.

Ich habe das Gefühl, daß der Fragesteller hier seine eigene Mentalität verrät. Er gibt zu erkennen, daß er auf beschränktere Weise denkt, als es seine geistigen Grenzen verlangen.

Das einzige, was wir gegen Nachahmung tun können, ist, Informationen über das Original zu verbreiten. Aber darauf muß die Zuhörerschaft vorbereitet sein. Diese Vorbereitung erfordert einen weiten Horizont und einen intelligenten Gebrauch der klaren Denkmethoden, die zwar in den heutigen Gesellschaften schon üblich sind, die man aber erst neuerdings auch in dem Bereich anwendet, der uns hier interessiert.

Auf die Nachahmer zu schauen, ist die negative Haltung. Die positive ist, sich an die Worte Jalaluddin Rumis zu erinnern, der sagte, daß falsches Gold nur deshalb existiere, weil es auch echtes gibt...

* Lustige Geschichten haben nicht nur wertvolle Strukturen, die rechtes Verständnis fördern. Ihr Einsatz trägt auch dazu bei, Leute zu verscheuchen, die keinen Sinn für Humor haben. Sufis sind der Ansicht, daß Leute, die keine Fähigkeit entwickelt haben, sich an etwas Humorvollem zu freuen oder diese Fähigkeit unterdrücken, innerlich verarmt sind und daher auch in der Sufi-Sphäre nichts lernen können.

Jami und die Äußerlichkeiten

Sowohl Nachahmer als auch die Anhänger alter Formen, von denen allein die Äußerlichkeiten übriggeblieben sind, sollte man (besonders dann, wenn sie Sufi-Klassiker lesen) daran erinnern, daß Äußeres und Inhalt nicht dasselbe sind. In diesem Sinne sagte der große Lehrer Jami in seinem *Baharistan*, in der »Wohnung des Frühlings«:

Die Rose blüht nicht mehr im Garten, was soll ich jetzt mit den Dornen und Blättern tun?

Der Schah ist fern der Stadt, was soll ich jetzt mit seinem Hof tun?

Der Käfig ist die Verlockung, Schönheit und Güte der Papagei.

Wenn der Papagei entflogen ist, was tue ich dann mit dem Käfig?

Das Gleichnis von der Pelzjacke

Im *Fihi ma Fihi* finden wir die Allegorie von der Jacke. Rumi sagt: ›Im Winter verlangst du nach Pelzkleidung, aber wenn der Sommer kommt, wird sie dir zur Last und du legst sie achtlos beiseite.

So ist es auch mit der bloßen Nachahmung der wahren Lehre. Sie hält die Leute warm bis zu dem Tag, an dem die Sonne sie wärmt...‹

So wie an der Pelzjacke hängen die Leute an Kulten und Imitationen, weil diese Dinge ihnen gefallen. Sie berühren etwas in ihnen, das nach Kulten und Nachahmungen verlangt.

Gleichzeitig phantasieren sie sich alle möglichen Dinge über sich selbst zusammen. Sie meinen z. B., daß sie ernsthaft, aufrichtig und selbstlos seien und nur an die anderen und an die Wahrheit dächten.

Shibli und die Steine

In einer berühmten Geschichte, die zum Bespiel auch im *Ilahi-Nama* von Hakim Sanai berichtet wird, erteilte der Sufi-Lehrer Shibli aus Khurasan eine anschauliche Lehre zum Thema Selbstbetrug. Die dramatische Situation, die er dazu nutzte, hat er selbst herbeigeführt.
Durch seine extravaganten Äußerungen hatte er das Mißfallen der Obrigkeit erregt und wurde als Verrückter in Ketten gelegt. Einige Leute, die ihn respektierten, gingen zu ihm und fragten ihn nach seinem Befinden. Er fragte sie, wofür sie sich selbst hielten. Sie antworteten, daß sie seine Freunde seien. Da warf Shibli mit Steinen nach ihnen, und sie rannten weg.
Shibli rief ihnen nach: ›Ihr behauptet, meine Freunde zu sein und an mich zu denken. Aber ich habe euch gezeigt, daß ihr vor meinem Leiden davonlauft. Ihr seid gar nicht an mir interessiert, sondern nur daran, wie ihr euch vor den Steinwürfen schützen könnt!‹

Empfangen, was außerhalb des Schicksals liegt

Wir sollten auch die Lehre des großen Weisen Abu'l Hasan Khirqani, die in Attars »Berichte über die Heiligen« überliefert ist, im Sinn behalten:

> Die Menschen dieser Welt haben ein vorbestimmtes Schicksal. Aber die spirituell Fortgeschrittenen erhalten, was *außerhalb* ihres Schicksals liegt.

F: Was ist so schlimm am Nachahmen? Ich bin überzeugt, daß viele, wenn nicht alle Methoden, die öffentlich für die Weiterentwicklung des Menschen angeboten werden, nur Nachahmung sind. Aber wenn sie den Leuten Freude machen und ihnen einen Vorgeschmack von einer höheren Wirklichkeit geben, haben sie wohl trotzdem einen Wert?

Die Knoten stehen dem Weben im Weg

A: Hier ein Beispiel, das es Ihnen erleichtern wird, die Sache anders zu sehen. Nehmen wir an, die Kunst des Webens soll entwickelt werden. Nehmen wir weiter an, die Menschheit steht auf einer Entwicklungsstufe, auf der sie nur Knoten in Schnüre machen kann. Die Freude, die die Menschen dabei empfinden, gibt ihnen eine Art Vorahnung vom Weben. Wenn nun die Menschen dabei bleiben, immer nur die Knoten in den Schnüren nachzuahmen, werden sie nie weben lernen, egal wieviel Spaß sie daran haben könnten. Natürlich hat das Knotenmachen als solches auch einen Wert, aber es stellt für jede Weiterentwicklung ein Hindernis dar, wenn die Leute glauben, daß Knotenmachen der Gipfel der Textilverarbeitung sei.

Zwei Aspekte sind hier hervorzuheben:

Der erste ist, daß gegen ›Freude‹ und ›Spaß‹ an sich nichts einzuwenden ist, aber es gibt vielerlei Anlässe zur Freude... Spaß dort zu suchen, wo es um etwas anderes geht, führt nur zu heilloser Verwirrung.

Der zweite ist, daß man dann, wenn man sich von den Anfangsstufen einer Entwicklung ganz in Bann ziehen läßt und sie schon für das Ganze hält, nicht mehr weitergeht, sondern dabei stehenbleibt.

Die Frau und das Geistwesen

Schauen wir uns die alte Geschichte von der Frau und dem Geistwesen an.

Es war einmal eine arme Frau, die half einst einem als Wanderer verkleideten Geistwesen, das von weither gekommen war. Es war von anderen Menschen bisher nur abgewiesen worden, aber die alte Frau gewährte ihm Gastfreundschaft. Als es ihr Haus verließ, sagte es: ›Ich wünsche dir, daß deine erste Aufgabe morgen den ganzen Tag über währen wird!‹

Sie hielt das für einen seltsamen Dank, vergaß es aber bald.
Am nächsten Tag brachte ihr ein Händler ein kurzes Stück Goldfaden und bat sie, ein Gewand damit zu besticken, denn mit Sticken verdiente sie ihr Brot, wenn sie etwas zum Stikken hatte.
Sie wickelte den Faden auseinander und bestickte damit den Stoff. Als sie fertig war, bemerkte sie, daß auf dem Boden mehr Goldfaden übriggeblieben war, als sie anfangs hatte.
Je länger sie den Faden aufwickelte, desto dicker wurde das Knäuel. Sie wickelte den ganzen Tag, und am Abend hatte sie unzählige Knäuel beisammen. Sie gehörten jetzt ihr, weil die Stickerinnen nach altem Brauch die Reste für sich behalten durften.
Sie verkaufte den Goldfaden, und mit dem Geld, das sie dafür bekam, kaufte sie ein neues Haus und schöne Möbel. Außerdem eröffnete sie einen Laden.
Natürlich waren die Nachbarn neugierig und sie erzählte ihnen, wie sich ihr Schicksal gewandelt hatte und warum.
Einige Zeit später sah ein Händler in derselben Stadt jenen ›Fremden mit den magischen Kräften‹. Er erkannte ihn dank der Schilderungen der Frau und lud ihn zu sich ein. Er behandelte seinen Gast mit ausgesuchter Höflichkeit und benahm sich ganz so, wie man es von einem großzügigen Menschen erwartet; ja, er überschüttete ihn mit Aufmerksamkeiten.
Er dachte: ›Da ist für mich etwas zu holen – und natürlich auch für alle übrigen Bewohner der Stadt!‹ Die zweite Hälfte seiner Überlegung rührte daher, daß er glaubte, ein paar Gedanken an andere könnten seinen Vorteil nur vergrößern. In Wirklichkeit war er geizig und habgierig. Aber weil er Nächstenliebe nur heuchelte, und weil er nur aus Verschlagenheit an das Wohlergehen der anderen dachte, kam für ihn alles ganz anders als für die barmherzige Frau.
Als der Fremde ihn verlassen wollte, sagte der Händler: ›Gib mir deinen Segen!‹
›Nein, das tue ich nicht‹, antwortete der Fremde, ›aber ich

wünsche dir, daß deine erste Tätigkeit heute eine ganze Woche lang dauern soll.‹

Dann ging er davon und der Händler eilte seinem Schatzhaus zu, wo er sein Geld zählen wollte, um es eine Woche lang zu vervielfachen.

Auf dem Weg überquerte er seinen Hof und hielt kurz am Brunnen an, um einen Schluck Wasser zu trinken. Aber kaum hatte er den ersten Eimer hochgezogen, fühlte er sich gezwungen, noch einen Eimer hochzuziehen und wieder einen und immer so weiter, eine ganze Woche lang.

Das Wasser überflutete sein Haus, dann die Häuser der Nachbarn und schließlich die ganze Stadt, so daß alle Mauern einzustürzen drohten...

Auf dem Weg zum Wissen

F: Wie kann ich Wissen über mich selbst erlangen? Es gibt Organisationen und Institutionen wie Schulen und Universitäten, es gibt kommerzielle und professionelle Unternehmen – und alle sind etabliert und weithin bekannt. Man kann sich dort anmelden oder anwerben lassen, und die Lernziele sind klar definiert: Wenn ich Politiker werde, erstrebe ich einen Sitz im Kabinett; wenn ich Medizin studieren möchte, dann deshalb, weil ich praktischer Arzt, Forscher oder Pädagoge werden will. Wenn ich mich nun aber mit den Gedanken der Sufis beschäftige, sei es durch Lektüre, sei es in persönlichem Unterricht, entdecke ich kein vergleichbares Lernziel. Ich bin oft verwirrt und habe viele andere Leute getroffen, die ebenfalls danach suchen und auch verwirrt sind. Daher glaube ich, daß eine Antwort auf die Frage nach dem Lernziel von großem Wert für viele sein müßte, die von der Wahrheit und dem Nutzen des Sufi-Denkens und -Handelns überzeugt sind. Offensichtlich hat der Sufismus große Persönlichkeiten hervorgebracht, aber warum ist es so schwer, in ihn ›hineinzukommen‹, und warum sind seine Lehrmethoden so rätselhaft?

A: Es bietet sich an, auf diese Frage nicht unter dem Aspekt zu antworten, was Sufis eigentlich sind, sondern unter dem, worum es den Sufis geht. Die Frage zeigt sehr deutlich, wie die Menschen im allgemeinen sind, und wir werden sofort sehen, wie leicht man darauf antworten kann, wenn man die Materialien, Beispiele und Denkweisen benutzt, die sie selbst hätten benützen können, wenn sie wirklich so analytisch und schlüssig argumentieren würden, wie sie glauben.

Zuerst muß man hervorheben, daß gerade die Denkweise des Fragestellers der Grund für seine Verwirrung ist. Er versucht, unpassende Vergleiche und grundlose Unterstellungen auf den Sufismus anzuwenden. Bezeichnenderweise führt ihn diese Art des Vorgehens in etwas, das er vielleicht unbewußt gesucht hat, nämlich in Konfusion.

Eine traditionelle Antwort auf seine Frage wäre das folgende Sprichwort: ›Wie schnell und geübt du auch im Laufen sein magst, deinen eigenen Füßen kannst du nicht weglaufen.‹

Aber nehmen wir uns die Vergleiche einzeln vor, und zeigen wir, daß wir sie auf uns geradeso wie auf irgend jemand sonst anwenden können.

Erstens ist es jedoch nicht unsere Aufgabe, jeden Möchtegern-Sufi von der Redlichkeit des Sufismus zu überzeugen oder gar davon, daß der Sufismus gerade für ihn wie geschaffen wäre. Er muß sich selbst davon überzeugen. Und er wird dabei wahrscheinlich dieselben Methoden anwenden, die er auch anwendet, wenn er irgend etwas anderes lernt. Er sollte aber auch daran denken, daß ihm die Tür gewiesen würde, wenn er zum Beispiel in der medizinischen Fakultät einer Universität fragen würde: ›Woher weiß ich, daß Sie mir überhaupt etwas beibringen können?‹ Solche Leute werden an Hochschulen nicht zugelassen. Sein Verhalten wäre weder korrekt, noch würde es auf einen Intelligenzquotienten deuten, der ihn zum Studium qualifizieren würde. Es gibt viele, die keine so alberne Haltung an den Tag legen, und es ist die Pflicht der Mitglieder der medizinischen Fakultät, diesen Leuten ihre wertvolle Zeit zu widmen. Es ist nicht ihre Aufgabe, die vorbereitende Arbeit zu leisten. Dazu dienen die schon vorliegenden Bücher.

Zweitens ist das Ansehen der Sufis schon gefestigt und beruht auf einer soliden Grundlage, die aus einer Zeit stammt, in der noch keine der zahlreichen modernen Institutionen existierte. Die erwiesene Flexibilität, die Lebensfähigkeit und die Effektivität des Sufismus sprechen für sich selbst, falls man solche Maßstäbe überhaupt anwenden will.

Es gibt neben echen Sufi-Initiativen auch reine Nachäfferei – aber das findet man bei fast allen Arten von Institutionen. Nachäfferei ist nichts Neues. Sie hat überall dieselben Eigenschaften und denselben Ursprung.

Drittens sind die Arten der ›Aufnahmeprüfungen‹ und der ›Anwerbung‹ von Institution zu Institution verschieden. Bei Bankangestellten sind sie anders als zum Beispiel bei Soldaten. Leute können Bankangestellte werden und dann merken, daß sie für dieses Leben nicht geschaffen sind. Sie können Politiker werden und merken, daß sie für *dieses* Leben geschaffen sind. Sie können als Tiefseetaucher anheuern und entdecken, daß Tiefseetauchen nicht das ist, wovon sie geträumt haben, obwohl es viele andere Taucher um sie herum gibt, vorzügliche Schulen für Taucher existieren und reichlich Literatur zum Thema vorhanden ist. Warum erwartet man bei Sufi-Studien und Aktivitäten, daß es anders sein sollte?

Viertens ist freilich noch die Frage nach den Lernzielen offen. Stellen Sie sich vor, Sie wollen Politiker werden. Keiner würde behaupten, daß Sie Minister werden könnten, ohne vorher Untergebener eines subalternen Parlamentskandidaten, Laufbursche in einer Parteizentrale oder vielleicht sogar Stimmensammler für ein unbedeutendes Ratsmitglied in irgendeinem Landkreis gewesen zu sein. Dabei wäre das Ziel nichtsdestoweniger, Kabinetts- oder Premierminister zu werden. Wie viele Leute wissen zu Beginn ihrer politischen Karriere, (a) was es heißt, Premierminister zu sein, selbst wenn sie es werden wollen, und (b) ob sie wirklich einmal Premierminister werden? Jedenfalls werden alle, denen es gelingt, irgendwann zu einem solchen Rang aufzusteigen, die Wahrheit des chinesischen Sprichworts kennen, das lautet: ›Eine Reise von tausend Meilen beginnt mit dem ersten Schritt.‹

Fünftens betrifft die verbreitete Konfusion. Viele Leute sind oft verwirrt, weil sie entweder nicht wissen, welche elementaren Schritte sie unternehmen müssen, oder weil sie die Konfusion sogar schätzen, oder aus einem Grund, den sie selbst nicht kennen. Die Gründe für die Konfusion können oft durch eine einfache Übersetzung des Problems in eine vertrautere ›Sprache‹ dargelegt werden, wie ich es gerade getan habe.

Bei den Sufis, wie auch bei anderen Wegen zur Erkenntnis, erwartete man von den Anfängern stets, daß sie gewisse Voraussetzungen erfüllten, um zu den höheren Studien zugelassen zu werden. Auch in den modernen Gesellschaften findet man entsprechende, ja sogar identische Voraussetzungen. Weil es in den modernen Kulturen so viele vertraute Institutionen mit klar umrissenen Voraussetzungen gibt, sollte es für Leute mit echtem Interesse nicht schwer sein, sich zu orientieren. Voraussetzungen dieser Art sind: Bescheidenheit, Hingabe, Enthaltsamkeit, Zurückhaltung, Gehorsam. Ohne diese ›Tugenden‹ werden Sie nicht weit kommen, weder im Bankwesen noch beim Militär, weder im medizinischen noch im politischen Bereich, ja in keinem Bereich weltlichen Strebens. Wer diese mühsamen Vorbereitungen nicht auf sich nehmen möchte und daher gleichsam

in den Sufismus flieht, wird sofort erkannt, und die Sufi-Lehrer werden nicht einmal mit ihm sprechen. Zum Sufi-Weg ›Ja‹ zu sagen, heißt ›nein‹ zu sagen zu jeder Art von Ausflüchten.
Es ist kein Zufall, daß die Sufis am produktivsten mit Leuten zusammenarbeiten können, die mitten im Leben stehen und hohe Ideale haben. Gerade Menschen mit einer vernünftigen Einstellung zur Gesellschaft und zum ›normalen‹ Leben können die Sufi-Lehren häufig am besten aufnehmen.
Sie fragten eingangs nach äußerlich sichtbaren Lehrinstitutionen. Aber die Welt selbst und bestimmte Einstellungen machen, wenn man sie richtig versteht, die Sufi-Schule aus. Erinnern Sie sich an die Worte Maghribis, der einmal zu einem Einsiedler sagte: ›Was du in deiner Klause suchst, finde ich auf jedem Weg und auf jeder Straße.‹
Es hat keinen Sinn, Äußerlichkeiten, z. B. Regeln, einem Menschen beizubringen, der schon zu viele unproduktive Regeln befolgt. Es ist hoffnungslos, Köpfe mit Ideen zu füllen, die schon übervoll von Ideen sind. Die Lehrinstitutionen können sichtbar werden, wenn der Kopf frei von Ideen ist.

Saadi und der Mann mit dem vollen Kopf

Bei Saadi findet man eine Geschichte von einem Mann, dessen Kopf voll vermeintlichen Wissens und deshalb auch voll Arroganz war. Dieser Mann machte einmal den weiten Weg zu Koshyar. Aber Koshyar lehrte ihn nichts, sondern sagte: ›Du hältst dich selbst für weise, aber in einen vollen Topf kann man nichts hineinfüllen.‹
Voller Anmaßung zu sein bedeutet leer zu sein, fährt Saadi fort. Mach dich leer von fruchtlosen Ideen, dann kannst du kommen und dich mit höheren Wahrnehmungen füllen und deren wahre Bedeutung verstehen.
In nichttraditionellen Gesellschaften, wie in den heutigen

westlichen Staaten, findet man die weitverbreitete Ansicht, daß ihre wissenschaftlichen Grundlagen die Leute dazu bringen, anders zu denken als die ›Alten‹ oder die ›Orientalen‹. Aber Anthropologen haben interessanterweise darauf hingewiesen, daß die menschlichen Denkgewohnheiten überall sehr ähnlich sind und daß sich die Denkmuster und Grundannahmen etwa der alten Afrikaner von denen der Europäer und Amerikaner überhaupt nicht unterscheiden. Daß diese Aussagen von Fachleuten nicht ins allgemeine Bewußtsein eingedrungen sind, ist selbst ein Beweis für die Thesen zum Beispiel R. Hortons, der die ungeprüften Grundannahmen westlicher und afrikanischer Menschen folgendermaßen kommentiert:

»Die Gründe, weshalb ein Laie (im Westen) die von Wissenschaftlern dargelegten Modelle akzeptiert, unterscheiden sich oft nicht von den Gründen, aus denen junge afrikanische Dorfbewohner die von den Dorfältesten dargelegten Modelle akzeptieren. In beiden Fällen werden die, die Modellvorschläge machen, als die anerkannten Vertreter der Tradition betrachtet. Die Regeln, aufgrund derer die Wissenschaftler selbst Modelle akzeptieren oder verwerfen, werden selten Teil der intellektuellen Anschauungen der gesamten Bevölkerung. Trotz der scheinbaren Modernität seiner Weltanschauung ist der moderne Laie im Westen selten ›offener‹ oder wissenschaftlich rationaler eingestellt als ein traditionsbewußter afrikanischer Dorfbewohner.«*

Wenn wir in der Gegenwart lernen, kann Selbsterkenntnis die Erkenntnis der Denkformen der Gesellschaft, in der wir leben, einschließen. Dabei werden wir wahrscheinlich erkennen, daß wir deren Produkt sind – und daß diese Erkenntnis auch erlangt werden kann durch die anthropologischen und psychologischen Beobachtungen, die die Sufis bei ihrem Versuch machen, neue und vielversprechendere Perspektiven zu eröffnen.

* R. Horton: *African traditional thought and Western science,* in: *Africa,* 37, 1967, International African Institute.

Das bedeutet, im ganzen mehr erkennen durch Selbsterkenntnis; sich selbst erkennen, indem man erkennt, wie man über andere denkt, und: ›sich selbst mit den Augen der anderen zu betrachten.‹ Aber das sind alles Ergebnisse von Erfahrungen, auf die im Westen bisher nur hingewiesen worden ist, ohne daß man versucht hätte, dabei auch das Wahrnehmungsvermögen zu erweitern, das über dem normalen Bewußtsein liegt.

Der Satz, daß ›der, der sich selbst kennt, auch den Herrn kennt‹, bedeutet unter anderem, daß Selbsttäuschung jede Erkenntnis verhindert. Die Frage ist, wie man Erkenntnis seiner selbst erlangen kann. Das erste Selbst, über das Erkenntnis erlangt werden soll, ist eigentlich das sekundäre und wesentlich falsche Selbst, das immer im Weg steht, so nützlich es bei den alltäglichen Geschäften auch sein mag. Es muß beiseite geschoben werden. Es muß zu etwas gemacht werden, das benützt oder nicht benützt wird, und nicht zu etwas, von dem wir benützt werden.

Das geschieht durch Selbstbeobachtung, durch ein Registrieren dessen, wie und wann das Selbst funktioniert – und wie es uns betrügt.

Ein Mann sagte einmal in Hörweite des alten Sufi-Weisen Junaid von Bagdad, daß es zu dieser Zeit schwierig geworden sei, Brüder zu finden.

Wie man Brüder findet

Junaid erkannte sofort die Einseitigkeit dieser Haltung und sagte: ›Wenn du einen Bruder suchst, der deine Last mit dir teilt, dann ist es wahrhaftig schwer, Brüder zu finden. Aber wenn du einen Bruder suchst, dessen Last du zu teilen bereit bist, dann wirst du an Brüdern keinen Mangel haben.‹

Ansari über die Selbstbeobachtung

Sie möchten gerne die Institutionen der Sufis beurteilen können. Sie wollen Selbsterkenntnis erlangen. Sie können das letztere, wenn Sie das erste erreicht haben. Scheich Abdullah Ansari von Herat besteht wie alle klassischen Sufi-Lehrer darauf, daß man sich selbst mit fremden Augen sehen muß, d. h. mit einer anderen Sichtweise als der gegenwärtigen, oder die Fixierung auf das sekundäre Selbst wird immer stärker werden und jede objektive Erkenntnis unmöglich machen.

Das Gleichnis vom Gärtner

Bis Sie selbst klar und eindeutig erkennen, wer Sie sind, müssen Sie dem Urteil eines Lehrers vertrauen, wie dem Gärtner in Rumis Gleichnis:

> Ein Gärtner geht in einen Obstgarten und betrachtet die Bäume. Er weiß, dies ist eine Dattelpalme, das ist ein Feigenbaum und das ist ein Granatapfelbaum, ein Birnbaum oder ein Apfelbaum. Um das zu wissen, braucht er die Früchte nicht zu sehen, sondern nur die Bäume.*

Schwierigkeiten

F: Welche Schwierigkeiten gibt es heutzutage bei der Weitergabe der Erkenntnis an den Westen?

A: Die Schwierigkeiten unterscheiden sich in ihrem Wesen sehr wenig von denen in allen Zeiten, auch wenn ihre Erscheinungsformen andere sind. Um dies zu verstehen, brauchen Sie eine bestimmte Sehweise.

* Rumi, Jalaluddin Balkhi, *Fihi ma Fihi* (Darin ist was darin ist).

Was wäre mit Ihnen geschehen, wenn Sie im Mittelalter in Europa z. B. Hygiene gepredigt hätten? Man hätte Sie erst einmal für einen Ketzer gehalten, weil nur Ungläubige sich wuschen. Sie wären von ehrenwerten Leuten als überheblich gebrandmarkt worden, weil Sie sich, im Gegensatz zu ihnen, wuschen. Hätte es Ihnen etwas genützt, von Mikroben zu reden? Wenn Sie die Massenmedien der Zeit benutzt hätten, wären Sie der Blasphemie bezichtigt worden oder es wäre noch Schlimmeres passiert. Wenn Sie versucht hätten, Ihre eigenen Medien zu schaffen, hätte man Ihnen dunkle Absichten unterstellt oder Schlimmeres...
Und wer hätte Ihnen überhaupt zugehört? Die Außenseiter, die Okkultisten, die Versager, die auf der Suche nach einem Patentrezept für den Erfolg sind... Keinesfalls jedoch die Leute, die in Zukunft die Autoritäten auf dem Gebiet der Hygiene werden sollten... Sie hätten viel vorbereitende Arbeit leisten müssen, Voraussetzungen erklären und Vorurteile überwinden müssen, um zu beweisen, daß Vorurteil und Realität nicht dasselbe sind. Und sie hätten wider allen Rechts ein elendes Leben führen müssen.

Die eigenen Grenzen überschreiten

Der große Sufi-Dichter Hafiz sagt zu Recht, daß die Schwierigkeiten in den Menschen selbst liegen, weil sie sich Dinge einbilden, die für ihre Suche nach dem Weg völlig irrelevant sind: ›Du bist deine eigene Grenze. Erhebe dich darüber!‹

Der Priester und das Volk

Die Leute halten Information fälschlicherweise für Wissen und glauben, das eine stünde für das andere. Das kommt meistens daher, daß sie im allgemeinen nicht wissen, was sie wollen, und oft glauben, daß sie etwas wollen, obwohl es gar nicht so ist. Das ist eine Schwierigkeit, die bei zahllosen Aktivitäten der Menschen im Westen auftritt.

Ich habe kürzlich mit einem Priester gesprochen, der für eine Kirche in einem neu gebauten Stadtteil verantwortlich ist. Er hatte eine sorgfältige Umfrage darüber durchgeführt, was seine Gemeindemitglieder von ihm erwarteten, welche Predigten sie zu hören wünschten, und in welchem Stil und über welche Themen er reden sollte. Dies alles dauerte mehrere Monate. Schließlich hatte er ein Bild von dem, was man von ihm erwartete. Er wählte entsprechende Themen aus, richtete seine Darstellungsweise nach den Wünschen der Leute und versuchte, eine Atmosphäre zu schaffen, die ihnen angenehm war.

In den ersten Wochen kamen die Leute auch in den Gottesdienst, aber nach und nach wurde ihre Zahl kleiner. Nach dem Grund ihres Desinteresses befragt, antworteten sie nur: ›Es war nicht das, was wir erwartet hatten.‹

Dies zeigt (wie auch zahllose Sufi-Geschichten), daß außerhalb einer realen Unterrichtssituation weder der Lehrer noch die Lernenden wissen, in welcher Form gelehrt werden soll. Eine Ausnahme bilden lediglich die Situationen, die von Indoktrination und dem Spiel mit Emotionen geprägt sind.

Lehrer vieler Fachbereiche glauben zu wissen, wie man unterrichtet; und ihre Schüler glauben zu wissen, wie man lernt. Aber das ist ein populäres Mißverständnis, das keiner Prüfung standhält. Die einzige Ausnahme von diesem naiven Glauben, der seit Jahrhunderten mit immer geringerem Nutzen verteidigt wird, findet sich bei Betätigungen, bei denen man es sich nicht leisten kann, sich etwas nur einzubilden, beispielsweise im Geschäftsleben. Hier muß man Tests machen.

Das Bedürfnis zu lachen

Es gibt eine lehrreiche Geschichte über das englische Fernsehen. Viele Leute hatten sich darüber beschwert, daß jedem Witz in einer Show Gelächter vom Tonband folgte oder im Studio Zuschauer hörbar mitlachten. Das Fernsehpublikum wollte das nicht. Der Chef der Unterhaltungsabteilung beim London Weekend Television reagierte 1970 auf die heftige Kritik und die Flut von Briefen. Das lachende Publikum wurde aus dem Studio verbannt. Jetzt beschwerten sich die Schauspieler, daß sie ohne das Gelächter im Saal keine Anhaltspunkte hätten. ›Also holte ich das Publikum ins Studio zurück, und alles war wieder in Ordnung‹, erzählte Mr. Barry Took. ›Dieselben Leute, die Beschwerdebriefe geschrieben hatten, schrieben nun, wieviel besser ihnen die Shows mit Publikum gefielen.‹

Wie man Bücher an Gelehrte verkauft

Ähnliches fanden wir heraus, als wir Listen von neuen Büchern an Wissenschaftler verschickten. Reklamesendungen, die in einer tadellosen Wissenschaftsprache abgefaßt waren, brachten kaum Bestellungen. Aber solche, die wie Werbetexte für Waschpulver formuliert waren, veranlaßten viele dieser respektablen Herren, postwendend ihre Bestellungen aufzugeben; dabei handelte es sich um Bücher über ernste Themen. Als ich das einmal in einem Zeitungsinterview erwähnte, schrieben mir viele Akademiker, daß ihnen in der Tat ›spannende‹ Werbetexte lieber seien als ein ›gelehrter Stil‹, der sie langweile...

Die wandelnden Toten

Sowohl im Osten als auch im Westen gibt es eine Schwierigkeit bei der Übermittlung des Sufi-Wissens, die sich seit Jahrhunderten nicht verändert hat. Wie uns Attar in seinem »Leben der Meister« berichtet, bemerkte der alte Sufi-Meister Abu'l Hasan Khirqani einmal: ›Viele Menschen, die in Wirklichkeit tot sind, spazieren auf der Straße herum, und viele, die in ihren Gräbern liegen, leben in Wirklichkeit noch.‹

Die Schwierigkeiten bei der Übermittlung des Wissens, nach denen Sie fragen, sind darauf zurückzuführen, daß nur eine kleine Zahl von Leuten unmittelbar erfassen kann, was gelehrt wird. Die anderen müssen so lange Erfahrungen machen und unterrichtet werden, bis ihre inneren Wahrnehmungen mit den übermittelten Inhalten in Kontakt treten können.

Viele Leute glauben, daß ihr Interesse an einem Thema schon Vorbereitung genug sei. Und sie sind nicht bereit zu akzeptieren, daß andere ein Wahrnehmungsvermögen haben, auf das sie selbst nur warten können.

Junaid und die eifersüchtigen Schüler

Junaid demonstrierte dies einmal, als einige seiner zwanzig Schüler eifersüchtig waren auf einen unter ihnen, der seine besondere Zuneigung genoß. Das Exempel, das er statuierte, sollte zum Nachdenken anregen.

Er rief seine Schüler zusammen und befahl ihnen, zwanzig Hühner mitzubringen.

Dann wurde jedem Schüler befohlen, sein Huhn an einen Ort zu bringen, wo er nicht damit gesehen werden konnte – und es zu töten.

Als sie zurückkamen, waren alle Hühner tot – alle bis auf das eine, das jener umstrittene Schüler mitgebracht hatte.

Junaid fragte ihn in Gegenwart der anderen, warum er sein Huhn nicht getötet habe.
›Weil du mir gesagt hast, ich solle an einen Ort gehen, wo ich nicht gesehen werden kann; aber einen solchen Ort gibt es nicht: Gott sieht alles‹, antwortete er.
Die Schwierigkeiten bei der Übermittlung von Wissen sind eng verknüpft mit der Einstellung des Schülers. Wissen zu wollen genügt nicht. Im Falle von Junaids Schülern handelte nur einer unter zwanzig in Übereinstimmung mit seinen eigenen Überzeugungen.

Muinuddin Chishti über das Lehren

Die Institution des Unterrichts existiert, weil der Lernende das Lernen lernen muß. Wenn man das verstanden hat, klingen die folgenden Worte Muinuddin Chishtis nicht übertrieben:

> Man sollte sich immer dessen bewußt sein, daß alles, was ein spiritueller Führer seine Schüler tun und üben heißt, zum Nutzen des spirituellen Schülers selbst ist.

Die Geheimnisse und die Sufis

F: Warum reden die Sufis von Geheimnissen, merkwürdigen Orten, seltsamen Büchern usw.? Nur des exotischen Reizes wegen?

Die gebildeten Freiwilligen

A: Das tun sie nur, um die oberflächlichen Leute auszusondern, die auf solche Dinge begierig sind. Das ähnelt dem alten Trick der Feldwebel, die den Rekruten befehlen: »Alle, die für Handarbeit zu gebildet sind, einen Schritt vor.« – Dann sagen sie zu denen, die vortreten: »Ihr seid die Leute, die in Handarbeit tüchtig trainiert werden müssen!« und geben ihnen die härtesten Arbeiten.

Ein anderer Grund mag sein, daß für mich zum Alltag gehört, was für Sie ein ›exotischer Reiz‹ ist. Worte wie ›merkwürdig‹ oder ›seltsam‹ haben keine absolute Bedeutung, sie sind äußerst subjektiv. Was bedeutet ›geheim‹ oder ›seltsam‹ oder ›merkwürdig‹?

Die Sufis sind daran gewöhnt, mit Dingen umzugehen, die gewöhnliche Leute auf eine solche Weise reagieren lassen. Die Zuhörer sollen den Wechsel ihrer Stimmungen und Gefühle erfahren und beobachten lernen; und sie sollen merken, daß zu viele Leute zu oft gleichsam auf Knopfdruck reagieren.

Es gibt keine einfache Antwort auf Ihre Frage. Und doch gibt es gerade in diesem Punkt unzählige Mißverständnisse. Gedankenlose Schüler haben angenommen, daß Sufi-Lehren, die sich an bestimmte Individuen oder Gruppen richten oder die nur für einen kurzfristigen Gebrauch gedacht waren, ewig gültige Regeln seien, die sich in allen Situationen anwenden ließen. Viel Sufi-Literatur ist unbrauchbar gewor-

den, weil sich die Mentalität des Publikums im Laufe der Jahre verändert hat.
Rumi spricht von den sogenannten Geheimnissen, wenn er sagt: ›Wenn du die Geheimnisse der Wahrheit nicht siehst, dann lache uns aus...‹

Brot für die Hungernden

Geheimnisse, seltsame Orte und merkwürdige Bücher sind auch oft gang und gäbe in der Sprache ahnungsloser Leute, wenn sie über gewisse Dinge reden. Um mit solchen Leuten in Kontakt zu kommen, muß man am Anfang ihre Sprache sprechen. Aber das macht diese Sprache nicht zu *Ihrer* Sprache. Vielleicht erinnern Sie sich an das Sprichwort: Für einen Hungrigen bedeutet ›zwei und zwei‹ ›vier Laibe Brot‹. Die ersten Worte, die Sie an einen Hungrigen richten, klingen leicht so, als redeten Sie von Brot.
Eine kürzere Antwort auf Ihre Unterstellung, daß die Sufis Menschen einfach nur provozieren und ihre Neugier kitzeln wollen, gibt Ihnen ein altes Sprichwort:
›Wenn du etwas glaubst, und denkst, daß du dir seiner sicher bist, dann wisse, daß du in Wirklichkeit weitergehen mußt. Sicherheit und Glauben sind Stufen, die man auf dem Weg zur Gewißheit hinter sich lassen muß.‹
Worte wie ›Geheimnis‹ gehören auch zur Sufi-Terminologie. Ein anderes, besseres Wort für ›Geheimnis‹ ist jedoch ›innerstes Bewußtsein‹.

Wann man sich treffen soll

F: Sie haben davon gesprochen, daß Leute von etwas hören und es gleich haben wollen. Warum ergeben sich nicht aus jeder Zusammenkunft mit einem Lehrer oder einer anderen Quelle des Wissens positive Ergebnisse für den Schüler?

Die Süßwasserquelle

A: Dazu gibt es ein persisches Sprichwort aus dem klassischen *Gulistan* von Saadi:

> Wo immer eine Süßwasserquelle sein mag – Menschen und Vögel und Ameisen werden sich um sie scharen.

Es liegt in der Natur der Menschen, sich an jeder ›lockenden Quelle‹ zu versammeln. Ich sage ›Es liegt in ihrer Natur‹, weil menschliche Wesen darin den Tieren ähneln. Sie werden von dem Aspekt der Dinge angezogen, der sie unmittelbar anspricht; und wie bei den Tieren sind diese Dinge manchmal für sie nützlich – und manchmal nicht.

Lassen Sie mich das ein wenig präzisieren. Sie hören jemanden über eine Lehre reden und fühlen sich angesprochen oder wollen vielleicht sogar mehr darüber wissen. Das heißt, daß Sie so schnell wie möglich ›Kontakt‹ aufnehmen wollen mit dieser Lehre. Sie gehen dabei davon aus, daß ein solcher nach Ihren Vorstellungen geschlossener Kontakt für Sie nützlich sein könne. Aber diese Haltung ist nicht sehr erfolgversprechend, weil Sie dabei nicht offen sind für das, was geschehen *könnte*.

Eine Lehre hat nur dann für Sie und in sich selbst einen Wert, wenn Sie sich ihr auf eine Weise, zu einem Zeitpunkt und unter Verhältnissen nähern, die eine erfolgreiche Be-

ziehung zu dieser Lehre garantiert. ›Auch ein Fisch kann nicht den ganzen Ozean austrinken.‹
In dieser Beziehung ist das Erlernen einer Lehre viel schwieriger als das Erlernen einer Sprache. Eine Sprache kann man überall, jederzeit, wann immer man Lust dazu hat, erlernen. Bücher, Kassetten und Privatlehrer kann man überall finden. Und doch! Auch beim Erlernen einer Sprache müssen bestimmte Bedingungen erfüllt sein. Sie müssen sich in einem bestimmten geistigen und körperlichen Zustand befinden. Zum Beispiel dürfen Sie nicht zu müde oder zu hungrig sein. Sie müssen sich an einem vergleichsweise bequemen Platz aufhalten und dürfen nicht etwa bei strömendem Regen draußen stehen. Sie sollten lesen können, Sie sollten nicht taub sein usw. Jeder, der in einer solchen Lernsituation steckt, die er selbst organisiert, wird diese Voraussetzungen als notwendig anerkennen. In bezug auf Höheres Wissen wird er dazu nicht so schnell bereit sein. Warum nicht?
Zum Erlernen des Lernens gehört auch die Überprüfung der eigenen Grundannahmen. Die Geschichten Mulla Nasrudins erfüllen oft diese Aufgabe.

Shabistari über die Einstellung

Shabistari spricht in seinem Buch *Der Geheime Garten* über das Problem der Einstellung, mit der Lehrer und Schüler aneinander und Leute an ihre Erfahrungen herangehen. Dabei betont er, daß die rechte Harmonie herrschen muß: ›Erleuchtung zeigt manchmal Größe und manchmal Schönheit. Ihre Vollendung liegt zwischen den beiden.‹
Sie sagen, daß die Leute viele Dinge begehren, und damit haben Sie recht.
Aber wenn es sich dabei, wie im Falle des Sufi-Wissens, um ein qualitatives und nicht ein quantitatives Ding handelt, muß dem Lernen eine besondere Einstellung auf diese

Qualität vorausgehen, damit Lernen überhaupt möglich wird.
Vergessen Sie nicht, daß Sufi-Lehrer ihren Studenten Themen und Texte zum Durcharbeiten geben, ohne sie unter Zeitdruck zu setzen. Das Ergebnis finden sie, wenn die Zeit reif dafür ist. Sufi-Lehrer geben nicht eine Hausaufgabe, die am nächsten Tag um 14.30 Uhr fertig sein muß. Leute, die fest davon überzeugt sind, daß Lernen entweder mechanisch sei oder durch plötzliche Erleuchtung vor sich gehe, werden wenig von der Sufi-Auffassung vom Lernen profitieren können, weil sie den ganzen Bereich der Interaktion zwischen Lehrer und Schüler außer acht lassen.
Jede Zusammenkunft mit einem Lehrer kann eine Wirkung haben. Aber oft ist es gerade der Schüler, der wegen seiner oberflächlichen Erwartungen diese Ergebnisse verhindert. Wir haben zahlreiche Geschichten über das Lernen, wie man lernt, veröffentlicht.

F: Ist das der Grund, weshalb Sie die Leute davon abhalten wollen, aus weiter Ferne zu Ihnen zu kommen, obwohl der Strom der Schüler von allen Enden der Welt, aus Japan, Argentinien, Kanada, Samoa usw. nicht abreißt?

A: Ich will nicht alle diese Leute davon abhalten, mich zu besuchen. Aber sie haben ein Problem angesprochen, das für alle unsere Forschungen grundlegend ist. Als ich ein junger Schüler war, hatte ich genau dieselbe Frage und war in einer ähnlichen Situation wie Sie jetzt. Mein Lehrer erhielt Briefe und Besuche aus aller Welt. Ich fragte ihn, warum er die Leute, die eine lange und manchmal beschwerliche Reise hinter sich hatten (oder unternehmen wollten), so entmutigte. Was er mir sagte, stellte sich als wahr, ja, wenn ich so sagen darf, als doppelt wahr heraus. Er sagte folgendes:

Über die Haltungen von Schülern

Die Menschen denken zuerst und hauptsächlich an sich selbst. Das kann bedeuten, daß sie, wenn sie von unserer Arbeit hören, unbedingt daran teilnehmen wollen, um zu lernen und persönlich davon zu profitieren. Damit nähren sie jedoch nur ihren Egoismus und denken nur an ihren persönlichen Vorteil.

Wenn Leute aber in Kontakt mit unseren Ideen kommen und sie auf die rechte Weise verbreiten helfen (d. h. nicht sektiererisch oder indem sie sich selbst als Meister aufspielen), dann werden sie sowohl etwas mit uns teilen als auch Gewinn von uns haben.

Solche Leute verlangen nicht lautstark, zuerst einmal empfangen, angehört und belehrt zu werden. Sie bilden kleine Gruppen, verbreiten ihr Wissen so gut sie können – und erst dann fragen sie, ob sie kommen sollen oder ob jemand sie besuchen will. Sie wollen lernen und sind bereit, zu geben wie zu empfangen. So entsteht ein Kontinuum des Gebens und Empfangens.

Andere wiederum geben viel Geld für Reisen aus, das sie manchmal von anderen erbetteln, und denken dabei nur an sich selbst, auch wenn sie es gar nicht merken. Wenn sie sich ihres Verhaltens selbst nicht bewußt sind, ist es unsere Aufgabe, sie zu ihrem eigenen Nutzen darauf aufmerksam zu machen. Dann können sie lernen, ihre Gier zu zähmen und sich in das Kontinuum von Geben und Empfangen einzufügen. Das ist es, was mein Lehrer mir beibrachte. Er pflegte zu sagen: »Viele Leute glauben, daß ich sie nur prüfe, wenn ich ihnen Mitteilungen solchen Inhalts mache oder ihre Fragen unbeantwortet lasse. Doch ich gebe ihnen nur die Chance, umzudenken und ihr ewiges ›Gib mir‹ in ein ›Was kann ich tun?‹ umzuwandeln. Aber du wirst hier an diesem Ort sehen, daß die Leute, die unter diesen Bedingungen herkommen, unbelehrbar sind, reine Touristen in Sachen Metaphysik.«

Er hatte völlig recht. Er weigerte sich zu lehren und gab ihnen damit Gelegenheit, ihr Verhalten durch Selbstbeobachtung zu erkennen. Einige von ihnen, obgleich die Minderheit, taten dies auch wirklich. Durch die Veröffentlichung zahlreicher Sufi-Anekdoten, die zeigen, daß Lernbegierde oftmals nur verborgene Selbstsucht ist, konnten wir diese Anfangsschwierigkeiten vermindern helfen und es einer großen Zahl von Menschen ermöglichen, der Lehre gegenüber eine angemessene Haltung einzunehmen.
Diese Beispiele verdeutlichen die Schwierigkeiten beim Erlernen des Lernens und illustrieren zugleich, wie eine und dieselbe Person sich alle Möglichkeiten, aus der Lehre Nutzen zu ziehen, verstellen kann, wenn sie ihren selbstsüchtigen Tendenzen folgt, aber große Fortschritte im Lernen machen kann, wenn sie ihre besseren und vielversprechenderen Anlagen zu verwirklichen lernt.
Aber vergessen wir nicht, daß es ebenso viele gibt, die nicht lehren können, wie solche, die im gegenwärtigen Zustand ihrer Seele nicht lernen können. Außerdem gibt es noch Leute, die glauben, lehren zu können, ohne sich über die Probleme des Lernens Gedanken zu machen.

Wie jemand eine Sprache lehrte

Ein Sprachlehrer erzählte mir einmal ein amüsantes Beispiel für diese Irrmeinung. Er sagte: ›Ich habe eine wunderbare Methode, die ich ganz allein entwickelt habe. Ich unterrichtete einen Privatschüler damit. Mein Unterricht war perfekt.‹
Darauf bemerkte ich im üblichen Konversationsstil: ›Dann kann er jetzt wohl fließend sprechen, nicht wahr?‹ Und er antwortete mir: ›Kein Wort kann er! Mein Unterricht war perfekt. Aber er *wollte einfach nicht lernen.*‹

Die Decke

F: Können Sie mir, vielleicht anhand einer Geschichte oder eines Gleichnisses, ein Beispiel dafür geben, wie und wo Sufi-Lehren wirken?

A: Unsere Lehre spricht von einer ›anderen Welt‹, einem ›höheren Reich‹, einer ›anderen Dimension‹ und ist zum Teil auch dort angesiedelt.
Ich werde Ihnen mit einem Gleichnis erklären, was das bedeutet, und was das Ziel unserer Lehre ist.

Die unbekannt Decke

Stellen Sie sich vor, daß wir uns in einem Haus mit Wänden, Decken und Böden befinden. Nehmen wir an, daß aufgrund einer alten Sitte die Leute nur Böden und Wände berühren und wahrnehmen könnten. Käme jetzt jemand hereinspaziert und sagte: ›Schaut euch die Decke an‹, wären die Leute außerstande, das zu tun. Ähnlich ist es mit Kindern, die etwas häufig erst dann sehen oder gar beobachten können, wenn man sie darauf hingewiesen hat.
Nehmen wir weiterhin an, es wäre generationenlang Brauch gewesen, Dinge nur an die Wand zu hängen und niemals an die Decke. Objekte an der Decke wären dann wohl für die meisten Menschen ›unsichtbar‹.
So ist es auch mit unserer Lehre. Wir weisen unermüdlich darauf hin, daß die Leute die Dinge nicht durchdenken. Sie erstellen Hypothesen (z. B. »es gibt keine Decke«) und überprüfen sie nicht. Aber wie jener intelligente Mensch, der auf die Existenz von Decken hinzuweisen versucht, lenken wir die Aufmerksamkeit auf das theoretische Postulat (»es könnte Decken geben«).

Ja, wir tun sogar noch viel mehr: In Kursen, bei Zusammenkünften und in Gesprächen mit Lehrern, durch Unterrichtsmaterialien und Übungen, oder wie immer Sie es nennen wollen, bieten wir den Menschen praktische Hilfsmittel an. Dadurch können sie die Erfahrung machen, daß es ›Decken‹ gibt und diese Erfahrung in ihr Weltbild eingliedern.

Wo man die Wahrheit findet

Sorgfältige Vorbereitungen sind notwendig, damit die Leute das wahrnehmen lernen, was schon immer da war. Saadi von Shiraz drückt das auf poetische Weise so aus: ›Der Schüler sieht dasselbe in einem Kamel wie in den Schönen von China oder Chagil.‹

Die Lehrmethode einiger Leute besteht darin, andere durch den Einsatz einer spirituellen Konzentrationsfähigkeit soweit zu bringen, daß sie ihre innersten Gedanken aussprechen. Diese Gedanken verraten den Charakter und das Wirken des sekundären Selbst, der falschen Persönlichkeit. Zwar dient dieses Selbst den Menschen dazu, viele Schwierigkeiten des Alltags zu meistern, aber sein Hauptziel ist die bloße Selbsterhaltung, und gerade nicht die Weiterentwicklung des Individuums über seine engen und niedrigen Grenzen hinaus.

Arbeit am ›führenden Selbst‹

Das ›kommandoführende‹ Selbst (in der klassischen Sufi-Literatur *Nafs-i-Ammara* genannt), manifestiert sich in Reaktionen, Hoffnungen, Ängsten, vielfältigen Überzeugungen und Bedenken.

Nimmt man seine Funktionen unter die Lupe, kann man seine Grenzen, die Verzerrungen seiner Maßnahmen und seine Eigentümlichkeiten analysieren. Dieses ›Selbst‹ ist es,

das die meisten Leute für ihre Persönlichkeit, ihr einziges und eigentliches Selbst halten. Es ist irgendwo zwischen der objektiven Realität und dem wirklichen Selbst, dem Wesen des Individuums, angesiedelt, dessen Verwirklichung der Zweck der Sufi-Studien ist.
Manchmal sind die Manifestationen dieses Selbst gekennzeichnet durch Ideen oder Verhaltensweisen, die anderen Personen zugeschrieben werden, wie es bisweilen auch im Traum geschieht. Ein Techniker, der sich mit solchen seelischen Prozessen auskennt, bemerkte dazu: ›Es ist so, als ob der geistige Computer elektronisch angeleitet worden wäre, einen Teil seiner Programmierung zu wiederholen...‹
Auch der umgekehrte Effekt ist möglich. Etwa wenn der Lehrer (Murshid) dem Geist seines Schülers (Murid) Ideen eingibt, die das Wesen erreichen und nicht übermittelt werden können durch diejenigen Methoden, die im Umgang mit dem konventionellen Selbst angewandt werden.

Die kostbare Perle

Einige Leute haben versucht, diese Fähigkeit im Dienste ihres persönlichen Ehrgeizes auszubilden – und da dies leider wirklich möglich ist, müssen die Methoden der Sufis sorgfältig geschützt werden.
Werke wie Ibn Arabis *Durrat al-Fakhira* (Die kostbare Perle) liefern viele Beispiele dafür, wie dieser Mechanismus wirkt, und zeigen gleichzeitig, daß er sich von dem unterscheidet, was die Leute normalerweise für ein systematisches Verfahren halten. Diese Fähigkeit kann sich z. B. völlig unerwartet einstellen. Sie arbeitet auch in Menschen, von denen man nicht erwartet, daß sie spirituelle Fähigkeiten besitzen. Vielleicht arbeitet sie aber auch gar nicht. Manchmal folgt sie dem Willen, manchmal nicht. Gelegentlich funktioniert sie ganz unabhängig davon, ob sie zu ›guten‹ (gesellschaftlich akzeptablen) Zwecken gebraucht wird

oder nicht. Auch kann sie zu scheinbar trivialen Zwecken eingesetzt werden. All diese Tatsachen machen sie um so interessanter, zumal diese Eigenschaften nicht den populären Auffassungen über solche Dinge entsprechen und keine Beziehungen zum Okkultismus haben, sondern eher, wenn auch in sehr subtiler Form, Phänomenen der modernen Kommunikationsmittel ähneln.

Mit dem Herzen verstehen

›Die Sufis verstehen mit dem Herzen, was auch die gebildetsten Gelehrten nicht mit dem Intellekt verstehen können‹, sagt ein Sprichwort.

Die Folgen eines Zusammentreffens mit einem Sufi zeigen sich nicht notwendig an dem Ort und zu dem Zeitpunkt, an denen der Schüler es sich wünscht. Vielleicht bleiben sie sogar vorläufig aus. Vielleicht müssen erst andere Dinge geschehen, bevor der ganze Nutzen der Begegnung deutlich wird.

Auf einen offensichtlichen Faktor bei solchen Zusammenhängen habe ich in meinem Buch *The Dermis Probe** in der Geschichte ›Die Granatäpfel‹ hingewiesen.

Arbeit und nochmals Arbeit

F: Warum erwarten die Sufis von den Leuten körperliche und geistige Arbeit? Warum müssen ihre Institutionen so oft durch Arbeit aufrechterhalten werden?

A: Das ist eine Frage, die ich mir selbst stellte, als ich in einer Sufi-Siedlung lebte, in der alle arbeiten mußten. Es kamen so viele wichtige, einflußreiche und wohlhabende Besucher,

* Deutsch: »Die Hautprobe«, Herder, Freiburg 1984.

daß ich mich fragte, warum unser Lehrer die ganze Sache nicht ein wenig ›professionalisierte‹. Warum stellte er z. B. keine Gärtner ein und verlangte statt dessen von vielen Leuten, Dinge zu tun, an die sie offensichtlich nicht gewöhnt waren?
Deshalb fragte ich ihn eines Abends: ›Wir erhalten dauernd große Geldspenden. Würde es unsere Studienmöglichkeiten nicht vergrößern, wenn wir mit diesem Geld die Institution finanzierten?‹

Die Entfaltung des eigenen Verständnisses

Ganz nach der Art der Sufis schickte er mich weg mit der Aufgabe, die Antwort selbst zu finden, und erst dann wieder zurückzukommen, wenn ich die Antwort gefunden hätte. Ich dachte drei oder vier Wochen lang darüber nach.
Zuerst schrieb ich alle möglichen Gründe auf, die mir einfielen. Dann lief ich herum und schaute mir an, wie die Arbeiten gemacht wurden. Ich studierte das Leben anhand des Lebens, bis ich die Antworten hatte. Ich würde Ihnen keinen guten Dienst damit erweisen, sie Ihnen einfach vorzutragen. Im Gegenteil, ich würde Ihnen den Gewinn vorenthalten, den sie dadurch haben werden, sie selbst auszuarbeiten. Statt dessen werde ich Ihnen die Möglichkeit geben, am Beispiel einer anderen Vorgehensweise etwas Ähnliches zu lernen.
Einige Menschen spenden Geld, statt selbst etwas zu tun. Sie müssen lernen, daß sie durch größere Bescheidenheit mehr nützen können. Deshalb nimmt man, in ihrem eigenen Interesse, ihr Geld nicht an. Das Geld anderer wird vielleicht akzeptiert, doch der Lehrer entscheidet darüber, wie es verwendet werden soll. Schüler können, solange sie lernen, keine Vorschläge zu Studien- oder Organisationsprogrammen machen.
Andererseits können die Leute bei der Arbeit Dinge lernen,

die sie im alltäglichen Leben nicht lernen können, die aber wesentlich sind für ihre Fähigkeit, Konzepte und Erfahrungen ungewöhnlicher Art zu verstehen. Wenn man zum Beispiel im gewöhnlich-irdischen Bereich etwas schaffen möchte, braucht man ein hierarchisches System. Dies kann in den Leuten verborgene Machtgelüste wecken. Wie soll man solche Menschen nun bessern, wenn man unter der Hand diese Interessen gleichsam verstärkt? Die Leute, mit denen man zusammenarbeitet, kann man sich nicht aussuchen; deshalb muß die Organisation den Menschen Möglichkeiten bieten, ihre guten Eigenschaften zu üben und die schlechten allmählich abzulegen.

Das kann nicht in einer Atmosphäre geschehen, in der alle Angelegenheiten vor einem Hintergrund von Gier, Hoffnung oder Furcht erledigt werden, wie es in der äußeren Welt der Fall ist. Wenn man nun von gewissen Leuten Geld annimmt, denken diese vielleicht, daß sie damit etwas ›gekauft‹ haben. Und das kann wiederum ihre Gier nach bevorzugter Behandlung anstacheln. Es kann andrerseits den Betroffenen auch das Gefühl geben, daß sie selbst nicht genug beigetragen haben und daß sie gleichsam nur eine Fahrkarte zur Sufi-Erkenntnis gekauft haben. Auch das tut niemandem gut.

Es gibt auch Leute, die einem Geld anbieten und unterstellen, daß man es für sich selbst gebraucht, wenn man es annimmt. Man sollte Menschen nicht in Situationen bringen, in denen sie ihre schlechtesten Eigenschaften zur Geltung bringen können, wie z. B. in diesem Fall ihr Mißtrauen. Es ist gut, Menschen in eine Lage zu bringen, in der sie ihre negativen Eigenschaften beobachten können. Aber niemals sollte man sie in Situationen bringen, in denen ihr unbewußtes Geschwür unerkannt bleibt.

Das würde sie nur schlechter und nicht besser machen. Der Effekt wäre genauso schädlich wie im Falle moralischer Erpressung, mit dem Ziel, ihnen Respekt einzuflößen oder ihnen das Gefühl zu geben, minderwertig zu sein. Aus dem letztgenannten Grund verzichten die Sufis darauf, moralischen Druck auszuüben, was sie übrigens in Übereinstimmung mit den Erkenntnissen der modernen Psychologie tun. Historisch gesehen findet sich in den meisten Kulturen nur wenig Verständnis für diese Zusammenhänge, was auch heute noch ein Hauptgrund für allgemein verbreitete Heuchelei und Scheinheiligkeit ist.

Widersprüchliche Texte

F: Einige Sufi-Texte scheinen zu lehren, daß ein Mensch diszipliniert und gehorsam sein soll, andere, daß er kritisch und distanziert sein soll. Wie kann man das vereinbaren?

Sind alle Linien gerade?

A: Genau auf die gleiche Weise wie die Mathematik folgendes Problem löst: ›In einem Buch steht, daß alle rechten Winkel neunzig Grad haben; aber Einstein sagt, daß es keine geraden Linien gibt. Alle Linien sind gekrümmt, also *gibt* es keine rechten Winkel.‹ Sie vermischen zwei Betrachtungsweisen, mit denen man sich demselben Objekt nähern kann. Welche Betrachtungsweise man wählt, hängt ab von dem Bereich, in dem Sie arbeiten, oder davon, wie weit der Schüler fortgeschritten ist, oder von beidem.
Wenn der Schüler außerstande ist, sowohl eine disziplinierte als auch kritische Haltung einzunehmen, sowohl linear als auch ganzheitlich zu denken, wird er nicht wahrnehmen können, was er wahrnehmen soll. Shabistari deutet

auf diesen Punkt hin, wenn er lehrt, daß man flexibel sein und seinen Weg zwischen Extremen und Gegensätzen suchen muß: ›(Der Suchende) hält die Balance zwischen Verweigerung und Glaube.‹

Gebrauch und Mißbrauch von Denkmustern

Denkmuster sind zugleich die nützlichsten und nutzlosesten Instrumente für den Umgang mit Problemen. Wenn man den richtigen Zugang wählt, kann man das Problem lösen. Aber wenn man nicht wirklich wählen kann, sondern nur blindlings seinen Denkmustern folgt, benützt man wahrscheinlich nicht das richtige Denkmuster für den gewünschten Zweck.

Das gegenwärtige Denken ist beherrscht von der Auffassung, daß diszipliniertes Vorgehen alle Probleme lösen kann. Gleichzeitig ist die entgegengesetzte, verführerische aber nicht weniger einseitige Auffassung genauso populär: daß sich Einsichten gerade durch die Aufgabe von Disziplin einstellen. Die Geschichte von der Motte und der Spinne mit dem Titel ›Wissenschaftlicher Fortschritt‹ in meinem Buch *Das Magische Kloster* zeigt, daß keines der beiden Denkmuster, wenn man von ihnen vollkommene Lösungen erwartet, zum Erfolg führen kann. Das gilt in Bereichen, in denen ein mechanisches Denken vorherrscht ebenso wie in solchen, in denen ein ganzheitliches Denken dominiert.

Der Möchtegern-Sufi braucht Führung, weil Texte und Bücher zwar darüber informieren, was nötig ist, aber nicht bestimmen, wann es nötig ist. Erinnern Sie sich an das Sprichwort: ›Wörter müssen sterben, wenn Menschen leben sollen.‹

Selbstbetrug

F: Was empfinden Sie als schmerzlich?

A: Ich empfinde es als schmerzlich, wenn ich mit Leuten zu tun habe, die vorgeben etwas lernen zu wollen, und denen ich gern etwas beibringen würde, die aber in Wirklichkeit nur sozialen Kontakt, Freundschaft, gemütliches Beisammensein oder die Zuwendung anderer suchen.
Freilich sind das alles schöne Dinge, um so mehr, wenn man sie bewußt und gewissenhaft und ohne Täuschung pflegt.
Täuschung in diesem Zusammenhang bedeutet, daß man vorgibt zu lernen, obgleich man nur Abwechslung sucht.
Manche Leute haben die Fähigkeit zu lernen, aber sie gebrauchen sie zu nichtigen Zwecken. Sie haben sich daran gewöhnt, sich mit kleinen Dingen zufriedenzugeben, denen sie große Namen verleihen, oder sie sind immer noch naschhaft wie in ihrer Kindheit. Rumi sagt: ›Wann wirst du endlich aufhören, nach Nüssen und Rosinen zu gieren?‹
Diese innere Einstellung kann so verfestigt sein, daß sie den Leuten bei all ihren Absichten und Zwecken völlig unbewußt ist.

Wie man niedere Motive bekämpft

Die Sufis rütteln die Leute aus ihrem ›Schlaf‹ auf. Solche Schockerlebnisse werden oft zuerst als schmerzlich erfahren. Aber wenn sie zu guten Ergebnissen führen, sind wir dankbar, daß uns das zugestoßen ist. Umgekehrt wird das, was dem Menschen schadet, nicht notwendig als schmerzlich erfahren, während es uns schadet. Vor allem für den Selbstbetrug trifft das zu.
Beim Studium des Wahren verschwinden niedere Motive

und Ziele. Scheich Gazur-i-Ilahi sagt in seinem *Irshadat*, daß alle schädlichen Denkweisen verschwinden, wenn man sich in das Studium des Sufi-Weges vertieft, weil dann all ihre Quellen versiegen werden.
Es ist unwesentlich, wohin man geht oder ob man einer Gruppe beitritt. Wesentlich ist, ob man auf das Wichtigste vorbereitet ist: das Lernen zu lernen.

Das Haus und der Herr des Hauses

Bayazid Bistami beschreibt die verschiedenen Stufen auf dem Weg zur Wahrheit, wenn er berichtet, daß er beim ersten Besuch der Kaaba in Mekka nur die Kaaba sah. Beim zweiten sah er den Herrn der Kaaba. Beim dritten Besuch sah er keine Kaaba mehr und keinen Herrn der Kaaba.

Reisen in den Orient

F: Wollen Sie, daß wir in den Orient gehen oder Sufi-Gruppen beitreten?

A: Ich habe über Sufismus so viel gesagt und geschrieben, daß einige Leute glauben, ich wollte sie dazu bringen, einem Kult oder einer religiösen Gemeinschaft beizutreten.
Ich will Ihnen jetzt erklären, warum es mir unmöglich ist, eine derartige Werbekampagne zu führen.
Massen von religiös gesinnten Leuten sind aufgrund meiner Äußerungen über die Sufis in den Orient geströmt und dort oft mit grotesken Formen des Sufismus in Kontakt gekom-

men. Andere versuchten mit nicht minderer Intensität und Neugier ihr Glück bei einem der Gurus des Westens zu finden.
Übrig bleiben nur die Unwissenden, sowie alle, die mehr über Sufismus lernen wollten – und die Gleichgültigen.
Dieses Vorgehen war also sehr erfolgreich. Für die Majorität hatte es keine andere Funktion als jede andere Methode, mit der man Dinge – oder Menschen – aussortiert.

Ziel und Bestimmung

Eine Reise in den Orient hat im allgemeinen den Effekt, der in folgendem Vers beschrieben wird: ›Durchs Gefängnisgitter schauten zwei Männer in die Ferne / Der eine sah nur Schlamm. Der andre nur Sterne.‹ Es geht um den Reisenden selbst, nicht um das Ziel oder den Zustand der Straßen.
Darum belehrt uns Saadi: ›Ich fürchte, Wanderer, du wirst Mekka niemals erreichen. Du bist auf dem Weg nach Turkestan!‹
Nehmen Sie sich folgendes zu Herzen: Es ist eine Tendenz des Menschen, auf Reisen zu gehen, um Wissen zu erlangen. Je weiter die Reise, desto besser. Dabei ist die Wißbegier allerdings oftmals nur ein Vorwand, um aus dem Alltag herauszukommen. In meinem Buch *Tales of the Dervishes** stehen viele Beispiele für diese Neigung und ihre Folgen und dafür, welche wichtige Rolle diese Eigenschaft im Leben der klassischen Sufis und ihrer Schüler spielte.
Wir müssen immer prüfen, von wem der Vorschlag kommt, in den ›Orient‹ zu gehen, ebenso wie wir prüfen müssen, mit wem und wohin diese Person reisen will.
Die meisten Leute, die in den Orient gehen, finden nicht, was sie suchen, weil sie ihr Unterfangen nicht strukturieren können.

* Dt. »Das Geheimnis der Derwische«, Herder, Freiburg 1982.

Kannst du 150 Jahre lang warten?

Kennen Sie die Geschichte von Mulla Nasrudin, der gehört hatte, daß manche Papageien 150 Jahre alt werden, und sich dann einen jungen Papagei kaufte, um zu überprüfen, ob das auch wahr ist?
Einer Sufi-Gemeinschaft beizutreten ist zumeist nutzlos, wenn nicht eine genaue Prüfung vorausgeht, ob ein Beitritt für die jeweilige Person sinnvoll und erfolgversprechend ist.
Auch müßte man über die jeweiligen ›Sufi-Gemeinschaften‹ ausreichende Informationen haben, um entscheiden zu können, ob die Leute hier die Möglichkeit geboten bekommen, echten Sufis zu begegnen und nicht obskuren ›Orden‹, ›Schulen‹ oder gar ›Meistern‹ von eigenen Gnaden.

Die Vielfalt der Lehre

Beim Studium in Gruppen und bei Reisen in den Orient ist mir immer wieder eines aufgefallen: Nur wenige Leute schenken der Vielfalt der sufischen Lehren und Sätze genügend Aufmerksamkeit.
Ein solcher Ratschlag des Weisen Mumshad Dinwari zum Beispiel verdiente, daß man sehr gründlich über ihn nachdenkt:
Man lernt, so sagt er, indem man sich einem erleuchteten Lehrer anschließt. Doch man kann nichts gewinnen, wenn man auch nur die Spur von Hochmut und Arroganz an sich hat.*
Der allgemeine Zwang, Dinge zu tun, für die man gar nicht geeignet ist, und die Annahme, daß man beim eigenen Handeln immer die richtige Wahl trifft, finden sich überall und in allen Epochen.

* Überliefert nach seinem *Tadhkirat al-Awliyya* von Faridudin Attar.

Ein Einbrecher ohne Beine

Wir haben heutzutage eine ausgezeichnete Möglichkeit, in der Tages- und Wochenpresse Beispiele dafür zu finden, wie sich diese Zwänge im menschlichen Verhalten äußern. Unser Beispiel ist fast beliebig: Es veranschaulicht ein Verhalten, wie es auch gedankenlosem Beitritt in Sufi-Gemeinschaften oder Reisen in den Orient zugrundeliegt. Ist es Produkt geistiger Ansprüche oder schierer Gedankenlosigkeit, die zu einer Tugend umgedeutet wird?
Ein Fassadenkletterer, der an Zäunen und Häusern hochkletterte, um einzubrechen, hatte wenigstens in 41 Fällen etwas gestohlen. Er wurde festgenommen und vor Gericht gebracht. Es war kein Wunder, daß er trotz seines großen Geschicks leicht festgenommen werden konnte: er hatte nämlich keine Beine. Sie waren ihm einige Jahre vorher amputiert worden. *

Wie sieht ein Sufi-Lehrer aus?

F: Wie sollte, gemäß den Regeln der Sufis, ein Lehrer seinen Schülern entgegentreten?

Der Ziegel und das Haus

A: Wie viele andere Fragen, von denen man erwartet, daß sie in wenigen Worten beantwortet werden können, erin-

* *Daily Telegraph* (London) vom 9. September 1977, S. 19, Spalte 3.

nert diese Frage mich an eine Geschichte über Mulla Nasrudin. Jemand bat ihn, in Umrissen sein Haus zu beschreiben. Als Antwort holte Mulla Nasrudin einen Ziegel, zeigte ihn dem Mann und sagte: ›Es ist einfach ein Haufen davon.‹ Wenn ein Narr so etwas tut, ohne es selbst zu begreifen, ist das vielleicht närrisch. Aber ein Weiser muß oft dergleichen tun oder sagen, um zu zeigen, wie gedankenlos eine Frage ist.

Wie soll man beschreiben, wie ein Lehrer sein soll? Das einzige, was man tun kann, ist, einige grundsätzliche Bemerkungen zu machen.

Die Leute mit vorgefaßten Meinungen verwirrt an den Sufis am meisten, daß sie, im Gegensatz zu anderen Arten von Lehren, nicht an einer bestimmten Art und Weise des Auftretens festhalten. Es kann Ihnen zum Beispiel passieren, daß Sie einen Sufi-Heiligen treffen, der überhaupt nicht wie ein mystischer Meister spricht oder handelt. Das kommt daher, daß er die zwei folgenden Regeln beachtet: ›Man muß eine Lehrmethode wählen, die zu dem Schüler paßt, selbst wenn sie dem Schüler unangemessen erscheint.‹

›Lehren muß man zur rechten Zeit, am rechten Ort und in der richtigen sozialen Umgebung. Wenn es Zeit ist, ernst zu sein, dann werden wir ernst sein. Wenn die Zeit es verlangt, uns mit Dingen zu beschäftigen, die trivial erscheinen, dann werden wir auch dies tun.‹

Diese Grundsätze sind so wichtig, daß man sagen kann, daß sie allen anderen vorausgehen. Sie zu ignorieren kann bedeuten, daß man sich den Weg zu höherem Lernen versperrt und den oberflächlichen Lügen der Heuchler aufsitzt. Das schließt selbstverständlich auch unabsichtliche Lügen ein.

Wenn die Überzeugung der Sufis, daß der Zeitpunkt das Verhalten beeinflußt und daß persönliches Auftreten (und sogar das Temperament) sich von Mal zu Mal ändern sollen, richtig ist, dann irren sich offensichtlich alle die Leute, die eine eindrucksvolle äußere Erscheinung kultivieren und sie für ein Zeichen höherer Geistigkeit halten.

Dieser unterdrückte Widerspruch macht es Leuten, die feste Gepflogenheiten und leicht identifizierbare Lehrerpersönlichkeiten fordern, fast unmöglich, den von den Sufis geforderten Wechsel der Situationen und der Verhaltensweisen zu akzeptieren.

Diese Leute wissen nur, daß ›ein Heiliger auch immer wie ein Heiliger aussehen muß‹ und daß ›jemand recht haben muß, der sich immer auf dieselbe Weise verhält und immer dazu ermahnt, dieselben Dinge zu tun‹.

Ein anderes Problem ist, daß der Beobachter, solange er noch alles verwirrt, weil er in Verwirrtheit lebt, feste Regeln und einheitliches Verhalten mit Vertrauenswürdigkeit und Wahrhaftigkeit verwechselt. Weil Butter immer gleich schmeckt, wenn sie gleich aussieht, erwartet er eine ähnliche ›Zuverlässigkeit‹ von seinem geistigen Lehrer, ohne sich seiner Selbsttäuschung bei seiner Annahme bewußt zu werden.

Eine solche Haltung, die oft Leute, die Äußerlichkeiten lieben, einnehmen, entspringt einem inneren Drang nach Sauberkeit und Ordnung, sie haben kein geistiges, sondern eher ein therapeutisches Interesse. Ordnung ist für verwirrte Menschen eine notwendige Sache. Nur ist es ein Fehler, sie auch für einen wesentlichen Faktor bei ›esoterischen‹ Zusammenhängen zu halten.

Beim Versuch, (ihre Art von) Ordnung in das (vermeintliche) Durcheinander der Sufi-Tradition zu bringen, müssen sie die Sache allzu sehr vereinfachen. Sie ignorieren wichtige Teile der Lehre und bringen nur eine schlechte Imitation des Sufismus zustande.

Weil so viele Leute einen starken Drang zur Ordnung haben, findet man mehr schlechte Imitationen als Wahrhaftigkeit und Echtheit. Dafür kann man niemanden verantwortlich machen. Aber es kann hilfreich sein, auf diese Tatsachen aufmerksam zu machen.

Wie ein Lehrer sein sollte

Darauf gibt es keine bessere Antwort als die Ibn Arabis: ›Die Leute erwarten von Lehrern Wunder und offensichtliche Erleuchtung. Aber von einem Lehrer sollte man eigentlich nur fordern, daß er all das besitzt, was der Schüler braucht.‹

Hinter den Erscheinungen

Um zu besitzen, was der Schüler braucht, muß ein Lehrer hinter die Erscheinungen geblickt und sein innerstes Selbst verwirklicht haben. Dazu muß er erst alle Grenzen überwunden haben, die ihn an sekundäre Faktoren binden. Dann existiert er wirklich und ist sich dieser Existenz bewußt. Getreu Ibn Arabis Motto: ›Absolute Existenz ist die Quelle aller Existenz!‹ Hallaj faßt es ein wenig anders und hebt die Eigenheit des verwirklichten Individuums hervor:
›Ich bin das Wirkliche, weil ich nicht aufgehört habe, wirklich zu sein – durch das Wirkliche!‹
Sufi-Lehrer, die so weit gekommen sind, daß merkwürdige Dinge in ihrer Umgebung geschehen, Dinge, die im allgemeinen Wunder genannt werden, die aber nicht zum Ziel hatten, Menschen zu beeindrucken, müssen einen Ausgleich für die Folgen dieser Erscheinungen finden. Sonst fühlen sich die Leute von ihnen oder von den Sufis im allgemeinen nur angezogen, weil sie Wunder sehen wollen.

Der Zwiebelladen

Als Rabia, die große Sufi-Meisterin, einmal kein Gemüse im Hause hatte und davon sprach, fielen plötzlich Zwiebeln vom Himmel. Die Leute schrieen auf und meinten, das sei der Beweis des göttlichen Segens.

Rabia erkannte, daß Bekehrungen, die Wunder zu verdanken sind, eine rein emotionale Basis haben und daß sie keine geistige Realität besitzen. Deshalb sagte sie:
›Ein Wunder? Glaubt ihr etwa, daß Gott einen Zwiebelladen führt?‹

Buchweisheit und lebendiges Wissen

F: Wie vertragen sich miteinander die Sufi-Bücher und die Sufi-Lehre, die über das Bücherwissen hinausgeht?

A: Viele Leute behaupten, daß sie aus Büchern nichts lernen können.

Mittlerfunktion

Natürlich können sie das. Aber sie müssen erst lernen, daß sie aus Büchern etwas lernen können; oder auch von Heuschrecken...

Für die Sufis ist ein Buch ein Mittel, um Informationen zu erhalten und gleichzeitig ein Instrument. Information und Handlung sind beide notwendig.
Die Schlüsselstellung nimmt dabei der Lehrer ein.
Wenn er sagt: ›Lies dieses Buch‹, dann sollten Sie es lesen.
Wenn Sie aber antworten: ›Ich kann aus Büchern nichts lernen‹, dann weisen Sie seine Lehre zurück.
Wenn Sie dies tun, dann dürfen Sie sich nicht wundern, wenn Sie nichts lernen.

Vielleicht sind Sie einer von denen, deren Problem es ist, daß sie nicht lernen wollen, und Ihr Lippenbekenntnis ›Ich will lernen‹ ist in Wirklichkeit ein Schutz vor dem Lernen, eine Art Beschwörungsformel.
Kein wahrer Lehrer wird einen Mann oder eine Frau, die einfach ›Ich will lernen‹ sagen, ohne Zweifel für lernwillig halten.
Darum müssen so viele Leute Stufen durchlaufen, auf denen ihnen gezeigt wird, daß ihnen die Voraussetzungen zum Lernen fehlen, obwohl sie behaupteten, daß sie lernen wollten und nur das Lehrmaterial nicht finden könnten.

Wirklichkeit und Möglichkeit

Der Mensch muß wissen, was er wirklich ist, um Fortschritte machen zu können in Richtung auf das, ›was er sein könnte‹.
Und wieder ist es der Lehrer, der weiß, was zu tun ist. Er entscheidet, ob der Schüler sich gradlinig oder auf andere Weise entwickeln muß. Khaja Khan sagt, daß traditionellerweise die unmittelbare Unterweisung ohne Bücher, das Mysterium der Vereinigung, nur der geistigen Elite zuteil wurde, während das ›Heilige Gesetz‹ (das islamische *Shariyya*) den gewöhnlichen Menschen als Leitfaden in die Hand gegeben wurde. Sie konnten so auf dem Wege der Disziplin weiterkommen, im Gegensatz zur Elite, die durch die Wahrheit der unmittelbaren Wahrnehmung auf die Ebene des Gesetzes hinabsteigen konnte.
Für die Sufis gibt es nur eine Essenz, ein Sein, eine Realität (*Haqq* = die Wahrheit). Alle Erscheinungen und Formen sind aus ihr abgeleitet. Ibn al-Arabi nennt die Erscheinungen in seinem *Fusus al-Hikam* sekundäre Wesenheiten, Kreaturen, *Khalq*. Es ist üblich, das Sekundäre für das Primäre zu halten. Die Menschen müssen lernen, diesen Irrtum zu vermeiden. Aber da die Menschen nun einmal in ei-

nem sekundären Bereich, in der ›Welt‹, leben, müssen sie Wert und Grenzen des Sekundären, der Phänomene, kennenlernen. Sie müssen lernen, daß die Grenzen der sekundären, abgeleiteten Welt sie in allem, was sie auch tun, daran hindern, eine gewisse Stufe zu überschreiten. Der Wert dieser Welt liegt darin, zu wissen, welche Gelegenheiten und Situationen hilfreich sein können und welchen Gebrauch man von ihnen machen soll.

Der Wert des Relativen

›Das Relative ist der Kanal zum Absoluten‹ (Al-majazu qantarat al-Haqiqa). Dieser Satz bringt das oben Gesagte auf eine Formel. Die Sufi-Erfahrung klärt über den Umgang mit sekundären Faktoren auf und versetzt damit in den Stand zu lehren.
Shaqiq von Balkh demonstrierte einmal dem nach Weisheit suchenden Harun al-Rashid, daß alle Sufi-Unterweisung durch Bücher oder andere akademische Methoden nur dazu dienen, deren Grenzen und Absurditäten aufzudecken.

Der Wert eines Königsreiches

Der Kalif, in all seiner Herrlichkeit, bedurfte einer Lektion über die relative Natur seiner Macht und seiner Besitztümer. Er sagte: ›Bitte mich um einen Gefallen!‹
Shaqiq fragte ihn, ob er jemandem die Hälfte seines Reiches geben würde für einen Trunk Wasser, wenn er in der Wüste am verdursten wäre.
Harun sagte, daß er es tun würde.
Der Sufi fragte weiter, ob er jemandem, der ihm helfen würde, das Wasser wieder auszuscheiden, wenn er dazu nicht mehr imstande wäre, die andere Hälfte seines Reiches schenken würde.

Harun sagte, daß er es tun würde.
Jetzt bat Shaqiq den Kalifen, darüber nachzudenken, warum er den Wert seines Königsreichs so hoch schätzte, wo er doch bereit wäre, es für einen Trunk Wasser herzugeben, das er am Ende nicht einmal behalten könne.
Wie dieser Kalif glauben die Leute, daß sie etwas von Wert besitzen und etwas von noch größerem Wert gewinnen können, wenn sie es weggeben. Außerdem haben sie die Tendenz, nicht das zu verschenken, was sie loswerden müssen, sondern das, was sie hergeben können, weil sie es nicht brauchen.
Darin liegt der Ursprung des Handels, der ja eine wünschenswerte Sache ist, wenn dieses Verhalten auf den Handel beschränkt bleibt. Daraus entspringt auch der Wunsch, seine Studien und seinen eigenen Weg selbst zu bestimmen: ›Bitte mich um einen Gefallen.‹ So hat es der Kalif formuliert.
Aber der Weg hat seine eigenen Forderungen, wie die Sufis nicht müde werden zu betonen. Was die Leute tun wollen, dient in der Regel nur dazu, auf dem Weg fortzuschreiten, auf dem sie sich ohnehin befinden und nicht dazu, eine Richtung einzuschlagen, in der sie ihre Grenzen überschreiten können.
Weil die Sufi-Methoden sich von den gewohnten Studienformen anscheinend sehr unterscheiden, glauben die Leute, sie müßten ihre Studien auf eine völlig konfuse Art und Weise durchführen. Dazu muß man sich einmal anhören, was Aftab-ud-Din Ahmad in seiner Einleitung zu Gilanis *Futuh al-Ghaib* sagt:

Sufismus als Wissenschaft

»Das Wort ›Mystizismus‹, das oft zur Bezeichnung des Sufismus gebraucht wird, hat eine geheimnisvolle Aura. Das Wort *tasawwuf* (Sufismus) hingegen steht für eine regelrechte Wissenschaft mit ihren festen Gesetzen und detaillierten Schemata. Diese Wissenschaft basiert auf konkreten Erfahrungen, die, wie bei jeder anderen Wissenschaft, unter bestimmten Bedingungen wiederholt werden können. Während seiner geistigen Reise muß jeder Pilger dieselben Stufen durchlaufen. Die einzelnen Stufen sind mittels der detaillierten und widerspruchsfreien Beschreibungen, die alle Meister davon gegeben haben, leicht erkennbar. Auch ausführliche Beschreibungen der Wegzeichen und Gefahrenstellen liegen vor. Und wie bei jedem anderen Studiengang gibt es Methoden, den Fortschritt und die Leistungen des Schülers zu testen. Wie in anderen Wissenschaftsbereichen gibt es auch in diesem Studienzweig Genies, die etwas in der Welt in Bewegung bringen...«*

Eine verstümmelte Botschaft

Sufi-Lehrer machen selektiven Gebrauch von Büchern und anderen Methoden der Massenkommunikation. Es gibt Fälle, in denen die Botschaft derart verstümmelt ist, daß sie auf den Gebrauch gewisser Textausgaben völlig verzichten. Einige Übersetzungen zum Beispiel enthalten groteske Fehler, obwohl sie von Spezialisten angefertigt wurden. Solche Verstümmelungen können jeder Zeit passieren, und nur persönliche Betreuung des Schülers kann die Dinge zurechtrücken.

Falsche Nachrichten

Die BBC strahlte einige Stunden nach der Ermordung König Faisals von Saudi Arabien einen vom saudischen Rundfunk übernommenen, sehr emotionalen Bericht über das Atten-

* Aftab-ud-Din Ahmad: *Futuh al-Ghaib*, Lahore: Ashraf 1949. S. IX.

tat aus. Man sollte meinen, daß man solchem Material vertrauen kann. Die Sache hatte nur einen Haken: Es handelte sich in Wirklichkeit nämlich um einen Sportbericht in tschechischer Sprache zur letzten Minute des Boxkampfes zwischen Ali und Wepner in Cleveland, Ohio.
Wenn man ›Sufi‹-Material liest, klingt es manchmal sehr ähnlich...

Heiligkeit

F: Können sie etwas über Sufi-Lehrer und Heiligkeit erzählen?

A: Die Leute, die sich am meisten anstrengen, Sufi-Lehrer zu finden, sich ihnen anzuschließen, sie zu widerlegen oder einfach nur mit ihnen in Kontakt zu kommen, sind oft am ungeeignetsten, wirkliche Sufi-Lehrer zu finden oder zu erkennen. Das kommt daher, daß solche Leute gewöhnlich auf der Suche nach Monomanen sind, nach Menschen, die nicht anders können, als 24 Stunden am Tag zu verkünden: ›Ich bin ein Heiliger!‹
Die Sufis, die ein normales Leben ohne Bauernfängerei führen, bleiben den allzu begierig Suchenden unsichtbar und werden für gewöhnliche Menschen gehalten. Das Gegenteil entspricht der Realität. Gerade die, die durch Verhalten und Selbstdarstellung signalisieren, daß sie Autoritäten wären, sind oft nur oberflächliche Formalisten.
Ein ›heiligmäßiges‹ Auftreten hat eine von drei Ausprägungen, die man bei allen Arten esoterischer Aktivitäten findet, auch im Sufismus:

1. die Nachahmung durch Formalisten;
2. die Annahme von Indoktrination oder manischer Besessenheit;
3. vorübergehende äußerliche Maßnahmen als Zeichen für die, die nur diesen Aspekt wahrnehmen können.

Die Aufgabe des Lehrers und des Schülers ist es, so schnell wie möglich und für immer, Äußerlichkeiten zu überwinden.

Dienst

Zu diesem Thema schrieb Saadi von Shiraz in seinem *Bostan* (Der Obstgarten) folgendes Gedicht:

Der Weg, das ist nur
Dienst an den Menschen;
Nicht der Rosenkranz, nicht der Gebetsteppich
Und nicht das Derwischgewand.

Was ein Heiliger ist und tut

Formalisten identifizieren Heiligkeit oft mit Äußerlichkeiten, aber Saadi erinnert uns daran, daß Heiligkeit nichts anderes als Dienst an den Menschen bedeutet. Man kann Leute, die Heiligkeit suchen, nur dann ernst nehmen, wenn sie sich auch um die Menschen kümmern.
Ein Heiliger zu sein bedeutet nach der Sufi-Überlieferung, wie Dr. A. E. Affifi zu Recht bemerkt, nicht »daß man fromm ist oder ein heiligmäßiges Leben führt, obgleich solche Eigenschaften *zufällig* auch bei einem Heiligen gefunden werden können... Jeder ist ein Heiliger (...), wenn er einen solchen Grad an ›gnosis‹ (Höchstes Wissen) besitzt, daß er seine Beziehung zu Gott, dessen Manifestation er ja nur ist, erkennt und seine essentielle Einheit mit der *einen*

Wahrheit verwirklicht. Mit anderen Worten, ein Mensch ist ein Heiliger, wenn er das ist, was Ibnul Arabi einen ›Vollendeten‹ nennt...«

Wissen und Verhalten

Heiligkeit hat nichts mit Wundern und frommer Lebensführung zu tun. Das Entscheidende ist das Wissen. Die Leute fragen: ›Wie kann Wissen so viel wert sein wie Glaube und rechtes Handeln?‹ Die Antwort der Sufis lautet, daß es ohne Wissen keine Garantie dafür gibt, daß das Handeln richtig und der Glaube wahr ist. Wahre Religion und richtiges Verhalten entspringen der Einsicht in das, was Religion ist, und dem Wissen davon, was man tun und was man lassen soll. Die bloße Übernahme lokaler kultureller Normen führt zu nichts.

Die Sufis haben immer wieder betont, daß Wissen in Übereinstimmung mit Heiligkeit und allgemein akzeptiertem Verhalten ist, aber nicht in Übereinstimmung mit deren Fälschungen und Verzerrungen, die man bei den in Selbsttäuschung befangenen sogenannten ›guten‹ Leuten beobachten kann.

Wenn mit Heiligkeit Äußerlichkeiten gemeint sind, vermeintliche Wunder oder andere Effekte, aufgrund derer die Leute schließen, daß jemand ein Heiliger ist, dann hat es mit Heiligkeit im Sinne der Sufis nichts zu tun.

Ein Hund hat den Vorrang

Als Bayazid Bistami einmal mit einigen seiner Anhänger durch die Straßen spazierte, benutzte er die Gelegenheit, um die Beschränktheit oberflächlicher Vorstellungen zu demonstrieren. Diese Geschichte wird in Attars *Musibat-Nama*, dem »Buch der Katastrophen« berichtet.

Ein Hund kam auf sie zu, und Bayazid machte ihm Platz. Ein Schüler hielt dieses Verhalten für falsch. Bayazid war schließlich ein großer Heiliger, von hohem Rang, und begleitet von einer Schar von Schülern. Was ist dagegen ein Hund!
Bayazid durchschaute die Gedanken des Mannes und erklärte sein Verhalten.
Der Hund hatte sie kommen sehen und den Gedanken auf Bayazid übertragen, daß er sündig sein müsse, weil er als Hund geboren wurde, wohingegen dieser große Mann wohl heilig sein müsse, weil er so strahlend und ehrenhaft erschien.
›Wegen dieser seiner Gedanken gab ich dem Hund den Vorrang‹, sagte Bayazid.

Innerstes Bewußtsein

F: Es gibt keine dem Sufismus vergleichbare traditionelle Psychologie, keine ihm ähnliche Lehre, die kein Konzept vom Geheimnis und von der Verschwiegenheit hat. Warum ist das so und was ist das Wesen dieses Geheimnisses?

A: Die Sufis benutzen den Ausdruck ›Geheimnis‹, um damit ›das innerste Bewußtsein des Menschen‹ zu bezeichnen. Sie können kompetente Aussagen darüber machen. Unter den Vertretern traditioneller geistiger Systeme ist es geistiges Gemeingut, daß die Bedeutung und die Betonung der Idee des ›Geheimnisses‹ sich nach den Voraussetzungen der jeweiligen Persönlichkeiten unterscheiden.
Ein paar Beispiele dazu:

Stimulation

(1) Leute, die stark von der Idee des Geheimnisses beeindruckt und stimuliert werden, entlarven sich selbst dadurch automatisch als Geheimniskrämer. Die Sufis wissen, wie sie mit solchen Leuten umgehen müssen. Es kann allerdings auch passieren, daß sie sich durch ihre Heimlichtuerei von jeder Erkenntnis ausschließen.

Antrieb

(2) Für alle, die der Idee des ›Geheimnisses‹ gegenüber eine richtige Haltung einnehmen können, hat das ›Geheimnis‹ einen motivierenden Effekt, weil es für sie Entdeckungen von hohem Wert bereithält. Dieser Punkt wurde vor allem von Ibn el-Arabi betont.

Intimsphäre

(3) Ein Geheimnis zu haben wird oft mit der Wahrung der Intimsphäre verwechselt. Die Intimsphäre und die Geheimhaltung haben die Aufgabe, äußere Störungen fernzuhalten, wenn Leute sich auf etwas zu konzentrieren versuchen.

Relativität

(4) Mit dem Wort ›Geheimnis‹ kann auch die Tatsache gemeint sein, daß es noch nicht an der Zeit ist, eine Sache zu enthüllen, oder daß sie zu einem bestimmten Zeitpunkt und aus guten Gründen vor jemandem ›verborgen‹ gehalten wird. Die Gründe dafür können einfach darin bestehen, die Effektivität des Verfahrens, den Fortschritt des Lernens zu garantieren.

Viele Dinge, die ›Geheimnisse‹ genannt werden, sind einfach nur solche, die man den Leuten so lange vorenthält, bis sie sie verstehen oder wirksam erfahren können.
Nach Geheimnissen bewußt oder unbewußt zu suchen, ist ein allgemeines Charakteristikum des Menschen. Man findet es bei allen Unternehmungen und auf allen Stufen der Reife und der Entwicklung, und nicht nur in esoterischen Zusammenhängen. Wenn man die Idee des Geheimnisses einschränkt auf die Definition, daß es etwas ist, das einem vorenthalten wird, beweist man nur, daß man nicht flexibel und sensitiv genug ist, um die ›geheimen‹ Seiten höherer und feinerer Gegenstände zu erfassen. Viele Geheimnisse bewahrt man am besten durch das Ableugnen jeglicher Geheimnisse oder durch ein einfaches und gewöhnliches Auftreten (nach der Art der Sufis). Das hat den Vorteil, daß man sich nicht mit Geheimnissuchern herumzuplagen braucht, weil man denen zu oberflächlich und normal vorkommt.

Die Einsicht in den Sinn

Ein ›Geheimnis‹ der Sufis ist es, daß sie den Leuten Wahrheiten bewußt machen, die in der Erfahrung oder auch in der Literatur enthalten sind, aber von den Schranken der Gewohnheit oder subjektiver Emotionen bisher verdeckt blieben.
Saadi sagt in seinem *Bostan:* ›Das Tor der Erleuchtung steht offen für den, dem andere Tore verschlossen sind.‹ Diese Tore sind oft solche der akademischen Bildung und der Überzeugung, daß die eigenen Ideen eine Art Sesam-öffnedich wären: Tore für rein akademische und systematische Formen der Annäherung, die keine Einsichten ermöglichen, mit deren Hilfe der Geist von allem Abfall gereinigt werden könnte.

Das Geheimnis des Geheimnisses

›Das Geheimnis des Sufismus ist, daß er überhaupt keine Geheimnisse kennt.‹ Dieses Sufi-Paradox bedeutet, daß die Dinge, die für alle nicht erleuchteten Sufis geheim und verborgen bleiben, von den Sufis verstanden und erfahren werden – und deshalb nicht mehr Geheimnisse genannt werden können.

Das Wort *Sirr*, das gewöhnlich mit ›Geheimnis‹ übersetzt wird, steht in der Sufi-Terminologie für ›innerstes Bewußtsein‹. Wenn das innerste Bewußtsein seinem Besitzer verborgen bleibt, ist es für ihn ein ›Geheimnis‹. Dabei bleibt es auch auf der Ebene der Sprache ›geheim‹ und ›verborgen‹, auf der Bewußtsein per definitionem nicht erfahren, sondern nur benannt werden kann.

Eine der Fähigkeiten der Sufis ist es, daß sie den äußeren Schein und den Selbstbetrug der anderen durchschauen können und somit imstande sind, diese Gefangenen ihres sekundären Selbst zu lehren, ihr wirkliches ›Geheimnis‹, ihr innerstes Bewußtsein, zu entdecken.

Das türkische Mädchen

In Attars *Erzählungen der Freunde* findet sich die berühmte Geschichte von Yusuf al-Razi, in der dessen Fähigkeit, in den Herzen zu lesen, und der Irrtum der anderen, nach der äußeren Erscheinung zu urteilen, demonstriert werden.

Hiri wurde einmal von einem persischen Händler, der auf eine Reise ging, gebeten, für ein türkisches Mädchen zu sorgen. Hiri verliebte sich in dieses Mädchen und entschloß sich, seinen Lehrer Abu-Hafs, den Schmied, um Rat zu fragen. Abu-Hafs schickte ihn nach Raiyy zu dem großen Sufi Yusuf al-Razi.

Als er in Raiyy ankam und die Leute nach dem Haus des Weisen fragte, warnten sie ihn vor einem solchen Häretiker

und Freigeist. Hiri nahm die Warnung ernst und ging zurück nach Nishapur. Abu-Hafs schickte ihn erneut zu al-Razi und ermahnte ihn, nicht auf das Gerede der Leute zu hören und den Weisen unverzüglich aufzusuchen.
Und diesmal ließ er sich trotz der eindringlichen Warnungen der Leute von seinem Gang zu al-Razi nicht abhalten. Er fand ihn zusammen mit einem schönen Jüngling, der ihm gerade einen Pokal mit Wein kredenzte.
Entrüstet verlangte Hiri nach einer Erklärung für ein solches, eines Asketen unwürdigen Verhaltens.
Al-Razi klärte ihn darüber auf, daß der Jüngling sein Sohn sei und daß der Pokal, den überdies jemand bei ihm vergessen hatte, nur Wasser enthielte. Das war die Wahrheit über ein Verhalten, das allen als skandalös erschien.
Jetzt wollte Hiri wissen, warum sich der Sufi so mißverständlich verhielt, daß die Leute ihn einen Gotteslästerer schalten.
Al-Razi antwortete: ›Ich tue das, damit die Leute mich nicht mit türkischen Mädchen behelligen.‹

Was Buchstaben lehren können

Vor mir liegt ein Paket mit Trockenzwiebeln.
Vergleichen wir diese trockenen Zwiebeln mit etwas Niedergeschriebenem: Einerseits ersetzt es nicht die ursprüngliche Erfahrung, aber andererseits ist es auch nicht einfach nichts. Es eignet ihm Möglichkeit, ›Virtualität‹.
Man füge heißes Wasser hinzu, und der trockene Stoff wird sich damit vollsaugen. Und nach ein paar Minuten haben wir etwas vor uns liegen, von dem wir wissen, daß es einmal

Trockenzwiebeln waren. Doch jetzt ist es nicht mehr dasselbe wie zuvor. Jetzt haben wir ›wiederaufbereitete Zwiebeln‹.

Freilich haben wir jetzt weder ganze noch frische Zwiebeln. Aber wir haben etwas vor uns, das es uns ermöglicht, frische Zwiebeln zu erkennen, wenn wir sie später zum erstenmal kosten. Das ist der Vorteil von Trockenzwiebeln.

Die ursprüngliche Erfahrung, das sind die frischen Zwiebeln. Das Wasser war die Zutat unter den richtigen Studienbedingungen. Das Ergebnis ist eßbar, ein angemessener Ersatz für frische Zwiebeln. Außerdem hat der Stoff einen gewissen Nährwert.

Wer behauptet: ›Man kann aus Trockenzwiebeln nichts machen‹ (das Äquivalent zu der Behauptung ›Man kann aus Bücher nichts lernen‹), hat sich geirrt. Und wer sagt: ›Ich werde warten (oder suchen), bis ich frische Zwiebeln finde‹, tut gleichfalls das Falsche, *weil er nicht weiß, daß er die ›frischen Zwiebeln‹ gar nicht erkennen würde, wenn er sie vor sich hätte.* Dies mußte hier, obwohl widerstrebend, gesagt werden, weil solche Äußerungen in der Regel als provozierend empfunden werden, während sie meistens nur deskriptiv gemeint sind.

Stellen wir deshalb unsere Behauptung auf: ›Man *kann* aus Büchern etwas lernen. Dieses Etwas kann so wichtig sein, daß es einen zur Erkenntnis des Wahren führt. Es ist deshalb in vielen Fällen von überragender Wichtigkeit.‹

Zutaten

Aber *warum* glauben Leute, daß sie in Büchern nichts finden können, das einer ›frischen‹ Erfahrung entspricht? Einfach deshalb, weil sie nicht wissen, daß es besonderer Umstände bedarf (z. B. Wasser, das den Trockenzwiebeln hinzugefügt wird), bevor sie überhaupt etwas wahrnehmen können. Es ist die Absicht der Sufis, beim Schüler für so viel

Vorrat an Wasser und Trockenzwiebeln zu sorgen, daß zum richtigen Zeitpunkt frische Zwiebeln aufgetischt werden können.

Bescheidenheit

Die traditionellen Unterrichtsmethoden versuchen den Leuten eine wahrhaft ›bescheidene‹ Haltung dem Leben und dem Lernen gegenüber einzuimpfen. Einer der Gründe dafür ist, daß sie ihnen ermöglichen wollen, ›Zwiebeln zu essen, ganz gleich in welcher Form sie gerade zu haben sind‹. Natürlich entarten solche Lehren in den falschen Händen schnell zu bloßen Moralpredigten. Anstatt die oben dargelegte Meinung zu vertreten, suchen solche Lehrer nur nach einer einleuchtenden Rechtfertigung, um anderen Geduld und Bescheidenheit zu predigen. Rasch gelangen sie zu dem Ergebnis: ›Bescheidenheit ist gut für die Gesellschaft. Sie macht die Menschen gut, rein, usw.‹ Aber das ist ein Argument auf der sozialen, nicht auf der metaphysischen Ebene. ›Bescheidenheit‹ hilft im alltäglichen Leben, und ohne Bescheidenheit erreicht man auch in höheren Zusammenhängen nichts.
Wenn man den Dingen gegenüber, die man studieren soll, keine ›bescheidene‹ Haltung einnimmt, wird man überhaupt nichts begreifen können. Darum existiert das Problem, das sich in der Frage ›Warum sollte ich einer Sache gehorchen, die ich nicht kenne?‹ ausdrückt, eigentlich nicht. Die Frage hat keinen Sinn, weil jeder, der sich auf dieser Stufe befindet, weder gehorsam noch ungehorsam sein kann. Er kann nur ein mehr oder weniger aufdringlicher Frager sein. Er hat keine Wahl. Folglich hat die Frage keinen Wert, und die Antwort erübrigt sich, es sei denn sie beinhaltet eine Beschreibung seines Zustandes. Die Hoffnung liegt in der Möglichkeit, daß er dank dieser Beschreibung seinen Zustand erkennen und seine Haltung verändern kann.

Aber die Leute richten sich lieber nach sekundären als nach primären Anzeichen, und die Sufi-Lehrer müssen diese Tendenz berücksichtigen. Manchmal schockieren sie absichtlich jemanden, um die Begrenztheiten im Denken eines Möchtegern-Adepten bloßzustellen. Das wird ihm dann helfen, sich selbst tiefer zu verstehen und sich eine weitere Perspektive zu eröffnen, die es ihm ermöglicht, besser zu lernen.
Eine Geschichte von Bayazid Bistami handelt von einem solchen heilsamen Schock.

Götzendienst

Ein Mann fragte Bayazid auf der Straße, wohin er gehe. Bayazid antwortete, daß er mit zweihundert Dinaren in der Tasche auf dem Wege nach Mekka sei.
Daraufhin sagte der Mann: ›Gehe siebenmal um mich herum, und das sei deine Wallfahrt nach Mekka!‹
Also, fährt Bayazid fort, tat er, was der Mann verlangte, und kehrte dann in sein Haus zurück.
Man scheut sich allzu oft vor derartigen Verhaltenskorrekturen, weil man damit zugibt, daß die bisherigen Denkmuster, nach denen man handelte, unangemessen waren. Man sucht lieber nach etwas, das die Eigenliebe und das Gefühl der eigenen Bedeutsamkeit bestärkt.
Und man findet auch leicht einen Glauben, eine Person oder eine Institution, die diesen Bedürfnissen entgegenkommt. Solche Personen oder Institutionen sind zumeist – ob bewußt oder unbewußt – spezialisiert auf die Kunst der Schmeichelei.
Daher ist es so wichtig, daß man seine persönliche Motivation kennt.
Ein wichtiger Aspekt der Frage nach dem Wert von Kenntnisse vermittelnden Materialien als eine Art von Katalysatoren betrifft eine Form des Lernens durch direkte, provo-

zierte Einsichten. Diese Form des Lernens ist sehr verschieden von mechanischen oder selektiven Lehrmethoden, bei denen das Studium vom Studenten oder irgend jemand sonst geplant wird, der nicht alle Bedürfnisse des Lernenden überblickt.

Erscheinung und Funktion

Wir sprechen hier von der Funktion, nicht von der Erscheinung. Das erinnert mich an eine interessante Parallele. Sidi Abu-Yusuf wurde einmal von einigen Pedanten über Sufi-Lehrer befragt. Seine Antworten zeigten die Denkweisen der Fragesteller auf und bewiesen, wie weit sie von der Realität entfernt waren.

Die Fragen betrafen einige exponierte Sufi-Lehrer, die behaupteten, die höchsten Autoritäten der Sufis zu sein.

Abu-Yusuf sagte: ›Das ist nur eine Metapher und beinhaltet keinerlei Rivalität zwischen Sufis. Ebensowenig deuten diese Äußerungen auf eine Hierarchie oder formelle Organisation. Außerdem bedeutet es nicht, daß ein jeder behauptet (oder daß von ihm behauptet wurde), er sei die höchste Autorität aller Sufis. Es bedeutet nur, daß alle, die den Instruktionen ihrer Sufi-Lehrer folgen, sie als die höchste und einzige Quelle der Weisheit betrachten müssen. Diese Rolle verlangt von den Sufi-Lehrern nicht mehr als von allen Lehrern erwartet wird, um die Konzentrations- und Lernfähigkeit ihrer Schüler zu fördern und sie daran zu hindern, ihre Aufmerksamkeit nebensächlichen Dingen zuzuwenden, wie z. B. der Hierarchie von Lehrern. Die wirklichen Autoritäten der Sufis existieren und wirken in einem gemeinhin unsichtbaren Bereich und bleiben in ihren höchsten Funktionen unbekannt – obgleich es möglich ist, daß sie von Zeit zu Zeit als normale Sufi-Meister in Erscheinung treten – oder irgendeine andere Verkleidung wählen –, um ihre Aufgaben wahrnehmen zu können.‹

Die Hintergründe der ›Bescheidenheit‹

Vor der Zeit, die man allgemein ›historische Zeit‹ nennt, gab es ein Erkenntnisverfahren, das mit der menschlichen Entwicklung verknüpft ist und jenseits der heutigen Methoden zur Gewinnung und Verwendung von Information steht. Die Ergebnisse dieser Anstrengungen wurden oft mit dem Wort ›Weisheit‹ bezeichnet, obwohl das Wort Weisheit auch für viele andere Bereiche gebraucht wurde.

Reliquien sind nicht die Sache selbst

Viele religiöse, mystische und andere Formulierungen sind bis zu einem gewissen Grade Schreine für die Reliquien eines völlig oder teilweise erfolgreichen Versuchs, Individuen oder Gemeinschaften Mittel an die Hand zu geben, jene Weisheit zu erlangen. Aber wie fast alles auf der Welt sind auch sie anfällig für Verfälschung oder Versteinerung: Sie werden zu Museen und Ausstellungsstücken zur selben Zeit.

Weil sie Disziplin und Gruppengeist betonen und sich an andere Faktoren nicht anpassen können, sind solche – oft ›Schulen‹ oder ›Kulte‹ genannte – Formationen nach kürzerer oder längerer Zeit meist erstarrt. Dabei behaupten sie nicht selten, das Monopol auf die Wahrheit oder auf wirksame Rituale zu haben. Dieser Erstarrungsprozeß spiegelt ihre begrenzten Denkmuster wider und führt manchmal zu einer Vernichtung aller dynamischen Momente der Lehre. In der Praxis widersprechen übertriebene Exklusivität und übertriebener Dogmatismus den Erfordernissen einer notwendigen Flexibilität. Ständige Regeneration ist unerläßlich.

Was vielen Leuten wie die Summe des philosophischen, metaphysischen und magischen Erbes der Menschheit vorkommt, ist aus den genannten Gründen schwer beladen mit den Trümmern und Mißverständnissen (durch willkürliche Selektion) einmal durchaus schlüssig gewesener Schulvorstellungen. Der Faktor, der für solche Entwicklungen verantwortlich ist, findet sich überall in menschlichen Gemeinschaften, ist aber oft in weiten Bereichen ganzer Zivilisationen übersehen worden. Spezialisten hingegen, deren Denkmethoden nicht mechanisch und beschränkt sind, haben ihn immer wieder zum Gegenstand ihrer Aufmerksamkeit und zum Thema ihrer Verbesserungsvorschläge gemacht. Spezialisten solcher Art sind dazu fähig, innere Prinzipien und Dynamiken zu erfassen, im Gegensatz zu jenen, die sie gewissermaßen nur umverteilen.

Kompetenz erhält die Tradition

Im Unterschied zu öffentlichen und allseits bekannten Formulierungen, hinter denen sich verschiedene Religionsformen, Psychologien, Sozialphilosophien und andere Systeme verbergen, gab es immer in der Geschichte jene Unterströmung altruistischer Bewahrung des anpassungsfähigen Wissens, das auf Fähigkeit und Erkenntnis beruht und nicht auf der beliebigen Entscheidung, Spezialist zu werden.

Es gibt vorzügliche Gründe genug dafür, warum die obengenannten Fakten niemals deutlicher ins allgemeine Bewußtsein getreten und in ihrer Tragweite erkannt worden sind. Einer der unmittelbar einleuchtenden Gründe ist der folgende: ›Wenn man den Leuten, die durch und durch egoistisch sind, Dinge wie diese verkündet, dann wird ihr Egoismus auf Kosten ihres wirklichen, inneren Strebens nach Wahrheit nur größer werden‹ – womit die Möglichkeit, sie etwas zu lehren, letztlich noch stärker blockiert wird.

Ein weiterer leicht verständlicher Grund ist der, daß die exi-

stierenden oberflächlichen Denksysteme einen ›Expertentyp‹ hervorgebracht haben, der so ängstlich an seinen Vorurteilen festhält, daß jeder Versuch, seinen Horizont zu erweitern, ihn sofort völlig verunsichern würde. Die Resultate wären Widerspruch, Mißtrauen und Verwirrung.
Von Zeit zu Zeit kommen gewisse kosmologische und menschliche Faktoren in Übereinstimmung. In solchen Augenblicken ergeben sich die Möglichkeit und die Notwendigkeit, mittels besonderer geschickter Anstrengungen bestimmte Formulierungen wiedereinzuführen und Aktivitäten wiederaufleben zu lassen. Sie vergrößern sodann die Chancen, schneller und gründlicher in Lehren einzudringen, die zu ›Selbsterkenntnis‹ und ›Weisheit‹ führen. In jüngster Zeit gab es zyklisch einige solche Augenblicke, aber die Leute merkten es nicht. Umgekehrt bedeutet das aber nicht, daß jemand nur daran zu glauben braucht und es schon finden wird. Entscheidend ist der richtige Zugang.

Die Rolle des Eingriffs

Die erste Stufe der Weisheit ist gekennzeichnet durch die Beschäftigung mit Fragen, die im allgemeinen Ursprung, Natur, Gegenwart und Zukunft der Menschheit und des Individuums betreffen. Art und Weise des Zugangs zu diesen Fragen selbst setzen schon eine Fähigkeit voraus, deren Mangel oder Ineffektivität beim gewöhnlichen Individuum darauf hindeuten, daß es ihm unmöglich ist, sich zu entwikkeln. Es bedarf eines ordnenden Eingriffs, um den Teufelskreis, der sich ergeben hat, zu durchbrechen.

Das Wissen um das Ziel schafft die Mittel

Der Wunsch nach einem ›Erwachen‹ (ein oft als Terminus technicus gebrauchtes Wort) kann, aber er muß nicht notwendig von der Erkenntnis und der Erfahrung begleitet sein, die wesentliche Voraussetzungen für diese Stufe sind. Die Aufgabe der Lehre ist es (ohne Rücksicht auf ideologische Grenzen), ein Wissen um das Ziel zu vermitteln. Im ungünstigsten Fall geschieht das durch die Behauptung, daß ein Ziel existiert. Im besten Fall dient dazu ein kurzer Einblick, der den Schüler dazu anregt, Mittel und Wege zu finden, diesen Einblick zu wiederholen.

Arbeitshypothesen oder traditionelle Vorstellungen bieten einen Rahmen, innerhalb dessen der Erleuchtung-Suchende dieses Ziel zu erreichen strebt.

In einer Schule bildet allein das Wissen die Voraussetzung und Rahmenbedingung, innerhalb derer die Struktur entwickelt werden kann.

›Wenn du die Ziele kennst, kannst du die Mittel schaffen.‹ Zweck und Ziel heiligen nicht die Mittel, sondern schaffen sie. In diesem Sinne repräsentieren die Mittel die Struktur, die in einigen Texten ›Das Werk‹ genannt wird.

Die Schule

Eine der möglichen Strukturen, innerhalb derer Wissen erlernt, gesammelt, erhalten und übermittelt wird, ist die sogenannte ›Schule‹. Es gibt andere, stetig wirksame Formen, deren Existenz und Arbeitsweise allerdings keinen unmittelbaren Anwendungswert haben. Dennoch werden ihnen viel Neugier und Wißbegierde entgegengebracht und viel Zeit und Mühe geopfert, weil man fälschlicherweise annimmt, daß das einfache Interesse an etwas, wovon man gehört hat, irgendwann auch zum Verständnis dafür führt – und schließlich auch noch Gewinn und Nutzen bringt. Aber da ihr *modus operandi* im gegenwärtigen Denken keine exakt anwendbaren Parallelen hat, ist er praktisch, wenn nicht sogar auch theoretisch, ›völlig verborgen‹.

Begegnungen zwischen Leuten, die an einem bestimmten Bereich interessiert sind, und solchen, die in diesem Bereich arbeiten, finden in der Regel statt, ohne daß die Interessenten die Möglichkeit hatten, vorher diesen Bereich ein wenig auszukundschaften oder einige Einsichten in sein Funktionieren und in die Rollen der beteiligten Individuen zu gewinnen.

Die ›Schul-Arbeit‹ wird zwar auf einer vergleichsweise niedrigen Ebene gemacht, muß aber geleistet werden, damit die Erkenntnis höherer Ebenen möglich wird. Eines der wichtigsten Erfordernisse für einen effektiven Zeitplan und einen erfolgversprechenden Studienaufbau ist es, dieses Prinzip zu akzeptieren. Ein Haupthindernis, diese Tatsache – auch nur als Arbeitshypothese – zu akzeptieren, besteht darin, daß Rolle, Möglichkeiten und Wissen des Lernenden überschätzt werden.

Aus diesem Grunde betonen so viele traditionelle Systeme die Notwendigkeit dessen, was wir ungefähr mit dem uns vertrauten Begriff ›Bescheidenheit‹ umschrieben haben. Ihre entstellte Form ist die Selbsterniedrigung.

Wozu Bescheidenheit nicht taugt

Einer der großen Sufis sagte: ›Meine Bescheidenheit ist nicht dazu da, dich zu beeindrucken. Sie ist da aus Selbstzweck.‹

Die Person, die du zu sein glaubst, so lehren die Sufis, ist eine falsche Person. Sie hat keine wahre Realität. Wenn die Leute anfangen, Bescheidenheit zu üben, dann merken sie, daß sie eigentlich gar nicht existieren. Hier beginnt die Wahrnehmung seiner selbst als *'Adam* (Nichtsein), wie sie in Hujwiris *Revelation* (Offenbarung) im 2. Kapitel ge-

nannt wird, wo er sich mit der wahren Bedeutung von Armut beschäftigt. Wenn die Leute stolz sind auf ihre Bescheidenheit, beweist das nur, daß sie sich aus ihrem ›Nichtsein‹ ein Ersatzselbst zurechtgemacht haben. Das bringt Heuchler hervor.
Sein eigenes Nichtsein zu durchschauen, hat dann Zweck, wenn man durch es hindurch das sieht, was wirklich da ist, und auf das sich das Wahre Selbst beziehen kann. Auf diese Weise ist Bescheidenheit direkt mit der Suche nach Absoluter Wahrheit verknüpft.

Man soll aus Funktionen keine Tugenden machen

Die Ähnlichkeit zwischen den beiden Worten *'Adam* (Nichtsein) und *Aadam* (Mensch) hat viele arabische Dichter und andere Leute, die in orientalischen Sprachen schreiben, veranlaßt, damit auf subtile Weise zu spielen. Es ist interessant zu sehen, daß sogar Orientalisten und Rezensenten das bei der Diskussion dieses Punktes ignorieren und das Wortspiel so mißverstehen, daß sie den Sufis den Vorwurf eines abwegigen Sprachgebrauchs machen, wenn sie ›Der Mensch ist *adam*‹ sagen. Ich habe dabei oft das Gefühl, daß diese merkwürdige Unfähigkeit, den Streitpunkt überhaupt zur Kenntnis nehmen, einen deutlichen Hinweis darauf gibt, daß das Denken dieser Rezensenten einer Vorzensur durch ihre eigene Subjektivität unterliegt. Sie sind eben auch zuerst einmal Menschen, und ein Mensch liebt es nicht sehr, sich selbst als ein ›Nichtsein‹ zu definieren. Das ist um so offensichtlicher bei Leuten (Wissenschaftler und Gelehrte eingeschlossen), die sich selbst durch ihre angelernten Denkmuster und aufgehäuften Informationen zu bestimmen versuchen, jenen Dingen, die für die Sufis gerade Teil des ›Nichtseins‹, der sekundären ›Persönlichkeit‹ eines Menschen sind und nichts mit seinem Wesen zu tun haben.

Mit anderen Worten: Stolz verhindert Bescheidenheit, wie wir ja alle wissen. Stolz gehört zu einem Selbstgefühl, das – ganz oder zum Teil – zweitrangigen Dingen entspringt, beispielsweise der Überzeugung, daß man ›gebildet‹ sei.
Es steckt eine große Wahrheit in dem Satz, daß ›Bescheidenheit weniger eine Tugend als eine Notwendigkeit ist, wenn es einem darum geht, etwas zu lernen‹.

Rabia und die Tür

Rabia al-Adawiyya gibt ein ausgezeichnetes Beispiel für die Haltung, die von einem Sufi erwartet wird. Es kam ihr einmal zu Ohren, daß Salih von Qazwin lehrte: ›Klopfe an die Tür – und sie wird dir geöffnet werden.‹
Das veranlaßte Rabia dazu, Salih zu fragen: ›Wie lange wirst du das noch behaupten, Salih, wenn die Tür niemals geschlossen worden ist?‹ Der Mangel an Bescheidenheit ist so etwas wie eine Verschwörung: Wenn Leute bei anderen Bescheidenheiten finden, versuchen sie nicht nur, sie zu ignorieren, sondern sie glauben gar nicht erst daran. Dazu kommen noch jene, die nicht einmal merken, wann oder wie sie Bescheidenheit üben sollten.

Die Geschichte vom Professor

Ich zeigte einmal einem Besucher das Grundstück um unser Haus. Dabei kamen wir an einem Mann vorbei, der still und fleißig auf dem Boden saß und ein Stück Holz bearbeitete.
Der Besucher fragte mich: ›Wer ist das?‹
Ich antwortete: ›Das ist Professor Soundso.‹
Er zog die Augenbrauen in die Höhe, drehte sich noch einmal nach dem Mann um, kehrte sich dann mir wieder zu und sagte: ›Sind Sie wirklich *sicher*?‹
Die zweite Geschichte handelt von Maaruf aus Karkh:

Dattelkerne

Sari al-Saqati beobachtete Maaruf, wie er Dattelkerne aufsammelte, und fragte ihn, warum er das tue.
Maaruf antwortete: ›Ich habe ein Kind weinen gehört. Es ist ein bettelarmes Waisenkind und hat keine Nüsse wie die anderen Kinder. Deshalb sammle ich Dattelkerne, um sie zu verkaufen (damit sie gemahlen werden können). Dann soll das Kind auch ein paar Nüsse haben – und glücklich sein.‹

Wie ernsthaft ist der Schüler?

F: Sie behaupten, daß viele der Leute, die von sich selbst glauben, ernsthafte Sufi-Schüler zu sein, dies in Wirklichkeit überhaupt nicht sind, und daher von ihren Studien nichts profitieren. Können Sie mir ein Beispiel dafür geben?

A: Eines der besten Beispiele liefert uns unsere Alltagserfahrung. Die Leute hören irgend etwas über den Sufismus oder lesen Bücher darüber. Angeregt dadurch versuchen sie sofort, sich ›einen Weg zu unserer Tür zu bahnen‹. Nun, ich habe bisher sechzehn Bücher über die Ideen und Aktivitäten der Sufis publiziert. Man könnte einwenden, daß die Publikation dieses Materials – in solchen Mengen und mit solcher Energie – darauf hinweist, daß wir ihr Studium für wichtig halten.
Aber ein bedeutender Teil der 10000 Briefe, die wir Jahr für Jahr erhalten, zeigt, daß viele Leute, die – nach ihren eigenen Aussagen – überaus ›ernsthaft‹ sind, – sich nicht die Mühe machen, diese Bücher zu lesen. Wenn sie wirklich

nicht an geschriebenem Material interessiert sind, wie sie oft betonen, warum wenden sie sich an MICH, der ich mich zum Teil doch über das Medium der Schrift äußere? Die Leute kommen zu mir, ohne die leiseste Ahnung von dem zu haben, was wir wollen. Sie kennen unsere Schriften nicht, also kann ich ihnen nicht helfen.
Sie kommen aus aller Welt, vergeuden ihr Geld und ihre Zeit, aber sie investieren keinen Pfennig in Bücher und keine Minute für ihre Lektüre. Kann man solche Leute für ›ernsthaft‹ halten? Zugegeben, sie machen nur einen kleinen Teil all unserer Kontakte aus, aber bei der großen Gesamtzahl von Leuten, mit denen wir zu tun haben, ergibt auch diese Minorität eine beträchtliche Anzahl von Menschen. Wenn Sie diese Leute beurteilen lernen wollen, beobachten Sie einfach, was sie tun und sehen Sie dabei – wenigstens für den Moment – von allen ihren Beteuerungen, es ›ernst‹ zu meinen, einmal ab.
Wenn sie ernsthaft *handeln*, dann wird es Ihnen leichter fallen, ihrer Behauptung zu vertrauen, ernsthaft zu *sein*. Wenn sie es hingegen nur *behaupten*, ganz abgesehen davon, wie sehr sie selbst davon überzeugt sind, können wir daraus schließen, daß sie eine völlig unklare Vorstellung davon haben, was sie eigentlich tun. In diesem Falle wäre ich der letzte, der ihnen helfen könnte, vor allem weil sie dann erst einmal eine elementare Einführung in klares Denken bräuchten.

Wissen als Wahrnehmung

Heutzutage, ebenso wie in der Vergangenheit, ist das, was im allgemeinen ›Wissen‹ genannt wird, nicht mehr als ein großer ›Schleier‹, der über dem wahren Verständnis liegt. Gazur-i-Ilahi lehrt seine Hörer, daß es ein akademisches Lernen und ein Lernen durch Beobachtung gibt. Inneres Wissen – Wahrnehmung – ist die wahre Form des Wissens.

Es ist etwas anderes, ob man vom Honig nur weiß, was man über ihn gelernt hat, oder ob man ihn gekostet hat.
Das eine ist Wissen, das anderes ist Wissen vom Wissen.
Was Mangel an ›Ernsthaftigkeit‹ zu sein scheint, läßt sich mittels unserer Definition besser beschreiben: Es ist das, was die Leute daran hindert, Nutzen aus etwas zu ziehen. Der Grund dafür ist, daß ihnen der Wunsch abgeht, dem Aufmerksamkeit zu widmen, was gesagt und getan wird.

Der Käse und der Mond

Wenn wir von der ›Ernsthaftigkeit‹ eines Schülers reden, müssen wir uns daran erinnern, daß viele Leute kaum eine Ahnung davon haben, was ernsthaftes Lernen eigentlich bedeutet. Für viele bedeutet es nur zwanghaftes Studieren, ob dabei nun etwas herauskommt oder nicht. Sie haben vielleicht davon gehört, daß die Englische Vereinigung zur Förderung der Wissenschaft (British Association for the Advancement of Science), – deren Mitglied ich nebenbei bemerkt bin –, eine Tagung veranstaltete, bei der folgende Entdeckungen bekanntgegeben wurden:
›Das Mondgestein hat ähnliche Eigenschaften wie Cheddarkäse und Emmentaler.‹
›Im allgemeinen gehen fettleibige Leute nicht zur Universität.‹
›Ratten hören lieber Mozart als Schönberg.‹
Das stammt nicht aus dem Mittelalter, als die Engel noch auf Nadeln tanzten, sondern aus dem Jahre 1970 der Christlichen Ära...

F: Reduzieren Sie metaphysische und spirituelle Studien auf das Niveau der Soziologie und Psychologie?

A: Nein, ich versuche im Gegenteil die Vergiftungen und Verwirrungen, die durch Soziologisieren und Psychologisieren entstanden sind, aufzudecken. Es kann niemandem zum Vorteil gereichen, wenn die Leute glauben, Gott anzubeten, wo sie in Wirklichkeit nur nach Gefühlserregungen suchen. Wenn die Gefühle, die durch Übertragung von einer Person auf eine andere oder von einem System auf ein anderes hervorgerufen werden, für ›außergewöhnlich‹ erachtet, wenn sie ausführlich als normale soziale Handlungen und Entwicklungen beschrieben und erläutert werden, welchen Schaden kann es dann anrichten, nachdrücklich die Wahrheit zu sagen?

F: Man hört oft, daß es besser ist, die Leute in ihrem Glauben zu lassen, als sie zu stören.

A: Wenn der Glaube von der Art ist, daß man glaubt, Blinddarmschmerzen seien ein Werk des Teufels, ist es falsch, den Patienten nicht aufzuklären, denn das könnte seinen Tod bedeuten.

Der Mann, der von einem Berg fiel

Vielleicht ist es nicht unsere Aufgabe, etwas für ihn zu tun, aber auf einer niedereren Ebene können wir nicht daran gehindert werden, auf seinen Zustand anzuspielen. Leute wie er ähneln dem Mann, der von einem Berg fiel. Auf dem halben Wege sagte er zu sich selbst: ›Schon auf 1800 Meter

Höhe, und noch ist nichts passiert. Es ist eigentlich ganz vergnüglich.‹

Vielleicht müssen wir diesen Mann sich selbst überlassen, aber wir können nicht umhin, seine wirkliche Situation zur Kenntnis zu nehmen. Leute solchen Schlages sind es, die plötzlich bei einem auftauchen und sagen: ›Ich bin ein Anhänger der Lehre X, und bin durchaus zufrieden damit. Aber ich möchte trotzdem noch ein bißchen von Ihrer Weisheit abhaben...‹

Was Religion bedeutet

Es ist antireligiös, wenn man eine in Wirklichkeit egoistische Beschäftigung mit sich selbst für religiöses Handeln hält. Scheich Ibrahim Gazur-Ilahi sagt: »Was dich Gott nahebringt, das ist Religion; was zwischen dir und Gott steht, das ist ›die Welt‹.« Wie viele fromme Leute begreifen das?

Die Sehweisen der Soziologie und der Psychologie, die Sie in Ihrer Frage ›Reduktionen‹ nennen, sind wesentlich für die Erforschung der Stufe des ›Lernen des Lernens‹. Denn solange die Psychologie nicht richtig orientiert ist, gibt es keine Spiritualität. Man kann nur Obsessionen und Emotionen damit verwechseln. Wer darin fälschlicherweise Spiritualität sieht, hat natürlich – ob bewußt oder unbewußt – die begründete Absicht, das Interesse an den soziologischen und psychologischen Betrachtungsweisen abzuschwächen. Wer an der Wahrheit interessiert ist, kann sich jedoch einen solchen Luxus nicht erlauben. Das folgende Zitat von einem der größten aller Sufis betrifft eigentlich die sozialen und psychologischen Ebenen und nicht die Spiritualität im engen Sinne.

Scheich Abdullah Ansari sagt:

Was ist Anbetung?
Die Wirklichkeit erkennen.
Was ist das Heilige Gesetz?
Nichts Böses tun.
Was ist die Wirklichkeit?
Selbstlosigkeit.

Das ist der Sufi-Ansatz – und nicht der andere Weg. Nach den Sufi-Meistern gibt es keine Spiritualität ohne Psychologie, psychologische Einsicht und soziologische Balance. Wenn Sie nach einer Spiritualität suchen, die solche Einsichten erfordert, dann müssen Sie sich die ›Reduktionen‹ bei den großen klassischen Sufi-Meistern ansehen, nicht bei mir, denn ich bin kein Neuerer auf diesem Gebiet. Wenn Sie glauben, daß die Sufis nicht als ›spirituell‹ angesehen werden sollten, weil sie auf der Notwendigkeit von Psychologie und Soziologie beharren, sind Sie ebenfalls auf dem falschen Weg: nicht nur islamische Autoritäten, sondern Gelehrte aller Religionen stimmen darin überein, daß die Sufis zu den hervorragendsten Vertretern des Spirituellen innerhalb der ganzen Menschheit gehören.
Es gibt keine Weisheit ohne gesunden Menschenverstand: Sonst könnte sie keinen Ausdruck finden.
Sie sagen: ›Suche die Weisheit, solange du stark genug dazu bist, oder du wirst die Stärke verlieren, ohne die Weisheit erlangt zu haben.‹

Die unsichtbare Katze

Man muß da anfangen, wo es zählt. Man kann nicht auf dem halben Wege anfangen und Ergebnisse erwarten. Mark Twain erlaubte sich den Spaß, in einer Zeitung zu annoncieren, daß ihm eine Katze entlaufen sei und er sie zurückhaben wolle. Sie sei allerdings so schwarz, daß man sie bei normalem Licht nicht sehen könne. Fast tausend Leute berichteten ihm, die Katze gesehen zu haben. Würden Sie anfangen, solche Leute – oder Leute mit einem solchen Geisteszustand – irgend etwas zu lehren?

Der Räuber-Priester

Vor gar nicht so langer Zeit gab es in England einen Priester, der zugleich auch ein Einbrecher war. Er war sogar in ein anderes Pfarrhaus, in eine Abtei und in eine Schule eingebrochen. Er wurde bei dem Versuch, eine Bank auszurauben, gefaßt. Den Weg dorthin war er mit dem Taxi gefahren. Seine Haushälterin hatte er mit dem Argument, etwas Gutes zu tun, als Komplizin gewonnen.
Sollte man sich nicht zuerst die sozialen und psychologischen Standards einer solchen Person anschauen, bevor man zu den höheren, den spirituellen fortschreitet?
Ein anderer Pfarrer ließ sich scheiden und heiratete eine Hexe...

2

Über die Aufmerksamkeit

Die Charakteristika von Aufmerksamkeit und Beobachtung

F: Können Sie einige Eigenschaften jener Aufmerksamkeit und der Beobachtung, wie sie für Sufi-Studien gefordert werden, definieren?

A: Studieren Sie Anziehung, Ausweitung und Aufnahme, sowie den Austausch von Aufmerksamkeit. Einer der Schlüssel zu menschlichem Verhalten ist der Faktor ›Aufmerksamkeit‹. Jeder kann sich davon überzeugen, daß viele Beispiele wichtiger oder nützlicher menschlicher Interaktionen (sozialer, kommerzieller Art, etc.) in Wirklichkeit verkleidete Aufmerksamkeitssituationen sind.
Man behauptet, wenn jemand nicht weiß, was er tut (was bedeutet, daß er im Grunde Aufmerksamkeit fordert, erweitert oder austauscht) und folglich glaubt, daß er etwas anderes tut (einen Beitrag zur Wissenschaft, zum Handeln, zur Verbreitung von Informationen, etc. zu leisten), wird er:
(a) sowohl in seinem offenen als auch in seinem verborgenen Handeln weniger effektiv sein, und
(b) sein Verhalten weniger umsichtig planen und große Fehler im Denken und im Fühlen machen, weil er Aufmerksamkeit für etwas anderes hält als sie ist.
Wenn das wahr ist, ist es überaus wichtig, daß die Menschen folgendes begreifen:

1. daß der Faktor Aufmerksamkeit bei allen menschlichen Transaktionen wirkt;
2. daß sich hinter den scheinbaren Motivationen in Wirklichkeit ganz andere verbergen, die oft dem Bedarf an Aufmerksamkeitsaktivitäten und dem Wunsch danach entspringen (Geben, Nehmen, Austauschen);
3. daß Aufmerksamkeitsaktivitäten, wie jedes andere Verlangen nach Essen, Wärme etc., wenn sie unter die Kontrolle des Willens gebracht werden, für den Menschen an Tiefe gewinnen, weil er dann nicht mehr von der Laune des Zufalls abhängig und auch nicht überrascht ist, wenn die Dinge nicht so laufen, wie er es erwartet.

Einige wichtige Grundsätze

1. Zuviel Aufmerksamkeit kann schaden.
2. Zuwenig Aufmerksamkeit kann schaden.
3. Aufmerksamkeit kann ›feindselig‹ oder ›freundlich‹ sein und trotzdem ihre Aufgabe erfüllen. Moralische Aspekte müssen hier aus dem Spiel bleiben.
4. Wenn Leute viel Aufmerksamkeit brauchen, werden sie leicht von Botschaften verletzt, die oft die Aufmerksamkeit begleiten, die man ihnen entgegenbringt. Zum Beispiel wenn sie die erwünschte Aufmerksamkeit bei Personen oder Organisationen finden, die dann später (als ›der Preis, der zu zahlen ist‹) einen übermäßig großen Einfluß auf das nach Aufmerksamkeit hungernde Individuum ausüben.
5. Aktuelle Überzeugungen wurden oft zu einem Zeitpunkt und unter Bedingungen eingeimpft, in denen ein großer Bedarf an Aufmerksamkeit bestand, und nicht mittels der Methoden, die ihnen in der Regel zugeschrieben werden.
6. Viele unbegreifliche Meinungsumänderungen, plötzlicher Wechsel des Freundeskreises, radikale Umorientie-

rung des Engagements können ihre Erklärung in einem Wechsel der Quelle der Aufmerksamkeit finden.

7. Die Leute werden fast immer durch ein Angebot von Aufmerksamkeit und Zuwendung stimuliert, weil die meisten unter Aufmerksamkeitsentzug leiden. Aus diesem Grunde werden neue Freunde oder neue Lebensumstände den alten oft vorgezogen.
8. Wenn die Leute lernen könnten, ihren Hunger nach Aufmerksamkeit zu stillen, wären sie in einer besseren Position. Sie könnten sich mehr um andere Dinge kümmern, als es die meisten gegenwärtigen Kulturen ihnen erlauben. Sie könnten dann auch die Effektivität ihrer Lernfähigkeit vergrößern.
9. Unter den Dingen, die saturierte Leute (in bezug auf Aufmerksamkeit) erforschen könnten, wäre der Vergleich der Anziehungskraft von Ideen, Individuen etc. – unabhängig von deren Funktion, reine Lieferanten von Aufmerksamkeiten zu sein.
10. Das Verlangen nach Aufmerksamkeit beginnt in einer frühen Phase der Kindheit. Es ist auf dieser Stufe natürlich verbunden mit dem Bedürfnis nach Schutz und Ernährung. Das heißt nicht, daß dieses Verlangen sich in Zukunft nicht weiterentwickeln kann, aber es sollte über den gewöhnlichen Gebrauch, den die Erwachsenen davon machen, über pure Befriedigung oder Sättigung, hinausgeführt werden.
11. Schon eine flüchtige Untersuchung menschlicher Gemeinschaften zeigt, daß maßlose Eßgewohnheiten, Besitzgier und andere undifferenzierte Eigenschaften sehr früh antrainiert oder gebremst werden, mit dem Faktor Aufmerksamkeit jedoch nicht entsprechend verfahren wird. Die Folge davon ist, daß später die Erwachsenen keine Methode haben, mit ihrem Wunsch nach Aufmerksamkeit umzugehen, und stets nur ratlos davorstehen: der Umgang damit bleibt gewöhnlich das ganze Leben lang primitiv.

12. Die Beobachtung zahlreicher menschlicher Transaktionen ergab, daß immer der Faktor Aufmerksamkeit mit im Spiel ist, wenn zwischen zwei Menschen ein Austausch stattfindet.
13. Die Beobachtung zeigt, daß es beim Verlangen nach Aufmerksamkeit ›Ebbe‹ und ›Flut‹ gibt. Wenn ein Mensch nicht erkennt, daß er in dem einen oder anderen Zustand ist, tendiert er dazu, seine Handlungen und seine Gefühle anderen Faktoren zuzuschreiben, beispielsweise der Feindseligkeit oder der Freundlichkeit anderer. Wenn es ihm einmal passiert ist, daß seinem Bedürfnis nach Aufmerksamkeit prompt und angemessen entsprochen wurde, spricht er vielleicht sogar von einem ›glücklichen Tag‹. Eine Analyse solcher Situationen hat ergeben, daß Erfahrungen dieser Art sich am besten mit der Aufmerksamkeitstheorie erklären lassen.
14. Der Einwand, daß die Freude an geschenkter Aufmerksamkeit am größten ist, wenn sie einem zufällig zuteil wird, hält der Überprüfung nicht stand. Der Satz ›Ich möchte von der Aufmerksamkeit überrascht werden!‹ kann so paraphrasiert werden: ›Ich ziehe es vor, nicht zu wissen, wo mein nächstes Essen herkommt.‹ Dies zeigt nur, auf welch primitiver Stufe Denken und Fühlen zu diesem Thema noch stehen.
15. Situationen, die aus einer allzusehr simplifizierenden Perspektive gesehen unvergleichbar zu sein scheinen, erweisen sich als identisch, wenn man die Aufmerksamkeitstheorie auf sie anwendet. Zum Beispiel: Leute, die einer Führergestalt folgen, tun das vielleicht, um ihr Aufmerksamkeit zu schenken oder von ihr geschenkt zu bekommen. Die Interaktionen zwischen diesen Leuten und der ›Autorität‹ können als gegenseitiges Aufmerksamkeitsverhalten erklärt werden. Manche erlangen dabei nur Aufmerksamkeit; andere haben mehr davon.

16. Weitere Verwirrung entsteht daraus, daß das Objekt der Aufmerksamkeit eine Person, ein Kult, ein Ding, eine Idee, etc. sein kann. Weil so vieles zum Fokus der Aufmerksamkeit werden kann, haben die Leute im allgemeinen den gemeinsamen Faktor noch nicht identifiziert: das Verlangen nach Aufmerksamkeit.
17. Ein Vorteil dieser Theorie ist es, daß sie dem menschlichen Geist erlaubt, auf zusammenhängende und leicht verständliche Weise Dinge miteinander in Beziehung zu bringen, von denen immer (fälschlicherweise) behauptet wird, daß sie nichts miteinander zu tun hätten und nicht miteinander verglichen werden könnten. Diese Dressur zu falschem Denken beeinträchtigt natürlich die Effektivität der Hirnfunktionen. Allerdings ist das nur kulturell bedingt und gilt nicht für alle Zeiten.
18. Die Unfähigkeit zu fühlen, daß einem Aufmerksamkeit geschenkt wird, die Unfähigkeit, Aufmerksamkeit hervorzurufen oder zu verhindern, macht den Menschen anfällig für Fremdbeeinflussung und Indoktrination.
19. Die Gefühle aufzupeitschen ist die primitivste Methode, die Aufmerksamkeit auf das zu lenken, was die Emotionen aufgestachelt hat. Es ist das Vorspiel oder die Begleitung zu fast allen Formen der Indoktrination.
20. Traditionelle philosophische und andere Lehren wurden dazu benutzt, Übungen zur Kontrolle und Lenkung der Aufmerksamkeit vorzuschreiben. Sie wurden aufgeschrieben für Leute, die Übungen brauchten. Sie haben jedoch in einem großen Maße an Wert verloren, weil die individuellen Übungen als einzigartige Wahrheiten niedergeschrieben und wiederholt wurden. Man hat das in einer Weise praktiziert, die in jeder Beziehung so wahllos war, daß sie keine Bedeutung für den Wandel des Aufmerksamkeitstrainings erlangen konnten. Der Einfluß dieser Übungen war sogar schädlich, weil er Obsessionen bewirkt hat – und noch bewirkt.

21. Einzelne Sprichworte und anderes literarisches Material belegen, daß es einmal ein weit verbreitetes Wissen über die Aufmerksamkeit im oben beschriebenen Sinn gegeben hat. Aber aus ihrem Zusammenhang gerissen überleben sie nur als fossile Hinweise und stellen in der Gegenwart keinen brauchbaren Leitfaden für Aufmerksamkeits-Übungen dar.

Aufmerksamkeit gegenüber sich selbst oder einem Lehrer ist eine Art Kurzschluß, wenn die Übung fehlt, sich auch das zu sichern, was von jenseits der unmittelbaren Umgebung angeboten wird. Rumi sagt: ›Schau nicht auf mich, sondern nimm, was in meiner Hand ist!‹

3
Themen für Sufi-Studien

F: Wenn Sie einige Studienthemen der Sufis nennen sollten, welche würden Sie besonders hervorheben?

A:

1. Am Anfang eines jeden Studiums kann der Wunsch nach Aufmerksamkeit vor anderen stehen, aber wie immer es beginnt, es sollte nicht damit enden.
2. Studiere die Annahmen, die deine Handlungen leiten. Studiere dann die Annahmen, die hinter deinen Annahmen stehen.
3. Es ist sinnvoll zu fragen: ›Warum habe ich das und das getan?‹ Aber besser ist zu fragen: ›Wie hätte ich es anders machen können?‹
4. Du hast einen langen Weg hinter dir, aber du weißt es nicht. Du hast einen langen Weg vor dir, und du weißt, was das bedeutet.
5. Im Vergleich mit einigen bist du schon fortgeschritten. Im Vergleich zu anderen bist du noch weit zurück. Beide Beobachtungen sind gleichermaßen unnütz.
6. Wenn deine Sehnsucht nach dem ›Guten‹ sich auf Habgier gründet, ist sie nicht gut, sondern Habgier.
7. Wenn du Liebenswürdigkeit benutzt, um Macht auszuüben, kannst du mehr Schaden anrichten, als wenn du grausam bist. Beide Verhaltensweisen sind falsch.
8. Der Wissende muß eine Funktion erfüllen. Der Unwissende kann nur versuchen, sich eine Funktion anzumaßen.
9. Versuche nicht bescheiden zu sein. Lerne die Bescheidenheit.

10. Nimm an, daß du zum Teil heuchlerisch und zum Teil rücksichtslos bist. Dann bist du der Wahrheit nahe.
11. Die Nachahmung der Tugenden anderer ist mehr Nachahmung als Tugend. Versuche herauszufinden, worauf diese Tugenden beruhen.
12. In der Isolation gibt es keine Praxis.
13. Wenn du einen Lehrer suchst, versuche ein wirklicher Schüler zu werden. Wenn du ein Schüler sein möchtest, versuche einen wirklichen Lehrer zu finden.
14. Je öfter du etwas tust, desto öfter wirst du es wiedertun. Die Wahrscheinlichkeit ist groß, daß Wiederholung nichts bewirkt – als weitere Wiederholung.
15. Zuerst bist du der Gewänder und der Gerätschaften der Sufis nicht würdig. Später brauchst du sie nicht mehr. Zuletzt brauchst du sie vielleicht um der anderen willen.
16. Wenn du nicht oft und echt lachen kannst, hast du keine Seele.
17. Wenn dir ein Glaube mehr bedeutet als ein Instrument, dann bist du verloren. Du bleibst so lange verloren, bis du begreifst, wozu ein ›Glaube‹ eigentlich da ist.
18. Wenn ein Derwisch an deinem materiellen Wohlergehen interessiert ist, kannst du dich darüber freuen. Aber meist geschieht dies nur, weil du auf etwas anderes noch nicht vorbereitet bist.
19. Wenn dich jemand um Hilfe fragt, glaubst du, er tut es, weil er allein nicht zurecht kommt? Vielleicht ist es ein Sufi, der dich mit seiner Aufgabe nur bekanntmacht, um dir zu helfen.
20. Wenn du faul bist, freu dich, wenn dich einer darauf aufmerksam macht. Er gibt dir eine Chance. Faulheit ist immer ein Fehler. Sie ist das Zeichen dafür, daß ein Mensch zu lange nutzlos dahingelebt hat.

Diese Sätze zielen auf die Überlistung des falschen Selbst, das kleinere Befriedigungen braucht. Dem Sufi geht es um

Fana (das Verschwinden – des falschen Selbst) und *Baqa* (das Bleiben – des Wahren). Hinter dem vermeintlichen ›Ich‹, das vergänglich ist, liegt das wahre Ich, das charakterisiert ist durch das Bewußtsein der Wahrheit, der Wirklichkeit.

Junaid von Baghdad sagte:

›Ein freundlicher Sensualist ist besser als ein schlechtgelaunter sogenannter Sufi.‹

4

Die Dinge dieser Welt

Ein orientalischer Weiser und die Zeitungen

Brief an einen Weisen

Ein westlicher Schüler der spirituellen Wissenschaften schrieb an einen gewissen orientalischen Weisen einen strengen und tadelnden Brief, als er dessen Namen einmal in der Zeitung fand. ›Sie sollten völlig gleichgültig sein gegenüber den Dingen dieser Welt!‹ schrieb er – und vieles mehr.
Bei einem Besuch fragte ich den Weisen nach seiner Reaktion auf den Brief, weil ich dem Schreiber darüber berichten wollte.
Er murmelte als Antwort: ›Es ist wahr, ich erhalte Briefe, aber ich lese sie nicht, weil sie zu den Dingen dieser Welt gehören – und für sie interessiere ich mich nicht.‹
Nach den Sufis schließen die ›Dinge dieser Welt‹ alles ein außer der Wahrheit.

Das Verhalten der Sufis

Aus dem Verhalten der Sufis läßt sich nicht notwendig auf den Grad ihrer Weltabgewandtheit schließen. Oft sehen die Beobachter in ihrem Verhalten, was sie sich zu sehen einbilden. In Übereinstimmung mit vielen Autoritäten sagt

Scheich Yahia Munir, daß die Verhaltensformen der Vollkommenen Sufis (der Auliyya) nicht alle gleich sind. Einige schlafen und essen gut; andere fasten und wachen in der Nacht. Einige kleiden sich in Lumpen, andere in feine Gewänder. Einige nehmen Geschenke an, andere weisen sie zurück. Leute, die andere Menschen nach ihren Verhaltensweisen beurteilen, werden von den Sufis ›Äußerlichkeitsmenschen‹ genannt.

Solche Urteile werden von Leuten getroffen, deren emotionales Leben sich auf Kosten ihrer Menschlichkeit, ihrer logischen Fähigkeiten und besonders ihrer spirituellen Wahrnehmungsfähigkeit ausgedehnt hat.

Im Namen Gottes...

Das Dilemma der Leute, die Worte benutzen, ohne sie richtig zu verstehen, um damit ihre religiösen Überzeugungen auszudrücken, findet sich schön veranschaulicht in der ›Geschichte von der Frucht‹ in Rumis *Fihi ma Fihi:*

Jemand brach eine Frucht von einem Baum und aß sie. Der Besitzer fragte ihn: ›Warum brichst du das Gesetz? Fürchtest du dich nicht vor Gott?‹

Der Früchtedieb antwortete: ›Warum sollte ich?! Das ist ein Baum Gottes. Ich bin ein Diener Gottes und esse vom Baum Gottes.‹

Der Besitzer sagte: ›Warte, ich will dir deine Antwort geben!‹ und ließ den Mann an den Baum binden und auspeitschen.

Jetzt schrie der Dieb: ›Was tust du da? Fürchtest du dich nicht vor Gott?‹

Der Herr erwiderte nur: ›Warum sollte ich?! Du bist ein Diener Gottes. Das ist die Peitsche Gottes, und mit der wird der Diener Gottes ausgepeitscht.‹

So wie intellektuelle und systematische religiöse Argumente versagen, wenn sie in einen größeren Zusammenhang gebracht werden, so versagen selbst erhabenere religiöse Konzepte, wenn sie auf die jenseits normaler Dimensionen liegende Wahrnehmung treffen, mit der die Sufis die menschliche Erfahrung bereichern. Das ist die Botschaft aller Sufi-Weisen.

Die Grundlage für das Interesse der Menschen

Jemand will wissen, warum es so schwer ist, mir zu begegnen. Außerdem möchte er meine ›spirituellen Errungenschaften‹ veröffentlichen.

Ich werde über beides etwas erzählen.

Es ist weder schwierig noch leicht, es ist – wie so oft – einfach ein Problem der Menge. Es würde jedem so gehen.

Wenn wir von einem Acht-Stunden-Tag und einer sieben-Tage-Woche ausgehen und unterstellen, daß ich jeweils einstündige Einzelinterviews gebe und sonst nichts tue, kann ich in einem Jahr höchstens mit dreitausend Leuten sprechen – und mit jedem nur ein einziges Mal. Aber drei- bis zehnmal soviel Leute geben ihrem Wunsch Ausdruck mir zu ›begegnen‹. Wenn ich in einem Jahr jeden zweimal sehen wollte, könnte ich nur eineinhalbtausend empfangen!

Obwohl es immer heißt, es sei dringend, muß ich doch bemerken, daß die Dringlichkeit – auf mysteriöse Weise – an Feiertagen und während der Ferienzeiten abnimmt...

Wenn ich jeden Tag alle Besucher empfangen würde, müßte diese Prozedur selbst die Lösung bringen! Ich wäre bald so erschöpft, so gelangweilt, so nutzlos für jedermann, daß immer weniger Leute mich sehen wollten und ich schließlich meine Ruhe hätte.

Ist es da nicht besser, einfach so weiterzumachen, wie ich es gewohnt bin?
Vor allem seit es Legionen anderer Leute gibt, die es lieben, von Horden von Anhängern umgeben zu sein, die von morgens bis abends ihre Weisheiten einsaugen.
Ich bin dafür kritisiert worden, daß ich das gesagt habe, weil solche Leute bei einer großen Menge ihrer Anghänger Unzufriedenheit erzeugen, die dann einem anderen Guru nachrennt. – Das ist genau das, was ich meine: wenn ich mich so verhielte, würde ich auch Unzufriedenheit erzeugen. Die Leute hätten bald genug von meinem rituellen Herumsitzen als großer Guru.
Ich habe weder die Neigung noch das Training, um mich in den Guru-Teufelskreis zu begeben.
Natürlich habe ich hier von der ›Begegnung mit Leuten‹ als einer sozial-psychologischen Aktivität gesprochen, die von Soziologen schon angemessen analysiert, von den okkulten Geistern aber völlig ignoriert wurde, es sei denn, daß sie die Begegnung mit einer ›spirituellen Aktivität‹ verwechselt haben, was sie sicherlich nicht ist.
Nach meiner Erfahrung und auch der Erfahrung der traditionellen Sufis liegt die Beweispflicht, daß es sich dabei um eine ›spirituelle Aktivität‹ handelt, ausschließlich bei den Leuten, die sich um einen Guru scharen. Oder sie sollen zugeben, daß sie nur ihren natürlichen Interessen folgen. Leute, die gerne jemanden beweihräuchern, halten es nicht lange alleine aus.
In meiner Jugend sagte einmal ein Lehrer zu mir: ›Wenn man nur dadurch, daß man sich zusammenschart, Erleuchtung erlangen könnte, müßten die Sandkörner Heilige werden, aus Vogelscharen müßten spirituelle Lehrer hervorgehen und Schafe könnten uns das Erleuchtet-Sein vorführen. Und daß sich gerade die am wenigsten Erleuchteten um Menschen und Dinge scharen, die für fremdartig, wertvoll oder aufregend gehalten werden, würde ihre Auserwähltheit bedeuten und nicht, daß sie nur Gaffer sind...‹

Was die ›spirituellen Errungenschaften‹ angeht, so erinnert mich dieser Ausdruck an die Worte des Scheich Abu-Ishaq, der auf der Grünen Insel bei Algeciras in Spanien lebte. Wie Ibn Arabi in seinem *Durrat al-Fakhira* aus dem 12. Jahrhundert berichtet, sagte Ibu-Ishaq eines Tages zu ihm: ›Ich teile die Menschen in zwei Arten ein. Da ist einmal der Freund, der eine gute Meinung von mir hat und Gutes über mich sagt. Er ist ein Freund. Dann gibt es die Personen, die schlecht von mir sprechen, die sich über den Stand meiner ›spirituellen Entwicklung‹ auslassen.‹

Das Denken in den Begriffen von ›Angebot und Nachfrage‹

F: Wenn Menschen, die an spirituellen Dingen interessiert sind, Fragen stellen, die in Wirklichkeit ›geschäftlicher‹ Natur sind, ist das dann eher ein Fehler der Menschen oder ein Fehler der Systeme? Unterscheiden sich die Fragen, die Ihnen gestellt werden, von denen, die an andere herangetragen werden, die auf dem Gebiet des Spirituellen arbeiten?

A: Das sind mehrere Fragen auf einmal. Erstens sind die Menschen dazu erzogen worden, über fast alles in den Begriffen von Angebot und Nachfrage zu denken. Das ist durch ihre kulturellen und sozialen Anschauungen bedingt; deshalb ist es ungerecht, diesen Fehler den Menschen oder den Systemen anzulasten, denen sie sich mit ihren Fragen nähern.

Zweitens würden Sie sich wundern, wenn Sie die bereits veröffentlichte Literatur über spirituelle Dinge unter dem Aspekt von Angebot und Nachfrage lesen würden. Im allgemeinen sind sich weder der Fragende, noch der spirituelle Führer und Autor darüber im klaren, daß sie dabei eine Transaktion ›geschäftlicher‹ Art durchführen.
Drittens zeigt die Diskussion mit Vertretern bestimmter Berufsgruppen, wie z. B. Ärzten und Rechtsanwälten, daß ihnen ihre Klienten die gleiche Art von Fragen stellen, die der Struktur nach Fragen vom Typ ›Angebot und Nachfrage‹ sind. Darüber hinaus haben sie mit all jenen Widrigkeiten und subjektiven Standpunkten zu kämpfen, von denen ich bereits gesprochen habe. Das wissen die wirklich erfahrenen Lehrer des Ostens so gut, daß sogar ein Witz darüber gemacht worden ist: ›Ein Mann ist zu einem Meister gegangen, um ein Gespräch mit ihm zu führen, aber alles, was er bekam, war die Erleuchtung!‹

F: Wollen Sie also mit Ihren Büchern ›Lücken‹ in den Verhaltensmustern von Menschen füllen, die sich dem Sufismus zuwenden möchten?

A: Allgemein gesprochen verfolgen meine Bücher schon dieses Ziel. Daß ich interessierte Menschen gebeten habe, sie aufmerksam zu lesen, hat dazu geführt, daß die Voraussetzungen für einen gemeinsamen Standpunkt geschaffen wurden und aufrechterhalten werden, die sonst nur in einem mönchischen Leben gelehrt und entwickelt werden können.

F: Welche anderen Aktivitäten empfehlen Sie außer der Lektüre Ihrer Bücher?

A: Sehr vielfältige. Aber diese Aktivitäten, die zwar fast alle zur Sufi-Tradition gehören, würden von engstirnigen Menschen trotzdem nicht als spirituelle Übungen erkannt werden. Die Aktivitäten erwachsen aus der kontinuierlichen Lektüre der Bücher. In besonderem Maße geschieht das, wenn sie den Bedürfnissen des einzelnen entsprechend ›verordnet‹ werden. Sie sind nicht beschreibbar, man kann sie weder aufzählen, noch darüber schreiben.

Wissen als Handeln

Menschen, die mit spirituellen Dingen umgehen, als wären sie geschäftliche Probleme, Menschen, die – wie in der zweiten Frage – einfache Verhaltensmuster suchen und sich nach konkreten Aktivitäten erkundigen, wollen alle in erster Linie handeln. Wer das will, sollte daran denken, daß Scheich Ibrahim Gazur-i-Ilahi über das Verhältnis von Wissen und Handeln sagte, man könne ohne Wissen nicht handeln. Er betont: ›Die Menschen streiten sich darüber, ob Wissen oder Handeln zuerst da sein sollten. Aber Wissen und Handeln sind dasselbe. (Fruchtbringendes) Handeln ist nämlich angewandtes Wissen. Rechtes Handeln kommt aus dem rechten Wissen. Rechtes Wissen erwirbt man mit Hilfe eines Lehrers.‹

Ein zornerregendes Buch

Eines der wenigen Beispiele, das wir anführen können, um die Wirkung eines ›Nicht-Buches‹ als Instrument direkt zu zeigen, und das uns doch in das Gebiet der Literatur führt, ist das Erscheinen von *The Book of the Book*. Diese Geschichte, die ich in Buchform veröffentlicht habe, zeigt uns, warum Menschen von Büchern enttäuscht sind und wie sie aus ihnen lernen, was sie in Büchern finden können und was nicht. Die Kritiker waren aufgebracht, weil die Geschichte so kurz war. Sie nahmen offenbar an, ein Buch müsse einen gewissen Mindestumfang haben. Sie waren schon wütend, ehe sie den Inhalt gelesen hatten, der gerade ihr Verhalten beschreibt und zeigt, wie unangemessen es ist. Dadurch erhielten wir und viele andere Menschen gedruckte Zeugnisse von der Denkweise literarisch Gebildeter und kleinlicher Intellektueller, zu der sie sich niemals bekannt hätten, wenn man sie direkt herausgefordert hätte. Wir lassen sie die Arbeit für uns tun. Das zeigt, wie man mit einem Buch eine Situation schaffen kann, die solche Denkweisen entlarvt.

Die Wirkung von Geschichten und Erzählungen

F: Sie haben mehrere hundert Geschichten und Erzählungen veröffentlicht, die vorwiegend aus dem Nahen und Mittleren Osten stammen und die Situationen schildern, in denen sich die Stärken und Schwächen der Menschen zeigen. Warum exportieren Sie dieses Material aus fremden Kulturen, statt es in hier geläufigen Begriffen anzubieten, und welche Wirkungen hat es auf die westliche Welt? Wollen Sie nur ›östliche Weisheit‹ verbreiten?

A: Diese Überlieferungen hatten viel Zeit, sich zu entwikkeln, und haben sich im Osten als ausgereiftes Mittel der Unterweisung bewährt. Es wäre daher kaum sinnvoll, etwas, das erprobt und effektiv ist, verbessern oder ersetzen zu wollen. Drehen Sie die Sache einmal um: Die Menschen im Orient versuchen gewöhnlich nicht, das Radio selbst noch einmal zu erfinden, nur weil es im Westen erfunden und von dort importiert wurde.
Über die Wirkung unserer Gleichnisse in der westlichen Welt haben Menschen des Westens bereits viel geschrieben.

Sie bestätigen, daß sie unsere Überlieferungen lehrreich finden, und ich muß Sie an dieser Stelle an diese Autoren verweisen.

Ein weiterer Grund dafür, daß wir kein Material aus dem Westen verwendet haben, ist, daß wir bis vor kurzem keine entsprechenden Texte hatten, die wir hätten verarbeiten können.

Selbst, wenn es uns gelungen wäre, genügend Material zu sammeln, wäre es wohl kaum mit der nötigen Offenheit aufgenommen worden, denn es gibt hier eine wohletablierte Tradition, die Belehrung durch Erzählungen ablehnt. Erst nachdem wir auf ihren Wert, ihre Lebendigkeit und ihre Zeitlosigkeit aus der Sicht anderer Kulturen hingewiesen hatten, die sie schätzten, konnten wir die Menschen in anderen Ländern dazu bringen, nach den in Vergessenheit geratenen Geschichten ihrer eigenen Region zu suchen und vor allem auch Nutzen aus ihnen zu ziehen.

Wir mußten die Frage nach dem möglichen Wert von Märchen, Sagen, Geschichten und Witzen erneut aufwerfen und diese Tür zur Erkenntnis offenhalten gegen den Widerstand der alten westlichen Ansicht, daß diese Texte nur Unterhaltungswert haben. Tatsächlich mehren sich zur Zeit parallel zu einer von Technologie geprägten Infrastruktur im Westen die elementaren Kenntnisse in diesen Bereichen.

Aber Sie sollten als Mensch, der im Westen lebt und studiert, weder annehmen, daß dieses Material nur für den Westen tauglich ist – denn es hatte auch ungeheuren Erfolg im Osten –, noch meinen, daß die Menschen im Osten nicht einen ähnlichen Prozeß durchlaufen mußten. Auch sie haben in Vergessenheit geratene Geschichten wieder veröffentlicht und sich erneut damit beschäftigt. Erst dann konnten sie die nicht nur unterhaltenden Aspekte dieser Schöpfungen ihrer eigenen Kultur wieder erschließen.

Selbst jetzt gibt es im Osten wie im Westen viele Menschen, die sich nicht an den Gedanken gewöhnen können, daß auch erzieherische Dimensionen der Texte wiederentdeckt wurden. Man kann wohl mit Recht sagen, daß der Westen im allgemeinen erst in jüngster Zeit die Muße, Energie, Beweglichkeit und die besondere Art von Neugier aufbringt, die notwendig sind, wenn man die Texte so aufschlüsseln will, wie sie von den Autoren gemeint waren. Dagegen neigte man – wieder allgemein gesprochen – im Osten dazu, den Reichtum, die Tiefe, den Inhalt und die Strukturen der traditionellen Erzählweisen zu vergessen.

Teile der Bevölkerung in Ost und West sind zu einem neuen Verständnis der Texte gelangt. Aber viele Menschen verhalten sich hier wie dort aus Gründen persönlicher Unsicherheit, oder weil sie stark vereinfachenden Ideologien anhängen, gleichgültig oder feindselig.

Außerdem darf man nicht übersehen, daß in der westlichen Religion und Tradition vieles geradezu durchtränkt ist von östlichen Erzählungen und Geschichten. Nach Meinung der Sufis waren viele von ihnen ursprünglich Geschichten mit einer tieferen Bedeutung, die jetzt entweder wörtlich oder als bloße Analogien verstanden werden. Und schließlich sind Erzählungen und Geschichten fast das einzige kulturelle Phänomen, das sich bei allen Völkern der Welt findet. Genaugenommen gehören sie niemandem.

Widerstand gegen Arabi

Ibn Arabi lehrte durch Texte, die wie Liebeslyrik aussahen, und die Menschen begannen, sich ihm gegenüber sehr feindselig zu verhalten. Die Ursache dafür lag in ihrer Unfähigkeit, die Projektion zu verstehen, derer er sich bediente, und nicht darin, daß ihre Vorstellungen zutrafen. Sie waren aber fest davon überzeugt, daß ihre Annahmen über ihn und seine Arbeit der Wahrheit entsprächen und sachlicher Natur wären. Er war jedoch in der glücklichen Lage, sie eines Besseren belehren zu können, indem er ihnen einen Kommentar vorlegte, der sie zufriedenstellte und dazu führte,

daß sie ihn als großen Mystiker priesen. Auf diesem Wege hatten sie aber die Möglichkeit versäumt, durch persönliche innere Erkenntnis zum richtigen Verständnis zu gelangen und hatten sich so um die Früchte des eigentlichen Nutzens der Texte für sie selbst gebracht. Sie waren nur verstandes- und gefühlsmäßig zufriedengestellt. Ihre Wahrnehmung seiner Person beschränkte sich auf die beruhigende Feststellung, daß seine Ideen nicht im Widerspruch standen zu ihren eigenen tiefverwurzelten Überzeugungen.
Diese Haltung führt zu einer in Wirklichkeit oberflächlichen Beurteilung, die eine Beschränkung des Verständnishorizontes jener Menschen bewirkt, die nur oberflächliche Erklärungen wollen und die sich vor eigenen Erkenntnissen fürchten.

Wundergeschichten

F: Sind die ›Wundergeschichten‹ über die Taten der Sufis wörtlich zu verstehen oder sollen sie Strukturen veranschaulichen, die zeigen, was geschehen *könnte*? Sollen sie die Leute leichtgläubig machen oder sie dazu bringen, ›auf neue Weise‹ zu denken?

A: Die Antwort lautet genauso, wie die Antwort auf eine Frage folgender Art: ›Ist eine Karotte gelb? Ist sie dazu da, als Nahrungsmittel zu dienen oder dazu, sich zu vermehren, oder soll man Geschichten darüber erzählen?‹ In Wahrheit können unter geeigneten Umständen alle diese Fragen berechtigt sein, je nachdem, wozu sie dienen sollen.
Man kann Derwischgeschichten dazu benutzen, um die

Leute zu beeindrucken, falls sie beeindruckt werden wollen oder wenn mit dieser Täuschung irgend etwas gewonnen werden kann. Viele benutzen sie in dieser Weise. Auch die Hörer können die Geschichten mißbrauchen, wenn sie unbedingt beeindruckt werden wollen oder mit einer zynischen Haltung an sie herangehen. Meistens enthalten sie Strukturen und direkt erkennbare Werte auf der Ebene der Analogie. Daher kann man sie bei gegebenem Anlaß immer wieder erzählen. Sie werden dadurch wörtlich wahr, daß sie zyklisch an den richtigen Stellen wiederkehren.

F: Können Sie mir ein Beispiel für eine Geschichte geben, die auf einer wirklichen Begebenheit beruht, die außerdem zur Tradition gehört und die ein Grundmuster repräsentiert?

Der König und der Holzfäller

A: Hier haben wir eine Geschichte, die in Afghanistan sehr bekannt ist und die man heute Shah Ahmad, dem ersten König des modernen Afghanistan, zuschreibt:
Shah Ahmad wurde mit einem Kranz zum König gekrönt von einem Derwisch, den alle respektierten. Von dieser Zeit an trug er oft den Mantel eines Derwischs und begab sich so verkleidet zu seinen Untertanen, um auf diese Weise ein besserer Herrscher zu werden.
Eines Tages besuchte er in dieser Verkleidung einen Holzfäller, der in einer Hütte im Walde lebte. ›Was würdest du tun, wenn du dein Holz nicht verkaufen könntest?‹ fragte er ihn. ›Verehrter Derwisch‹, sagte der Holzfäller, ›ich würde Gott vertrauen und schon einen Ausweg finden.‹
Am nächsten Tag ließ der König ausrufen, daß man keine Holzfäller mehr in die Stadt hereinlassen dürfe, und ein oder zwei Tage später besuchte er den Mann wieder in derselben Verkleidung.

›Wie lebst du jetzt, nachdem sich der König gegen die Holzfäller so seltsam beträgt?‹ fragte er.
›Nun, ich mache jetzt Ledergürtel und verkaufe sie an die Geschäfte. Ich vertraue auf Gott und habe genug zu essen.‹
Der König verließ ihn und gab einige Zeit später den Befehl, keine Lederwaren mehr in den Geschäften zu verkaufen.
Als Shah Ahmad seinen armen Holzfäller und Gürtelmacher wieder besuchte, sagte er: ›Wie geht es dir nun, nachdem dich allem Anschein nach das Schicksal verfolgt und auch deinem neuen Beruf ein Ende gesetzt hat?‹
›Mein Herr‹, sagte der andere, ›ich vertraue auf Gott und arbeite als Träger auf dem Markt. Alles ist gut, ich habe genug zu essen.‹
Shah Ahmad veranlaßte nun, daß alle Träger des Marktes in die Palastwache eingezogen wurden, wo sie kein Geld bekamen und wo man ihnen nicht einmal einen Schlafplatz ließ.
An diesem Abend suchte der König in seinem Derwischmantel seinen Freund auf und fand ihn in seiner Hütte. Er war gerade dabei, etwas zu essen und an einem Stück Holz herumzuschnitzen.
›Was machst du da?‹ fragte der König. ›Ich wurde in die Königliche Wache eingezogen, aber man gab mir kein Essen und keinen Schlafplatz‹, sagte der Mann, ›deshalb habe ich das Schwert verpfändet, das sie mir gegeben haben, und kaufte mir das Nötigste zu essen. Jetzt bin ich dabei, mir ein Holzschwert zu schnitzen, und warte auf meine Zukunft.‹
Der König kehrte zu seinem Palast zurück.
Am folgenden Morgen rief der Befehlshaber der Wache den Holzfäller und befahl ihm, einen Gefangenen zu enthaupten. Sie gingen zusammen zur Stätte der Hinrichtung, wo der König wartete, wie es der Brauch war. Der Holzfäller erkannte den König in seinen königlichen Gewändern und mit seiner Krone nicht, zog aber mit den Worten: ›Im Vertrauen auf Gott‹ sein hölzernes Schwert und wartete auf den Hinrichtungsbefehl. Der Gefangene sagte: ›Im Namen Gottes –

möge dieses Schwert seinen Dienst verweigern, denn ich bin unschuldig!‹ Der Holzfäller ließ sein Schwert zu Boden fallen. Nachdem man die Sache untersucht hatte, stellte sich heraus, daß der verurteilte Mann tatsächlich unschuldig war. Shah Ahmad war so beeindruckt, daß er den Holzfäller zu seinem Großwesir ernannte. Von dieser Zeit an setzten die afghanischen Könige vor ihren Namen immer den Zusatz ›Al Mutawakkil ala Allah‹, was heißt: ›der Gott vertraut‹.

Emotionale Begierde

Menschen, die sich für Wundergeschichten interessieren, werden sie entweder aus emotionaler Begierde ›verschlingen‹ oder ihnen erlauben, ihre Wirkung zu entfalten im Sinne einer alternativen Art, über die Dinge zu denken. Sie versuchen, mit ihrer Hilfe den Teil des Geistes zu trainieren, der ihnen sagt: ›Stereotype Reaktionen sind selbstbeschränkend.‹

Die automatische und die emotionale Reaktion gehören beide zum sekundären Selbst und dienen nicht der Erkenntnis der Wahrheit.

Sirri al-Saqati, der im Jahre 867 der christlichen Zeitrechnung starb, sagte:

›Wahre Weisheit ist: Nichtfesthalten am Selbst und Hingabe an die Wahrheit.‹

Ständige versus effektive Aktivität

Ständige Aktivität, die Etikette, ein gelenktes Gefühl von Bedeutung und Fortschritt, sowie die Verfolgung kleinerer Ziele auf einer oberflächlichen Ebene machen Wesen und Kern vieler menschlicher Systeme aus, deren Anhänger weit mehr von ihnen erwarten, als sie leisten können.
Weil sie den sozialen Bedürfnissen entgegenkommen, die Menschen ablenken und Streß abbauen helfen, hält man sie für Systeme, die darüber hinaus noch etwas Höheres bieten können.
Dagegen werden Lehrmethoden und Studienweisen, die eher sprunghaft sind, die keinen Gebrauch von Belohnung und Strafe machen, die mit denen arbeiten, die gerade da sind, wo und wann immer sich eine Möglichkeit ergibt – also die Sufimethode –, von den Kindern des Automatismus als weniger erfüllend, weniger interessant, weniger attraktiv empfunden.
Das wäre nicht so wichtig und könnte durchaus weniger interessant sein, wenn es eine Alternative gäbe. Das heißt, wenn es möglich wäre, Einsicht, Erfüllung, Erleuchtung, Selbsterkenntnis, höheres Bewußtsein etc. mit Hilfe mechanischer Organisation zu erreichen. In diesem Fall bestünde keine Notwendigkeit für das Sufisystem: es wäre nutzlos und ineffektiv.
Aber diese Alternative gibt es nicht. Erst wenn die Menschen das verstanden haben, können sie das Studium des Sufismus aufnehmen und dabei etwas gewinnen. Bis dahin sehnen sie sich stets nach folgenden Dingen:

1. Daß ihnen ein System enthüllt werden wird, wenn sie nur erst das Durcheinander des Sufismus aushalten;
2. Daß sie selbst in der Lage sein werden, irgendeine Ordnung in das hineinzubringen, was sie unbewußt für den chaotischen Zustand der Sufiprojektion halten;

3. Daß sie zu etwas anderem überwechseln können, das ihrer Meinung nach Ähnlichkeit mit dem Sufismus hat und das die Art von Stimuli anbietet, nach denen sie verlangen.

Dieses Problem ist nicht neu. Es muß aber immer wieder aufs neue darauf hingewiesen werden. Wenn man es einmal begriffen hat, kann echtes Lernen ohne die Zwangsjacke und die Scheuklappen oberflächlicher Aktivitäten beginnen.

Aber wie macht man das? Wo fangen wir an?

Man macht das, indem man diese Gedanken fest in seinem Geist verankert, mit mindestens ebensoviel Hartnäckigkeit wie die Phantasien, die gegen ihn ankämpfen und die als Tatsachen erscheinen. Wir beginnen damit, daß wir sicherstellen, daß wir die Aussage wirklich verstanden haben, daß wir sie nicht einfach gierig hinunterschlingen und gleich auf die nächste attraktive Neuigkeit warten.

Menschen als Dämonen

Erinnern Sie sich daran, was Rumi sagt, und Sie werden erkennen, daß die Menschen sich mit ihren Begierden, die nicht mit ihren Möglichkeiten übereinstimmen, selbst in Ketten legen:

> Menschen sind Dämonen, und die Lust ist ihre Kette.
> Auf den Markt und aufs Feld schleift sie die Lust.
> Feigheit und Furcht schmieden die Glieder der Kette.
> Wähnet nicht, die Schöpfung sei von Ketten frei.
> Ketten zerren sie zu Mühsal und Jagd.
> Ketten ziehen sie hinab ins Bergwerk und hinaus auf die See.

Urteilsvermögen wiegt schwerer als Meinungen

F: Manche Leute sagen, sie könnten aus Büchern etwas lernen, andere meinen, lesen sei nicht der Mühe wert, und wieder andere glauben, sie hätten noch nicht die richtigen Bücher gefunden. Wie reagieren Sie auf diese Art von Aussagen?

A: Ich kann nichts Besseres tun, als eine alte Geschichte zu wiederholen, die ein Sufi erzählt hat. Er beschrieb, wie er eine Zeitlang nach Büchern suchte und keine fand; dann fand er welche und dachte, alles Wichtige stünde in ihnen geschrieben; dann beschloß er, daß sie alle wertlos seien. Schließlich, nachdem er alle Phasen durchlaufen hatte – denn es sind nur Phasen –, erkannte er, welche Bücher *doch* nützlich waren und auf welche Weise sie ihm nützten.
Falsch war nur seine Einstellung gewesen, aus der heraus er den Inhalt von Büchern annahm oder verwarf, ehe er die Fähigkeit erworben hatte, sich angemessen mit der Sache auseinanderzusetzen. Er bildete sich schon eine Meinung, bevor er ganz gewöhnliche Fähigkeiten weit genug entwickelt hatte, und fragte nach Dingen, von denen er noch nicht profitieren konnte.
Er hätte mit mehr gesundem Menschenverstand an die Bücher herangehen sollen.
Rumi sagt von Leuten, die sich auf das geschriebene Wort allein verlassen, daß sie nur Esel seien, die eine Last von Büchern trügen. Warum fragen sich die Leute ständig, ob Bücher zu irgend etwas nütze seien, ohne sich je zu fragen, ob sie selber in der Lage sind, aus ihnen Nutzen ziehen zu können? Als man mich dieses lehrte, gab man mir folgendes Sprichwort mit auf den Weg, damit ich mich jederzeit daran erinnern könnte, wie flach und schal in vielen Kreisen über Bücher diskutiert wird:

›Unabhängigkeit vor der Reife ist die Tochter des Hochmuts.‹ Wenn Sie die Frage hinschreiben und sie ansehen, werden Sie, wie ich hoffe, sofort sehen, daß das keine Frage über das Lernen im Sufismus, sondern eine Frage über Bücher ist. Diese Person konzentriert sich auf die Idee des Buches, und nicht auf die Ideen *in* den Büchern.

Geheiligte Gier

Sufi-Studien sind in mancher Hinsicht schwieriger, in mancher einfacher als andere Arten von Studien, die die Entwicklung des Menschen durch ihn selbst zum Ziel haben.
Sie sind schwieriger, weil zum Beispiel viele der Einstellungen und Verhaltensweisen, die man für Sufi-Studien benötigt, in den gewöhnlichen Kulturen nicht anzutreffen sind: Sie waren nicht notwendig, damit sich die Gesellschaft bilden und bis zu einem gewissen Grad aufrechterhalten konnte.
Andererseits ist es leichter, sich den Mustern des Sufismus zu nähern, weil wir bereits die Analogie von Denkstrukturen und Verhaltensanweisungen haben, die von einer Kultur tradiert werden, um sich zu etablieren und sich selbst zu erhalten: Das Prinzip ist schon da.
Aber gelegentlich gibt es da einen Widerspruch – oder wenigstens sieht es so aus. Zum Beispiel kennt jeder das undifferenzierte Bedürfnis nach Aufmerksamkeit und ständigen äußeren Reizen in gleichmäßig wiederkehrenden Rhythmen. In den meisten menschlichen Kulturen, vor allem in den primitiveren, wurde dieses Bedürfnis nach Reizen nutzbar gemacht für den Dienst an der eigenen Kultur. Es wurde

nicht analysiert und aufgeteilt, wie man z. B. bei Nahrungsmitteln unterscheiden könnte zwischen dem Appetit und der Notwendigkeit zu essen, und weiterhin zwischen Geschmack, Aroma, Gewohnheit und Gier.

Also haben die Menschen, um bei unserem Beispiel zu bleiben, die Gier geheiligt – sofern es jene Art von Gier ist, die der Gesellschaft willkommen ist. Alle anderen Formen der Gier werden mit dem Etikett ›schlecht‹ versehen, aber die akzeptablen nennt man häufig ›gute Motivation‹. Diese Umlenkung der Gier auf nationale, stammesorientierte und ähnliche Ziele führt nur dazu hin, daß Formen von Suchtverhalten perpetuiert werden. Die Menschen entwickeln zum Beispiel eine Vorliebe für Aufmerksamkeit, und die Gesellschaft sagt zu ihnen: ›Ja, ihr könnt Aufmerksamkeit finden. Ihr müßt nur unser Lob erringen, indem ihr wohltätig seid, Heldenmut entwickelt...‹ oder was immer die jeweilige Gesellschaft wünscht oder braucht. Solche geschätzte Aktivitäten führen nicht selten zur Ungerechtigkeit gegenüber anderen.

Da das Opfer Stimuli sucht und findet, ist es im allgemeinen vollauf damit beschäftigt und bemerkt darüber gar nicht, daß es manipuliert wird oder ein zwanghaftes Verhalten an den Tag legt. Der Betreffende kann niemals einen Sinn für die Wahrnehmung der (in diesem Fall) Gewinnsucht entwickeln. Es ist, als hätte er einen Tastsinn, könnte aber Glattes und Rauhes, Heißes und Kaltes nicht unterscheiden. Er ist demzufolge im Nachteil gegenüber Menschen, die einen besseren Tastsinn haben. Er beschränkt selbst seine mögliche Vielseitigkeit und die seiner Gesellschaft, was sich auch auf die Lösung von Problemen auswirkt.

Da man ihm niemals gesagt hat, daß es einen feinen Tastsinn gibt – um in diesem Bild zu bleiben –, kann er ihn nicht entwickeln. Weil er für den Einsatz seines rudimentären Tastsinnes Anerkennung bekommt, ist er den Leuten und den Institutionen ausgeliefert, von denen die Normen gesetzt werden. Da ihm die Möglichkeit von etwas höher Entwickeltem nicht bewußt ist, hat er keine Chance, es zu finden. Denn natürlich existiert es nicht im Rahmen seiner Konventionen, in seinem ›Stamm‹. Vielleicht kann er sich die Möglichkeit sogar vorstellen, greift aber zu den falschen Methoden, um sie zu entwickeln.

Das ist natürlich der prärationale, vorwissenschaftliche, vororganisierte Zustand. Sufis bezeichnen ihn als die ›Jede Suppe hat Klumpen-Situation‹: es gibt eine Geschichte, in der ein Dummkopf sich weigerte, Suppe ohne Klumpen zu essen, weil er so etwas noch nie gesehen hatte und voller Argwohn war.

Er ist also nicht nur grob und ungebildet, sondern auch süchtig. Wie kann er geheilt werden?

Er kann durch Erfahrung geheilt werden. Aber er muß erst die Möglichkeit dazu erkennen. Als nächstes muß er den Erfahrungen ausgesetzt werden, aber erst, wenn er Raum und Zeit dafür geschaffen und eine Orientierung gewählt hat, die es ihm erlaubt, sich auf das Problem zu konzentrieren.

Er wird niemals dazu imstande sein, solange ihm als einzige Alternative andere Formen der Sucht angeboten werden.

Er muß sich an den Gedanken gewöhnen, daß er automatisch reagiert, selbst während er das Allheilmittel verschluckt, das da heißt: ›Ich werde mich nicht automatisieren lassen!‹

Es kann sein, daß er es immer wieder neu versuchen muß. Saadi sagt in seinem *Bostan* (Der Obstgarten): ›Nicht jede Auster enthält eine Perle / Nicht jedesmal trifft der Bogenschütze das Ziel.‹

Das Streben der Narren

F: Gibt es irgendeine Faustregel, mit deren Hilfe man rasch beurteilen kann, ob eine Person ersthaft bemüht und auch in der Lage ist, auf dem Sufi-Weg etwas zu lernen?

A: Wenn es überhaupt eine gibt, dann diese: Ernsthafte Menschen sind bereit, ganz vorne anzufangen und nicht mehr als einen Schritt auf einmal zu machen. Man muß die ›Reise von tausend Meilen mit dem ersten Schritt beginnen‹. Menschen, die es nicht ernst meinen, suchen nach Wundern, nach neuen Stimuli und ›fortgeschrittenen Aufgaben‹.

F: Was ist die Ursache für die Entstehung und das Festhalten an dieser falschen Haltung?

A: Eitelkeit. Deshalb fordern auch die meisten Systeme Demut.

F: Wenn die meisten Systeme Demut fordern, warum funktioniert es dann nicht?

A: Weil die meisten Systeme vermeintliche Demut wieder in eine Form der Eitelkeit verwandeln, so daß sie am Ende doch wieder bei der Eitelkeit landen.
Man kann erkennen, ob das Streben eines Menschen wirklich ehrlich ist, denn das hat eine Veränderung der Ausstrahlung dieses Menschen zur Folge.

Nutzloses Gebet

Omar Khayyam sagte:

> Sie zogen aus, und keiner kehrte wieder
> Und erzählte Dir von jenem Drüben.
> Nichts wirst Du gewinnen durch gedankenloses Gebet.
> Gebete sind wertlos ohne Aufrichtigkeit und wahres Streben.

Die zweite Frage zur Fehlhaltung interessiert mich mehr als die erste nach ›schnellen Faustregeln‹. Hat sich der Fragesteller jemals überlegt, was er mit einer solchen Regel anfangen könnte?

F: Aber sicherlich kann das Gebet, das der richtigen Haltung entspringt, einen auf richtiges Lernen vorbereiten?

A: ›Richtiges Lernen‹ ist der Ausdruck, auf den es ankommt. Menschen, die beten, ohne sich um die notwendigen Veränderungen in ihrem Inneren als Voraussetzung des Gebets zu kümmern, sind sehr verschieden von denen, die wirklich beten. Menschen, die beten, müssen durch dieses Gebet verändert werden, und diese Veränderung zeigt sich auch in ihrem Verhalten und ihrem Charakter. Viele Sufi-Lehrer bestanden darauf, daß ihre Schüler zuerst auf ihre psychische und soziale Entwicklung achteten, ehe sie ihnen überhaupt erlaubten zu beten, oder zumindest, ehe sie ihnen die Fähigkeit zu wirksamem Gebet zugestanden.

Khwaja Muinuddin Gharib Nawaz Chisti setzt sogar Gebet mit rechtem Denken und rechtem Handeln auf der gewöhnlichen menschlichen Ebene gleich; er sagt:

> »Beten heißt, die Klagen der Betrübten anzuhören und ihnen beizustehen, den Notleidenden und den Unterdrück-

ten zu helfen, die Menschen zu speisen und die Gefangenen aus der Gefangenschaft zu befreien.«* Alle diese Dinge sind sehr wichtig, wie Gharib-Nawaz betonte.

Wann Kritik aufhören kann

F: Wann hören die Menschen auf, das zu kritisieren, was andere tun?

A: Als Jalaluddin Rumi begann, seine Verse der Weisheit zu rezitieren, hatten die Menschen, späteren Berichten zufolge, nicht genug Zeit, um sich eine Meinung über ihn zu bilden.
Einige waren interessiert, andere nicht. Wieder andere, die einem unausrottbaren menschlichen Verhaltensmuster folgten, ärgerten sich über ihn. Sie sagten: ›Wir hoffen, daß du nicht glaubst, du seist womöglich ein zweiter Äsop.‹

Ein westlicher Weiser

Ein westlicher Weiser hat gesagt, daß Kritik die folgenden Stadien durchlaufen muß:

1. Es ist unmöglich.
2. Es ist möglich, aber es ist nutzlos.
3. Es ist nützlich, aber das habe ich schon die ganze Zeit gewußt.

Dann kann die Kritik aufhören.

* Dr. Z. H. Sharib, *Khwaja Gharib Nawaz*, Lahore: Ashraf 1961, S. 114.

Der kranke Mann, der fluchte

Die Kritik anderer zu ertragen, kann ein Teil der Wohltaten sein, die man ihnen erweist. Im *Bostan* von Saadi steht die Geschichte von dem kranken Mann zu lesen, dem der große Sufi Maaruf von Karkh half. Er verfluchte Maaruf, und seine Frau fragte ihn, warum Maaruf weiterhin einen so Undankbaren betreue.

Maaruf antwortete, daß seine Geduld ein Teil seiner Hilfe für den Kranken sei: Er hatte beobachtet, daß der Kranke keine Ruhe finden konnte, bis er die Gelegenheit gehabt hatte, seinem Zorn Luft zu machen.

Ich selbst habe kein großes Interesse daran, die Kritik zum Schweigen zu bringen. Könnte man sich nicht lieber mit der Verbesserung der Qualität der Kritik befassen, um sie nützlicher zu machen? Ein Großteil davon ist so schlecht, daß selbst die unerwünschten Dinge, die kritisiert werden, nicht effektiv kritisiert werden, was vor allem dann der Fall ist, wenn der Kritiker sein Steckenpferd reitet oder seine Vorurteile pflegt, statt konstruktiv zu sein.

Scheich Abdullah Ansari aus Herat, der große Sufilehrer, hat zu Recht gesagt:

> Das Böse eines anderen Menschen kann abgewendet werden. Dem eigenen Bösen kann man nicht entrinnen...

Kenntnisse und Erfahrungen

F: Warum betonen Sie, daß neben der Erfahrung auch die Kenntnisse wichtig sind?

A: Es gibt ein Sprichwort, das sagt, daß ein Mensch je nach seiner Geistesverfassung selbst das Antlitz eines Engels für eine Teufelsfratze halten kann.
Bedenken wir auch, daß nicht nur ein Engelsantlitz wie eine Teufelsfratze aussehen und ein Teufel ein Engelsgesicht haben kann, sondern daß es noch andere Formen dieser Täuschungen gibt.

Erst Kenntnisse, dann Meinungsbildung

Die Menschen neigen dazu, sich Meinungen über andere, über Dinge und Ideen zu bilden, die ausschließlich auf dem Stand ihrer Kenntnisse und Vorurteile beruhen, den sie bereits erreicht haben. Wenn man zum Beispiel einem Kind oder einem primitiven Menschen einen Fotoapparat zeigt, könnten sie meinen, das sei ein Ungeheuer.
Was den Leuten fehlt, sind Kenntnisse, und zwar viel häufiger als sie glauben. Das ist der Grund dafür, daß sich Generationen von Sufis darum bemüht haben, die Grundlagen der Kenntnisse und der Erfahrung, die den Menschen zur Verfügung stehen, zu erweitern. Mit Hilfe von Kenntnissen und Erfahrung kann ein Mensch zuverlässiger über Menschen, Ideen und Dinge urteilen. Je weniger Kenntnisse er hat, desto geringer ist die Wahrscheinlichkeit, daß er etwas versteht. Der Versuch, jemanden zu belehren, der nicht über die nötigen Kenntnisse verfügt, muß scheitern. Wirkliche Lehrer probieren es gar nicht erst, denn es ist für beide Parteien nur Verschwendung von Zeit und Energie.

Einrichtungen ohne Einsichten

›Hallen und Hochschulen und gelehrte Gespräche und Portale und Bögen‹, sagt Hafiz, ›was nützen sie, wenn das weise Herz und das sehende Auge fehlen?‹ Und um Erfahrung wirklich sinnvoll zu nutzen, bedarf es auch der Kenntnisse.

Die Lehre ist eine Sache des Verhaltens

F: Können Menschen in irgendeiner Form Sufi-Studien betreiben, ohne geschult und ständig angespornt zu werden, wie das in allen anderen Systemen der Fall ist, die ich geprüft habe?

A: Es gibt einen berühmten Spruch in unserer Tradition, der die sorgfältigste Betrachtung verdient: ›Die Lehre ist eine Angelegenheit des Verhaltens.‹
Wenn sich eine Person in einer bestimmten Weise verhält, kann sie den Eindruck erwecken, daß sie erleuchtet, eifrig, ernsthaft und wertvoll ist und viele andere eindrucksvolle Eigenschaften besitzt. Alle Lehren versuchen auf den unteren Niveaus, die Leute zu annehmbarem Verhalten und einem ordentlichen Lebenswandel anzuhalten.

Verhalten bedeutet hier nicht ›Konformismus‹

Aus dieser Betonung des Verhaltens ergeben sich sehr leicht Mißverständnisse. Die Leute stellen sich vor, daß sie Fortschritte machen, wenn sie den *Anschein* erwecken, daß sie sich anpassen. Sie glauben, daß sie dadurch eher akzeptiert werden. Die Wahrheit ist natürlich, daß Anpassung ein Bestandteil der Erziehung der Menschen zu zivilisierten Wesen ist. Wenn sie die Regeln der Kultur, die sie umgibt, annehmen, können sich größere Gruppen von Menschen leichter zusammenschließen. Es gibt weniger Kämpfe. Kommunikation zwischen Menschen wird z. B. dadurch erst möglich, daß sie nicht alle gleichzeitig reden.

Es kann notwendig sein, sich an bestimmte Arten von erwartetem Verhalten anzupassen, damit man etwas lernen kann. Aber wenn diese Anpassung das einzige oder das hervorstechendste Charakteristikum der Leute wird, dann ist die Lehre nicht mehr wirksam. Statt Lernen haben wir dann Übung: die Einübung des Konformismus.

Konformismus birgt zwei mögliche Übel: 1. daß ihn die Leute als ›höheres‹ Verhalten einschätzen; 2. daß die Leute glauben, sie müßten lediglich angepaßt erscheinen, dann wäre ihnen schon ein ›Platz im Himmel‹ sicher.

Wir alle kennen menschliche Systeme, in denen eine dieser Verfallserscheinungen oder sogar beide zu beobachten sind. Sie sind so allgegenwärtig, daß man den Konformismus als das äußere Merkmal der Organisation betrachten kann. Aber das ist nicht nur unnötig, sondern kann sogar den Handlungsspielraum dieser Gruppe gefährlich einengen. Warum sagen wir dann: ›Die Lehre ist eine Sache des Verhaltens‹?

Wissen und Handeln hängen zusammen

Erstens, weil die Beziehung zwischen geistiger Haltung und körperlicher Haltung eine besondere ist, wenn die Lehre eine bestimmte Art des Verhaltens fordert, sei es die Erfüllung einer Aufgabe, sei es die Durchführung von Studien oder Übungen. Die Lehre trägt dazu bei, daß die Übung oder die Aufgabe in der richtigen Weise wirken.

Zweitens, weil man gleichzeitig ein Diagnoseinstrument hat, wenn man jemand eine Tätigkeit aufträgt, deren Durchführung man von ihm erwartet. Man kann beobachten, wie er sie durchführt, ob er sie überhaupt durchführt, wie kompetent oder eifrig er sie ausführt, ohne daß man ihn ständig ermahnen muß, was alles aufschlußreich ist. Man kann ihm auf dieser Grundlage sagen, und der Betreffende sollte es auch selbst erkennen können, wenn er sich selbst ernsthaft fragt, ob er Fortschritte macht oder ob er in seinem Verhalten automatisch einem Muster folgt. Wenn er feststellt, daß er ständigen Antrieb in Form von Strafandrohung oder Belohnung braucht, dann hat er nicht den richtigen Umgang mit sich selbst. Wenn er sich nur dann in einer bestimmten Weise verhält, wenn er dafür ein gerütteltes Maß Aufmerksamkeit erhält, dann ist ihm sein Streben nach Aufmerksamkeit wichtiger als das Studium.

Die Mannigfaltigkeit der äußeren Formen, die die Lehre im Laufe der Jahrhunderte angenommen hat, hatte zwei Hauptgründe. Der erste ist, daß die Lehre immer wieder in einem neuen Gewand erscheinen muß, je nachdem, in welcher Zeit und Kultur sie gerade angesiedelt ist.

Zweitens, und das ist für uns an dieser Stelle wichtiger, werden die ›neuen‹ Formen teilweise deswegen gewählt, weil man automatischen Konformismus verhindern will.

In einer echten Lernsituation wird das Individuum auf die Probe gestellt und kann sich auch selbst prüfen, indem es den Grad von Aktivität mißt, den es ohne ständige Belehrung, Wiederholung und Ermahnung aufrechterhalten kann. Daran zeigt sich das Maß der eigenen Willenskraft.

Um zu zeigen, daß sie nicht einfach ›geschult und ständig angespornt‹ werden, wie Sie das nennen, und um zu zeigen, daß Verhalten nicht nur von innerer, sondern auch von äußerer Bedeutung ist, haben einige Sufis die *Malamatimethode* gewählt; d. h. sie haben absichtlich Tadel auf sich gezogen. Ein Sufi kann bewußt Schmähreden herausfordern, nicht weil er ein Masochist wäre oder Aufmerksamkeit hei-

schen möchte, sondern um anderen zu zeigen, wie schnell sie auf Äußerlichkeiten hereinfallen, die vielleicht gar nichts bedeuten.
In ähnlicher Weise hat man einige, die den Derwischpfad gehen, *Beshara* (Gesetzlose) genannt, weil sie sich von Generation zu Generation dafür entschieden haben, ganz zurückgezogen zu leben und Ansporn durch öffentliche Aufmerksamkeit zu meiden, weil sie zeigen wollten, daß Erscheinungen stets an der Oberfläche bleiben.

Die Geschichte von der Fliege

Saadi berichtet ein recht charakteristisches Beispiel für das Lehren von Verhalten aus dem Leben des Hatim al-Assam, genannt ›der Taube‹. ›Einige Schulmeister‹, sagt er, ›meinen, daß Hatim aus Balkh taub war. Glaubt ihnen nicht! Eines Tages sah er eine Fliege, die in einem Spinnennetz hängengeblieben war, und sprach zur Belehrung aller Anwesenden zu ihr. Er sagte ihr, daß sie sich von etwas Attraktivem und Begehrenswertem habe täuschen lassen, was nur dazu geführt habe, daß sie in Gefangenschaft geraten sei. Aber diese Parallele zu den menschlichen Verhältnissen machte auf die Zuhörer einen noch stärkeren Eindruck, als sie bemerkten, daß das Summen der Fliege die Aufmerksamkeit Hatims erregt hatte, das andere kaum hören konnten. Dabei hatten sie ihn doch für taub gehalten.
Hatim erklärte ihnen, daß er ganz und gar nicht taub sei. Er gab vor, taub zu sein, weil man dann nicht von ihm verlangen konnte, daß er sich Lob oder Tadel anhörte, die ihn nur beeinflussen sollten. Aber wenn die Leute glaubten, er sei taub, dann würden alle in seiner Umgebung offen sagen, was sie wirklich von ihm hielten.‹
Ein interessanter Unterschied zwischen Sufis und anderen ist, daß sie wie Soziologen und andere Wissenschaftler, die Versuche durchführen, dazu in der Lage sind, so zu tun als

ob etwas so wäre. (Einige werden immer behaupten, das sei Täuschung.) Schließlich gilt die Konvention, daß man niemals vortäuschen solle, man sei etwas, was man nicht ist: in unserem Fall, man sei taub. Aber der Sufi weist stets darauf hin, daß er etwas aus einem bestimmten Grund vortäuscht, z. B. um auf irgend etwas aufmerksam zu machen, während gewöhnliche Menschen anderen etwas vormachen, damit sie akzeptiert und respektiert werden. Ihre Verstellung ist deshalb viel schlimmer und völlig unproduktiv. Sie führt nur zur Täuschung anderer und zur Selbsttäuschung.

Der Studiengang, den Lehrer im Sufismus ihren Schülern vorschreiben, kann bei einigen auf Nachahmung beruhenden Gemeinschaften und angeblichen ›Schulen‹ zu Konformismus und Automatismus degeneriert sein, aber diese sind leicht zu identifizieren. Der Führung eines Lehrers zu folgen, gleichgültig, welche Form sie hat und wie sehr sie in Widerspruch stehen mag zu den Vorstellungen anderer, wie sie aussieht oder aussehen sollte, ist die Methode, nach der man von einem Sufi lernt.

Der Lehrer hat die Aufgabe, am Ende für den Schüler überflüssig zu werden. Er hilft ihm, die Last belangloser Gedanken abzuwerfen. Bis zu diesem Moment folgt man dem Lehrer mit absolutem Vertrauen, wie einem Führer auf einem Pfad, der für den Lernenden unsichtbar ist.

Der große Sufi Abdul-Qadir Gilani betont in der 17. Ansprache seines *Futuh al-Ghaib*, daß die Aufgabe des Lehrers der Rolle der Amme entspricht, die aufhört, das Kind zu stillen, sobald es feste Nahrung zu sich nehmen kann. Wenn zweitrangige Bindungen auf niedriger Ebene verschwunden sind, tritt der Suchende in eine Beziehung mit der objektiven Wirklichkeit ein. Von diesem Punkt an, führt der Scheich aus, besteht keine Notwendigkeit mehr für ein Lehrer-Schüler-Verhältnis.

Das Wissen um die eigene Aufrichtigkeit

F: Wie kann jemand selbst herausfinden, ob er es ernst meint oder nicht?

A: Ein Heuchler zu sein, ist vielleicht das Schlimmste, was es gibt. Aber ich weiß etwas, was viel schädlicher ist: Es ist die Vorstellung, daß man bei seinen eigenen ›guten Vorsätzen‹ stets aufrichtig ist. Bilden Sie sich aber auch nicht ein, daß Sie unehrlich sind und geißeln Sie sich nicht, denn beides kann versteckte Neigungen befriedigen.
Bringen Sie den Mut zu der Erkenntnis auf, daß die wirkliche Mühe darin liegt, sich selbst zu erkennen, damit man sich verändern kann. Lassen Sie sich nicht davon beeinflussen, daß so viele Leute von der scheinbaren Demut und den Selbstvorwürfen der Frommen beeindruckt sind. Wenn Sie sich erst einmal auf den verhältnismäßig einfachen Weg begeben haben, sich selbst an allem die persönliche Schuld zu geben, dann genießen Sie vielleicht das zweifelhafte Vergnügen, sich an Ihrer eigenen Wertlosigkeit zu ergötzen.
Wenn Sie das tun, werden die Leute Sie vielleicht bewundern, sie werden Sie als gutes Beispiel hinstellen. Traditionelle Texte können Ihr Denken und Handeln unterstützen. Die Gesellschaft glaubt vielleicht, daß sie aus Ihrer Existenz Nutzen zieht – aber für Sie selbst ist dabei nirgendwo Platz.
Man könnte sagen, daß die wirklich wissenden Menschen dazu da sind, ernsthaft Suchende darauf aufmerksam zu machen, daß ein Mensch der Selbsttäuschung erliegt, wenn er das Gefühl hat, ein Gerechter zu sein. Es ist nicht ihre Aufgabe, Risse zu übertünchen, indem sie übereinstimmend erklären, daß bestimmte Gedankengänge oder bestimmte Taten oder beides unfehlbare Anzeichen für wahren Glauben und rechte Praxis sind.

Einer der großen Sufis sagte: ›Ein Heiliger ist ein Heiliger, außer, er weiß, daß er einer ist.‹

Die Sufis haben sich jahrhundertelang den Respekt und das Verständnis der Mehrheit der religiösen Menschen erhalten, indem sie darauf beharrten, daß man Aufrichtigkeit niemals einfach voraussetzen kann, weder bei sich noch bei anderen. Die Menschen erkennen ihre eigene Aufrichtigkeit und die anderer dadurch, daß sie Taten beobachten, Gedanken untersuchen und Worte mit Werken vergleichen.

Die nur oberflächlich Religiösen ›testen‹ die Aufrichtigkeit mit Methoden, die dafür sorgen, daß Ignoranz und Mißverständnis weiter lebendig bleiben.

Rumi gibt uns ein schönes Beispiel dafür, das zeigt, wie Leute zu falschen Schlüssen gelangen, wenn sie ohne Kenntnis der Tatsachen urteilen.

In seiner Geschichte hörte ein Beduine einem Mann zu, der gerade seine Gebete sprach. Er rezitierte zuerst einen Abschnitt aus dem Koran, in dem es heißt (Sure 9 ›Reue‹, Vers 97 und folgende):

»Die Wüstenaraber sind die allerverstocktesten in Unglauben und Heuchelei...«

Erzürnt schlug der Araber den Mann auf den Kopf.

Der Mann betete weiter und erreichte in seiner Rezitation die Stelle, an der steht:

»Doch unter den Wüstenarabern sind auch solche, die an Allah und an den Jüngsten Tag glauben...«*

›So ist es schon besser‹, sagte der Beduine, ›jetzt habe ich dir gutes Benehmen beigebracht...‹

Der Beduine steht hier für die oberflächliche und vorurteilsbeladene Geisteshaltung des buchstabengläubigen religiösen Menschen, dessen ›Glauben‹ in seinem Verhalten verankert zu sein scheint und dessen Einschätzung des Glaubens anderer auf seiner eigenen Vorstellung davon beruht, was die Überzeugungen der anderen Person bedeuten.

* *Der heilige Qur'an*, Arabisch und Deutsch, Hg. Hazrat Mirza Nasir Ahmad, 1980[4].

Rumis Beduine – und der, der uns die Frage nach der Aufrichtigkeit gestellt hat –, hätten zur Korrektur ihres Denkens den folgenden Aphorismus zitieren können, wenn sie ihn gekannt hätten:
›Wenn du glaubst, daß du dich nicht selbst täuschst, dann überlege einfach, ob du gut von dir denkst oder nicht.‹

Möchtegern-Anhänger und Berufene

Zwischen den Möchtegern-Anhängern der Sufi-Tradition und denen, die ihr folgen sollten, können Welten liegen. Beide Gruppen können die notwendigen Fähigkeiten besitzen.
Manche, die berufen sind, haben vielleicht nie in ihrem Leben etwas über Metaphysik gehört. Sie könnten sogar die Idee der Esoterik hassen. Auch heute gibt es noch unzählige Menschen, die keine Ahnung haben von Religion, Mystik und den ›Dingen des Geistes‹ und die sich auch nicht dafür interessieren, aber es werden täglich weniger.
Die Möchtegern-Anhänger wurden zu irgendeinem Zeitpunkt von einem Funken echter innerer Aktivität inspiriert. Sie haben vielleicht einen Menschen getroffen, der sich mit solchen Aktivitäten beschäftigt hat oder haben ein Buch darüber gelesen. Ich nenne sie ›Möchtegern-Anhänger‹, weil sie von einer Lehre gehört haben und vielleicht sogar den Versuch gemacht haben, sie zu praktizieren, und nun glauben, deshalb schon einen Anspruch darauf zu haben.
Im allgemeinen zeigt ein engerer Kontakt zu dem Möchtegern, daß sein Interesse ziemlich oberflächlich ist. Ein Psychologe würde behaupten, daß er lediglich nach einem Sy-

stem sucht, das mit seinen vorgefaßten Meinungen übereinstimmt und eigentlich nicht mehr will, als irgendeine Art von Gleichgewicht zu finden.
Vielleicht hat er die nötigen Fähigkeiten. Aber meistens hat er nicht die richtige Einstellung. Aber er wird natürlich zu der Überzeugung neigen, daß er doch die richtige Einstellung habe. Obendrein wird er anderen vorwerfen, sie hätten sie nicht.
Beide Gruppen brauchen Unterweisung in der Entwicklungsphilosophie der Sufis, anfänglich, indem man sie mit ihren Standpunkten und einigen Texten vertraut macht. Das ist schwierig, denn es gibt kaum Darstellungen dieses Materials, die einem allgemeinen Zweck dienen, ganz entgegen der verbreiteten Vorstellung, es müsse ›in Büchern zu finden sein‹ oder auch ›ich werde mich gar nicht erst mit Büchern abgeben, sondern werde es durch Fleisch und Blut lernen‹. Aber aus diesem Grunde gab es und gibt es immer Sufi-Schulen, und aus demselben Grund haben diese Schulen für den uneingeweihten Beobachter so verwirrend unterschiedliche äußere Formen.
Wie schon Akhlaq-i-Muhsini sagt:

> Der Vogel, der nichts von Süßwasser weiß,
> Taucht seinen Schnabel das ganze Jahr über in Salzwasser.

Haben Sie Ihren Schnabel auch im Salzwasser?

Dieses Salzwasser ist in den Begriffen des Sufi das, was man sonst ›Die Welt‹ nennt. Der gewöhnliche Mensch meint, was er zuerst wahrnimmt (wie materielle Gegenstände und für ihn selbstverständliche Gedanken), müsse logischerweise auch ›wirklich‹ sein. Aber der Sufi sagt, daß die sogenannten konkreten Dinge nicht erfahren, sondern abgeleitet werden.

Sie schließen vom Rauch auf das Feuer, und der Rauch mag den Anschein des Wirklichen haben, aber die ihm zugrundeliegende Wirklichkeit ist das Feuer. Wenn man sich angewöhnt, den unmittelbar wahrnehmbaren Dingen nicht mehr Bedeutung zuzuschreiben als den subtilen, werden die subtilen wahrnehmbar. Sufi-Studien haben dieses Ziel.
Aus diesem Grunde sagt der große Scheich Abdul-Karim Jili:

> Wahrheit, Wirklichkeit (al-Haqq) wird gefühlt, wahrgenommen;
> Die Welt wird abgeleitet (ma'qulun).

Solange man Dinge, die in Wirklichkeit sekundär sind (einschließlich des sekundären, konditionierten Selbst), als primär betrachtet, wird man das viel subtilere, aber wirklich primäre Element – die Wirklichkeit und den essentiellen Kern des Individuums – nicht wahrnehmen können.

Begegnung mit drei Derwischen

Ich traf einmal im Mittleren Osten drei Derwische und fragte sie, ob sie jemals Suchenden aus dem Westen begegnet seien. ›Häufig‹, erklärten sie mir. Ich fragte weiter, ob sie diesen Leuten je etwas beigebracht hätten. ›Es passiert immer dasselbe‹, sagte einer von ihnen. ›Sie kommen zu uns und sagen: Lehre uns, und dann versuchen wir es. Wir sitzen vor ihnen oder wir lassen sie allein und ziehen uns zurück, um durch direkte Wahrnehmung mit ihnen zu kommunizieren.‹
Ich wollte wissen, was als nächstes geschah. ›Immer dasselbe. Nach zwei oder drei Tagen brechen sie wieder auf und beklagen sich, daß wir nicht tun, was wir zu tun versprochen hätten.‹

Befriedigung und Zwecke von Ritualen

F: Wir stellen fest, daß die Menschen auf der ganzen Welt Befriedigung in Ritualen finden. Wie können wir über Rituale hinauskommen?

A: Initiationen und feierliche Rituale, die man in Religionen, Gesellschaften und anderen Gruppierungen finden kann, haben unterschiedliche und sehr verschiedene Ursprünge, Zwecke und Funktionen.
Wir können alle diese Zwecke, Ursprünge und Funktionen vergleichen mit den verschiedenen Prozessen, die z. B. in jeder Wissenschaft bekannt sind und durchgeführt werden. In der Chemie ist Destillation nicht dasselbe wie Fermentation, der Verwendungszweck von Basen nicht derselbe wie der von Säuren. Es gibt sowohl rein wissenschaftliche als auch industriell angewandte Chemie.
Im Bereich der Humanwissenschaften gibt es ähnliche Unterschiede.

Die Entstehung von Ritualen

Wenn das Wissen um diese Unterschiede verschwindet, entsteht das Ritual, oder anders ausgedrückt, die eingeschränkte Nutzung solcher Prozesse. Wenn Nutzung und Möglichkeit begrenzt sind, sind die Auswirkungen gering, und sie können sogar schädlich sein. Saadi sagt: ›Selbst wenn der Feueranbeter sein Feuer hundert Jahre lang hütet, wird er sterben, wenn er hineinfällt.‹
Denken wir an das Gebet. Wenn Gebete von Menschen gesprochen werden, die eine gewisse Schulung durchgemacht haben, und wenn man die richtige Einstellung hat, dann wird das Gebet *eine* Art von Wirkung haben. Wenn man die

Leute zum Gebet ermutigt, ohne diese und andere Dinge zu beachten, dann kann Gebet nur zum psychotherapeutischen Werkzeug werden: Es ist dann ungemein wertvoll, aber eben doch auf einer niedrigeren Stufe. Im günstigsten Fall kann eine höhere Stufe erreicht werden.

Emotionen verwechselt mit höheren Gefühlen

In einem solchen Fall verwechselt man Gefühlsregungen mit spirituellen Erfahrungen. Dagegen kann man nur einwenden, daß eine Person oder eine Gemeinschaft, die erst einmal gelernt hat, das Gebet als Auslösemechanismus für Gefühle zu betrachten, kaum noch in der Lage sein wird, sich weiterzuentwickeln, denn die konditionierte Reaktion, die beim gemeinsamen Gebet zuverlässig erfolgt, wird wieder nur eine gefühlsmäßige sein.

Gemeinschaften und einzelne, die mit einem gefühlsbetonten und konditionierten Umgang mit Ritualen und anderen Zermonien großgeworden sind, müssen sich neu orientieren, bevor sie den höheren Gehalt solcher Einrichtungen wahrnehmen können.

Das ist deshalb schwierig, weil die Menschen in der Regel eine Vertiefung der ihnen vertrauten Erfahrungen suchen, nicht eine Weiterentwicklung über sie hinaus.

Saadi sagt in seinem *Bostan*: ›Mein Kind, erwarte keinen Lohn von Omar, wenn du im Haus von Zaid arbeitest.‹

Die Definition eines Sufi

Um etwas zu lernen, müssen die Menschen sehr viel aufgeben, darunter auch Rituale, von denen sie glauben, sie könnten durch sie lernen. Abu-Yaqub al-Susi, der in Kalabadhis *Taaruf* zitiert wird, stellt das klar heraus. Er sagt, ein Sufi sei ›einer, dem es nichts ausmacht, wenn ihm etwas weggenommen wird, der aber nicht aufhört, nach dem zu suchen, was ihm fehlt‹.

Wirkliche und scheinbare Weiterentwicklung

F: Unternimmt der Sufismus etwas gegen den Automatismus des Menschen?

A: Dem Anschein nach und soweit sie es verstehen, können die Menschen versuchen, sich weiterzuentwickeln.
Aber man erkennt (wenn man genauer betrachtet, was sie tatsächlich tun und was sie eigentlich meinen mit dem, was sie sagen), daß sie in Wirklichkeit oft damit beschäftigt sind, Automatismen zu entwickeln oder sich einfach zu unterhalten. Das ist deshalb möglich, weil sie nur an der Oberfläche und mit dem Intellekt arbeiten, der vergleichsweise leicht zu konditionieren ist.
Kurioserweise denken viele, die von diesem Prozeß gehört und ihn bei anderen gesehen haben, daß sie selbst dagegen immun seien, weil sie von ihm wissen. Sie wiederholen ständig, daß der Mensch ›dem Tod geweiht und konditioniert ist‹. Aber gerade diese ständige Wiederholung wird dazu führen, daß er selbst automatisiert und konditioniert wird. Von der Befreiung sind solche Theoretiker viel weiter entfernt als die Uneingeweihten, die von der ganzen Debatte nie etwas gehört haben.
Es ist möglich, der Automatisierung zu entgehen, wenn man Techniken anwendet, die eigens dafür entworfen wurden, sie zu überlisten. Aber zuallererst muß man sich tief genug von der Erkenntnis durchdringen lassen, daß ein solcher Prozeß notwendig ist, und nicht nur viel und lautstark davon reden. Dann müssen wir feststellen, ob das Individuum, mit dem wir gerade zu tun haben, die Fähigkeit hat, eine Entautomatisierung zu verkraften. Drittens müssen wir dann die richtige Verfahrensweise für diese bestimmte Person finden. Viertens müssen wir überprüfen, ob die Person dem Verfahren treu bleibt.

Alles das sind Gründe für die Techniken und spezialisierten Studien der echten Sufi-Schule.
Einige Leute sind innerlich entschlossen, an ihrer Automatisierung festzuhalten, obwohl sie äußerlich versuchen, von der Arbeit einer Sufi-Schule zu profitieren. Ich glaube, das ist das Hauptproblem.
›Du bist davon gefangen, dich um den Bart und den Turban zu kümmern‹, heißt es im Diwan des Shams-i-Tabriz, ›wie willst du den Trank aus dem großen Kelch erlangen?‹ Die Automatisierung des Menschen wird überwunden, wenn er danach strebt ›zu sein, wie du warst und wo du warst, bevor du warst‹, um es mit den Worten von Dhun'Nun auszudrücken.

Die Rollen von Lehrer und Schüler

F: Wie überwindet der Sufi-Lehrer die verfestigten, aber unbewußten Einstellungen seiner Schüler?

A: Betrachten wir zuerst die jeweiligen Positionen von Lehrer und Schüler. Der Schüler hält den Lehrer für jemanden, der ein gewisses Quantum von etwas besitzt und ihm etwas davon abgeben wird, oder er sieht ihn als jemanden an, der eine Methode kennt, mit deren Hilfe man etwas erreichen kann.
Der Lehrer betrachtet den Schüler als jemanden, der geeignet ist, ein gewisses Maß von etwas zu erreichen. In einem anderen Sinn sieht er ihn als jemanden an, der etwas vollbringen kann. So unterschiedlich diese Einstellungen sind, gibt es doch eine Verbindung zwischen ihnen.

Das Problem des Lehrers ist größer als das des Schülers. Ein Grund dafür ist, daß der Schüler gerne etwas lernen will, aber nur selten erkennt, daß er nur UNTER DEN BEDINGUNGEN LERNEN KANN, DIE DIESES LERNEN ERMÖGLICHEN. Er kann keine echten Fortschritte machen, ehe er nicht auf das Lernen vorbereitet worden ist. Wenn diese Vorbereitung abgeschlossen ist, kann der Schüler langsam, schnell oder auf der Stelle mehrere Phasen durchlaufen, in denen er das verstehen lernt, was er selbst den Sinn des Lebens oder Selbsterkenntnis nennt.

Das Allerwichtigste ist deshalb, den Schüler zu einer Ausrichtung zu bewegen, in der er effektiv und ständig weiter fortschreiten kann. Das kann nur jemand steuern, der das ganze Bild kennt und der weiß, was einem Individuum oder einer Gruppe möglich ist und was nicht.

Da der Schüler wahrscheinlich in dem Gefängnis der Einstellungen sitzt, mit denen er aufgewachsen ist, neigt er dazu, sowohl an den Lehrer als auch an die Lehre unter vielerlei ineffektiven und eingeschränkten Gesichtspunkten heranzugehen. Er wird ›inneren Frieden‹, Erfolge in seinem weltlichen Leben, Geld, Wissen, Erleuchtung, Sicherheit verlangen – alles Dinge, die unter Umständen wichtig sein können, die aber nicht notwendigerweise bedeutsam sind für seine Situation. Mit anderen Worten will er, daß man ihn Wissen lehrt und ihm Dinge gibt, DIE ER ZUFÄLLIG GERADE WILL AUS DEM EINZIGEN GRUND, DASS ER BESCHLOSSEN HAT, SIE SEIEN NOTWENDIG ODER UNVERZICHTBAR FÜR IHN.

Unter einem bestimmten Gesichtspunkt ist das eine lächerliche Situation. Das ist gerade so, als würde ein Schuljunge sagen: ›Bitte bringe mir Französisch bei, aber nur um vier Uhr nachmittags‹ oder ›Ich möchte Mathematik lernen, aber in dieser speziellen Klasse nicht‹ oder ›Ich möchte gerne mit den Grundsätzen der Biologie vertraut werden, aber ich will mit den Kaulquappen anfangen, denn in meinen Augen sind sie das Wichtigste.‹

Die Wahrheit können Sie nur lernen, wenn Sie lernfähig sind. Wenn Sie Bedingungen voranstellen oder einschieben, die sich aus Spekulation, Gefühl, Vorstellung oder Intellekt usw. herleiten, müssen Sie erst noch lernen, wie man lernt. Das bedeutet, Sie müssen herausfinden, wie man Wissen erwirbt. Schritt um Schritt, in angemessener Reihenfolge, ohne vorangestellte Einschränkungen.
Der Mensch, der nicht weiß, wer er wirklich ist, der weder weiß, wo er herkommt, noch, wo er hingeht, darf kaum annehmen, er müsse seine Unterweisung in dieser oder jener Form erhalten, oder bevor er überhaupt einen Finger rührt, müßten seine Warzen weggezaubert werden oder sein Haus bestellt sein in einer Weise, die er zufällig oder sogar bewußt fordert. Die erste Pflicht des Lehrers ist es, das klarzustellen und keine Kompromisse mit den oberflächlichen Gefühlen einzugehen, die viele Leute für elementar halten.
Rumi sagt: ›Du liebst deine eigene Erfahrung und nicht mich / Du wendest dich mir zu, um deine eigenen Gefühle zu fühlen.‹
Wenn Sie die Art und Weise betrachten, in der Sie die Dinge angehen, einschließlich Ihres Bestrebens zu lernen und dessen Ausdruck im praktischen Handeln, wenn Sie überdies feststellen, welche Fehler Sie gemacht haben und was die Sufis über die Rolle von Lehrer und Schüler sagen, dann werden Sie erkennen, daß die festgefahrenen, aber unbewußten Einstellungen des Schülers, von denen Sie sprechen, eine andere Person außer dem Schüler selbst erfordern, die geeignete Stimuli gibt, die ihm (oder ihr) erlauben, der Falle der etablierten Denkmuster zu entrinnen.

Schüler, die nichts lernen

Scheich Abdullah Ansari von Herat, der als einer der klarsten Vertreter des Sufismus und als einer seiner größten Weisen gilt, zählt die Dinge auf, die viele Leute tun und denken und die ihren Fortschritt blockieren.

Sie schaffen Verblüffung, Kummer und Verwirrung. Leute, die den Anweisungen ihrer Lehrer nicht folgen, bleiben entweder in einem dieser Zustände hängen oder suchen sich irgendeinen – meist unbewußten – psychologischen Trick, der zu Heuchelei, Fanatismus oder Pseudoverständnis führt.

Die Dinge, die der Schüler bei sich selbst nicht erfassen kann und um die sich der Lehrer kümmert, sind die folgenden:

Zu wollen, bevor es an der Zeit ist,
Mehr zu wollen als einem zusteht,
Für sich selbst zu wollen, was anderen zusteht.

Einige Leute sind natürlich so hartnäckig, daß sie selbst dann noch weiterkämpfen, wenn man ihnen sagt, daß man keine Kompromisse mit vorgefaßten Meinungen eingehen wird. Hier wird der Lehrer die Erwartungen der Schüler enttäuschen. Er wird sagen, er sei für sie ungeeignet, wobei er Anleihen bei den Malamati-Techniken macht. Selbst dann mag der irregeleitete Schüler noch nicht begreifen, was vor sich geht, und wird sich der Sache mit allen möglichen phantastischen Interpretationen nähern. Saadi erzählt in seinem *Gulistan* eine Geschichte zu diesem Thema.

Die Geschichte vom Muezzin

Es war einmal ein Muezzin, der die Gläubigen mit einer so gräßlichen Stimme zum Gebet rief, daß der Vorbeter der Moschee, der ein freundlicher Mann war, ihm 10 Denare anbot, damit er in eine andere Stadt ginge. Später begegnete der Muezzin dem Vorbeter wieder und sagte: ›Du hast mir nur 10 Denare angeboten, damit ich in eine andere Stadt gehe, aber dort, wo ich jetzt bin, bieten sie mir 20 an, und ich weigere mich doch zu gehen.‹ Der Vorbeter lachte und sagte: ›Halte noch eine Weile durch, und du wirst sehen, daß sie dir sogar 50 anbieten!‹

5

Handlung und Bedeutung

Wahre und relative Großzügigkeit

Kleinliche Menschen

Ein Mann hörte von der Notlage eines anderen, als er mit Freunden zusammensaß. Er fühlte sich sofort davon berührt und stellte eine Summe bereit, die dem Mann in Not übergeben werden sollte.

Ein anderer, der nicht von einem besonderen Fall gehört hatte, ging aus, als er gerade Geld hatte und hielt Ausschau nach jemand, der bedürftig war. Er fragte ihn nach seinen Bedürfnissen und kam dafür auf.

Welcher von beiden war der wirklich großzügige Mann?

Die Antwort lautet: keiner von beiden. –

Beide waren großzügig innerhalb der geltenden Konventionen. Sie taten, was man sie zu tun gelehrt hatte.

Diese Formen der Großzügigkeit stehen allenfalls am Anfang der Großzügigkeit.

Jenseits davon beginnt das Stadium, für das diese anderen Formen lediglich Vorbereitungen sind.

Da die Leute selten über diese vorläufigen Stadien hinausgelangen, gelten diese flachen Formen der Großzügigkeit schon als ihr höchster Gipfel.

Wahre Großzügigkeit ist, wenn ein Mensch etwas Großzügiges tut, von dem niemand etwas erfährt, oder wenn er dann, wenn andere doch etwas davon wissen, keine Aner-

kennung dafür gezollt haben will, weder vom Empfänger noch von sonst jemand.
Wahre Großzügigkeit bleibt verborgen, so daß ein Mensch sogar lieber in Kauf nehmen sollte, als kleinlich zu gelten, als den anderen den wahren Sachverhalt zu erklären.
Diese Art der Großzügigkeit, die materielle Güter, Arbeit und Gedanken umfaßt, wird in den Reihen der Auserwählten sorgsam gepflegt und wird auch von denen praktiziert, die sich wünschen, in ihre Reihen aufgenommen zu werden. Es gibt dabei keine Ausnahmen, und diese Übung wird immer beibehalten.
Großzügigkeit besteht auch darin, daß man tut, was man angekündigt hat. Saadi lehrt: ›Wenn die Großzügigen etwas versprechen, halten sie es auch.‹
Nicht gierig zu sein, ist paradoxerweise die höchste Form, seine eigenen Interessen zu wahren.
Gier schadet Ihnen: Großzügigkeit hilft Ihnen.
Deshalb sagt man auch: ›Gier ist die Mutter der Unfähigkeit.‹

Warum Sufis sich durch Vortrefflichkeit auszeichnen

F: Was hindert die Menschen daran, Fortschritte zu machen, vor allem bei großen schriftstellerischen Werken oder bei der Erstellung von Lehrmaterial?

A: Ein großer Orientalist hat publiziert, daß es ihm schier unbegreiflich war, wie der klassische Sufi-Autor Saadi von Shiraz zwei große persische Klassiker in nur drei oder vier Jahren schreiben konnte.

Das mag ein Problem sein für einen Gelehrten, aber es beschreibt *seinen* Geist und nicht den Saadis.
Für den Sufi kennzeichnet die Verblüffung des Orientalisten eine Situation, die der ähnelt, in der ein einfältiger Wilder sagt: ›Ich kann nicht verstehen, wie der Mann mit dem donnernden Rohr einen so großen Metallvogel vom Himmel holen kann.‹
Dieser ›verborgene Wilde‹ im Menschen ist natürlich nicht nur bei Gelehrten anzutreffen. Es ist der Wilde, der verhindert, daß irgend jemand auf irgendeinem Gebiet Fortschritte machen kann.
Rechte Lehre bringt die menschliche Vortrefflichkeit zum Blühen.
Die Lehre muß natürlich mit dem besten Teil des Individuums arbeiten. Sie muß sich an seine wirkliche Fähigkeit wenden.
Im ersten Kapitel seines *Gulistan* (Rosengarten) sagt Saadi:
»Wie kann irgend jemand aus schlechtem Eisen ein gutes Schwert machen?
Durch Belehrung werden die Nutzlosen nicht nützlich werden.
Der Regen, dessen Natur sich nicht ändert,
bringt Blumen im Garten hervor und Dornen im Sumpf.«
Leute, die falsche Ziele haben, sind wie unfruchtbare Erde. Blumen entsprießen nur dem Boden, der aus den richtigen Zielsetzungen besteht.
Die Leute, von denen Sie sagen, daß sie keine Fortschritte machen, arbeiten auf einer ungeeigneten Basis. ›Wenn du darauf bestehst, schlechte Nahrungsmittel zu kaufen, mußt du darauf gefaßt sein, daß dir das Essen nicht schmeckt.‹

F: Was kann ich gegen meine Verwirrung und Wertlosigkeit unternehmen?

A: Leute, die ihre Verwirrung loswerden wollen, sollten erst die folgenden drei Punkte beachten:
1. Sie sollten sich vergewissern, ob ich (oder andere) Ihnen angeboten habe, die Verwirrung zu beseitigen. Sie müssen daher die Quelle für das Angebot finden, Verwirrung aufzulösen, falls eines vorliegt, und sich an denjenigen wenden, der das Angebot gemacht hat. Wenn das ›Angebot‹ in Wahrheit dem Geist des Bittstellers entspringt, dann sollte er sich darüber klarwerden.
2. Sie sollten zur Kenntnis nehmen, daß Verwirrung oft Schutz bieten kann. Sie mögen vielleicht den Nebel nicht lieben, aber wenn er Sie vor einem menschenfressenden Tiger schützt, ziehen Sie es vor, daß er da ist. In unzähligen Fällen sollten die Leute dankbar sein für ihre Verwirrung, die ein Schutzschild ist, anstatt zu versuchen, sie aufzulösen, ehe sie die Erkenntnis dessen ertragen können, was dahinter liegt.
3. Wie man heute längst erkannt hat, schaffen viele Leute ihre Verwirrung selbst und halten zäh an ihr fest, selbst wenn sie sich einbilden, sie wollten sie loswerden.
Die Antwort auf die Frage ›Was kann ich gegen meine Verwirrung tun?‹ lautet daher: ›Finde heraus, welche Ursache sie hat und welchem Zweck sie dient. Dann entscheide, ob du etwas dagegen unternehmen willst.‹
Verwirrung entsteht, wenn man dem keine Aufmerksamkeit schenkt, was man zuerst beachten sollte. Die Verwirrten haben das Problem, daß sie das erst einmal wahrnehmen und dann ihren Verstand dazu gebrauchen müssen, sich selbst zu beobachten und dafür weniger über Verwirrung

nachzudenken. Erinnern Sie sich an das Sprichwort: ›Ein einziges Zeichen genügt für den Wachsamen, aber tausend Ratschläge erreichen nicht den Unachtsamen.‹

Was das Gefühl der Wertlosigkeit betrifft, so hat es ebenso seine Grenzen wie das Gegenteil davon. Saadi hat dazu ein Gedicht geschrieben. Ich übersetze es für Sie aus dem Persischen, um Ihnen zu zeigen, daß Ihr Problem ein Problem der Perspektive ist.

Ein Tropfen, der aus einer Regenwolke fiel,
Erschrak vor der Weite der See:
»Wer bin ich in der Unermeßlichkeit des Ozeans?
Wenn ER *ist*, dann bin ich in Wahrheit *nicht*!«
Während er sich mit den Augen der Verachtung betrachtete,
Nährte ihn eine Muschel in ihrem Schoß.
Der Himmel lenkte die Geschicke so,
Daß eine berühmte, eine königliche Perle heranwuchs:
Aus der Tiefe stieg er zur Höhe empor
Und klopfte an die Tür des Nichts:
Bis das Sein heraustrat.

Im Persischen ist es ein verbreitetes poetisches Bild, eine Perle als verwandelten Regentropfen zu bezeichnen.

Ihre Verwirrung kommt daher, daß Sie nicht bekommen, was Sie wollen; Ihr Gefühl der Wertlosigkeit ist etwas, von dem Sie meinen, Sie hätten es zwar, aber wollten es nicht.

Ein Sufi hat zu diesem doppelten Problem gesagt:

›Du mußt dich darum bemühen, geduldig zu sein bei dem, was du willst, und bei dem, was du nicht willst, denn beides wird dich auf eine harte Probe stellen. Übe dich in beiden Formen der Geduld und verdiene dir so den Namen Mensch.‹

Fühle deine eigene Nichtigkeit

Der Sufi-Heilige Attar berichtet, daß der große alte Bayazid gesagt hat:* ›Du mußt deine eigene Nichtigkeit spüren.‹ Es ist wichtig, die eigene Nichtigkeit zu erkennen. Sich gehenzulassen und sich wegen ihr zu ängstigen, ist ein schaler Zeitvertreib, der vielen Leuten um so attraktiver erscheint, als sie sich dabei aufrichtig oder fromm fühlen können. Man muß diesen kindischen Zustand überwinden.

Wenn man ein ›Guru‹ wird

F: Ich stelle fest, daß die Leute dazu neigen, sich von mir abhängig zu machen, und daß sie mir dann, wenn ich ihnen Aufmerksamkeit schenke, die Verantwortung für ihr Leben übertragen. Sie betrachten mich als Guru, wenn ich versuche, sie zu belehren. Ich will nicht, daß Leute von mir abhängig sind; deshalb will ich sie auch nicht belehren.

A: Wenn die Leute anfangen, in dieser unwillkommenen Weise von Ihnen abhängig zu werden, ist es an Ihnen, sie wegzuschicken und nur die zu behalten, die tatsächlich etwas lernen können und die Sie nicht als Fixpunkt ihres Wunsches nach Abhängigkeit benützen. Ich weiß aber nicht, wer Ihnen gesagt hat, daß es nur zwei Möglichkeiten gibt – zu lehren und die Abhängigkeit der Leute in Kauf zu nehmen oder ›den Laden zu schließen‹. Glauben Sie mir, das ist eine grobe Vereinfachung. Gehen Sie den Leuten aus

* In Attars *Tadhkirat al-Awliyya*. Bayazid starb im Jahre 875 der christlichen Zeitrechnung.

dem Weg, die diese Neigung zeigen, und Sie werden nutzbringend lehren können.
Wenn Sie natürlich nichts zu lehren haben, ist es Ihre Aufgabe, die Leute davon zu überzeugen.

Die Schüler des Derwischs

Ein Derwisch ging eines Tages zu einem Sufi und sagte: ›Die Leute machen mich zu ihrem Lehrer, und ich will sie davon abbringen.‹ Der Sufi sagte: ›Du mußt nur so tun, als seist du verrückt, und sie werden dich bald verlassen.‹
›Aber mein guter Ruf!‹ rief der Derwisch bestürzt. ›Ach so‹, sagte der Sufi, ›du fragst nach dem Lehren, aber hinter deiner Frage verbirgt sich die Selbstachtung!‹
Also, wollen Sie, daß die Leute von Ihnen abhängig sind oder nicht?
Ich frage mich, ob Ihnen klar ist, daß sich die Sufis selbst nicht ›Sufis‹ nennen, weil das Anmaßung wäre? Ich war dabei, als ein Sufi einmal gefragt wurde: ›Warum sagen Sie nicht, daß Sie ein Sufi sind?‹ Er antwortete: ›Das wäre Überheblichkeit und könnte dazu provozieren, mich anzugreifen.‹ ›Warum‹, fuhr der Frager fort, ›bestreiten Sie es dann nicht?‹ Er sagte: ›Das könnte eine Lüge sein und könnte Leuten, um die es sich lohnt, eine Möglichkeit zum Lernen rauben.‹
Der Frager betrachtet die Dinge mit den Augen des sekundären Selbst. Die beiden Anekdoten, die ich angeführt habe, lenken die Aufmerksamkeit darauf, wie dieses Selbst funktioniert, das weder lehren noch lernen kann.

F: Ich bin davon überzeugt, daß die Sufi-Materialien, die ich gelesen und von denen ich gehört habe, die Kenntnis der tatsächlichen Wahrheit zur Grundlage haben, viel mehr als alles andere, das ich gefunden habe. Warum sollten jedoch die Sufis erwarten, daß man ihren Methoden folgt? Gibt es keinen anderen Weg? Wie steht es mit anderen Systemen? Ich möchte Bescheidenheit üben.

A: Der Sufi empfiehlt einen bestimmten Weg oder die eine oder andere aus einer großen Anzahl von Methoden, weil diese Methoden ihn zu den Ergebnissen geführt haben, die Sie so uneingeschränkt preisen. Mit anderen Worten sagen sie: ›Die Ergebnisse gefallen Ihnen? Bitte sehr, hier ist die Methode, mit der sie erzielt wurden. Sie wollen ein andersgeartetes Ergebnis? Bitte sehr, Sie müssen sich an diejenigen wenden, die für diese anderen Ergebnisse verantwortlich sind und nach ihren Methoden fragen.‹

Über den Sufiweg und auf dem Sufiweg

Ich erinnere mich, daß diese Frage auch einmal einem bestimmten Sufi gestellt wurde. Seine Antwort lautete:

> Wenn du *Sufismus lernen* willst, mußt du dem Sufi-Pfad folgen. Wenn du *Information* darüber willst, ob du dem Sufi-Pfad folgen sollst, dann mußt du dich an jemanden wenden, der nicht selbst lehrt, sondern der gelehrte Meinungen über die relativen Verdienste der verschiedenen Wege vorträgt.

Was die Demut betrifft, so können wir sie mit dem Lernen in Verbindung bringen. Nehmen wir die folgende Aussage von Kalabadhi, die in seinem *Taaruf* zu finden ist, zur Kenntnis:

›Demut ist das Annehmen der Wahrheit über die Wahrheit von der Wahrheit.‹

Die Frage kann von ein und derselben Person gestellt und beantwortet werden, wenn sie sich erst mit dem Unterschied zwischen dem Lernen *über* den Sufi-Weg und dem Lernen *des* Sufi-Weges befaßt hat. Man kann sehr oft die Tendenz beobachten, daß Sätze, die nur unter bestimmten Umständen zulässig sind, zu ›ewigen Wahrheiten‹ erklärt werden.

Zum Beispiel befragte mich kürzlich jemand zum Thema ›Wissen verkaufen‹. Er hatte das Gefühl, daß Leute für die Verbreitung von Weisheit kein Geld verlangen sollten und erwartete von mir, daß ich diejenigen verurteile, die es trotzdem tun.

Sehen Sie, was dahinter steckt? Zuerst einmal wird die Tatsache ignoriert, daß Wissen und Weisheit das Ergebnis von Prozessen sind. Diese Prozesse werden unbewußt umdefiniert und zu Waren erklärt. Erst dann kann davon die Rede sein, daß man sie ›verkaufen‹ könne. Nun kann ich Ihnen zwar Information oder Säcke voll Kohlen verkaufen, aber weder ich noch irgend jemand anders kann Wissen verkaufen.

Jesus und die Äpfel

Ich habe kürzlich in einem der von den verschiedenen Kirchen verdammten apokryphen Evangelien eine Geschichte gelesen, die Jesus zugeschrieben wird. Hören Sie, was dort über das Verkaufen steht:

Jesus sagte: ›Zwei Männer machten sich auf, um Äpfel zu verkaufen. Der eine entschied sich dafür, die Schalen der Äpfel um ihr Gegengewicht in Gold zu verkaufen und küm-

merte sich nicht um das Fruchtfleisch. Der andere wollte die Äpfel umsonst hergeben und nur ein wenig Brot als Wegzehrung dafür haben. Aber die Menschen kauften die Apfelschalen um ihr Gegengewicht in Gold und wollten nichts von dem Mann wissen, der ihnen die Äpfel um ein Stück Brot geben wollte, ja, sie verachteten ihn sogar.‹
Denken Sie über diese Geschichte nach und versuchen Sie, das Gleichnis und die dahinterstehende Absicht, die Natur menschlichen Denkens und Handelns, sowie das Problem menschlichen Lernens anhand der Struktur der Geschichte zu verstehen.

Das Ausdrucksmittel und die Botschaft

F: Wie stellen Sie sich zu der Struktur menschlichen Lernens und den Materialien innerhalb der Struktur?

A: Ein weitverbreiteter Fehler im menschlichen Denken ist die Verwechslung von Ausdrucksmittel und Botschaft, von Mittel und Zweck.
Diese Tendenz kann man in allen menschlichen Gemeinschaften beobachten, ob sie ›fortschrittlich‹ sind, wie wir das nennen, oder nicht. In zivilisierten Gesellschaften ist sie ebenso allgegenwärtig wie in den primitiven, nur die Manifestationen sind verschieden.
Es gilt die folgende Regel:
Etwas, was einmal eine Funktion hatte, bekommt dadurch einen Wert in sich selbst; ob das die Übung einer Lehre ist, die zum Ritual wird, ein einzelner Arbeiter, der zum Idol wird, oder ein Werkzeug, das zum Totem wird.

Wer immer diese Tendenz unterstützt, wird auch Anhänger finden, denn diese Verzerrung ist schon überall in der menschlichen Umgebung präsent, und weitere Ableitungen nach diesem Muster werden ›richtig‹ erscheinen.
Andererseits sind die Begriffe von Mittel und Zweck, das Wissen, daß man oft den Wald vor lauter Bäumen nicht sieht, und ähnliche Formen der Verwirrung so weit verbreitet, daß es immer Leute geben wird, die verstehen, wie wichtig es ist, in diesen Dingen geradlinig zu denken. Sie beachten, daß man den Behälter vom Inhalt unterscheiden und andere Manifestationen ähnlicher Art klar trennen muß, so zum Beispiel die Metamorphosen von der Made zur Puppe und zum Schmetterling.
Die Mittel und das Ziel sind nicht dasselbe. Es gibt Studiengänge, Kurse und Techniken, mit deren Hilfe man zu unterscheiden und wahrzunehmen lernt, was Mittel und was Zweck ist, und wie man dieses Wissen nutzt.
Denken Sie an Omar Khayyams Worte:
›Die Tempel und die Kaaba in Mekka sind Gebetshäuser / das Glockenläuten ist der Klang der Anbetung / Gürtel und Kirche und Rosenkranz und Kreuz / alle sind Zeichen der Frömmigkeit.‹
Die Tendenz, ein Werkzeug in ein Totem zu verwandeln, ist dort besonders ausgeprägt, wo Leute Theorien, Gesetze und Regeln verallgemeinern und aus Situationen ableiten wollen, die eine größere Flexibilität erfordern, als sie mit ein oder zwei Alternativen gegeben ist.

Sorgen und Wehgeschrei

F: Wenn man in bezug auf etwas sehr starke Emotionen hat, ist es dann nicht richtig, dies an andere weiterzugeben, um sie ›aufzurütteln‹, und Leute, die ähnliche Interessen haben, zu Gruppen zusammenzuschließen?

A: All das mag richtig oder falsch sein, je nachdem, worum es sich handelt und wer die Leute sind, die sich damit befassen. Meiner Meinung nach geht das schon aus der Frage selbst hervor. Sie brauchen sich nur umzusehen, um festzustellen, wieviel Verwirrung und Unheil Leute stiften, die aus einem inneren Drang heraus herumrennen und andere in Angst und Unruhe versetzen, was sie mit Sorgen belädt und sie zuletzt lähmt. Denn Sorgen und Wehgeschrei sind kein Ersatz für Wissen und Handeln. Glücklicherweise ist dieses Verhalten ›aufgeschreckter Hühner‹ so verbreitet, daß wir fast täglich beobachten können, wie widerwärtig und oft zerstörerisch es ist. Dadurch können wir solchen Menschen leichter aus dem Weg gehen.
Interessanterweise hat man nicht immer gedacht, daß Agitation und die Mobilisierung von Anhängern die richtigen Antworten auf Probleme seien. Man meinte sogar, daß man einen Gewinn davontragen könnte, wenn man ein Problem mit sich selbst ausmacht, statt es immer mit anderen zu teilen.
Wir können auch über die Worte des *Anwar-i-Suhaili*, »Die Lichter des Canopus« nachdenken, wo es heißt:

> Die Nachtigall, die die Dornen nicht ertragen kann,
> sollte besser niemals von der Rose sprechen.

Vor allem glaube ich, daß es ein Bedürfnis gibt zu wissen, *ob* man recht hat, ebenso wie den Drang zu glauben, *daß* man

recht hat und daß man andere davon überzeugen muß. Auch die erstere Haltung ist wichtig, aber die letztere ist den meisten Leuten wohl vertrauter.
›Besorgte‹ Leute können recht haben, aber vielleicht befriedigen sie auch nur persönliche Bedürfnisse. Andere Menschen dazu zu bewegen, diese Bedürfnisse zu teilen, mag zulässig sein, aber in meinen Augen nur dann, wenn sie als Bedürfnisse erkannt und nicht als Notwendigkeiten hingestellt werden. Wenn letzteres der Fall ist, aber nicht der Wahrheit entspricht, haben wir Täuschung und Selbsttäuschung zugleich. Kann das gut sein?

Der Mann aus Stroh

Saadi erzählt in seinem *Bostan*: ›Ein weiser Jüngling aus einem geachteten Land / gesellte sich zu einer Gruppe von Leuten in Darband.‹ Er war ein Mensch von ›Vortrefflichkeit, Klugheit und Urteilskraft‹, und die Leute empfingen ihn wohlwollend.
Eines Tages sagte das Oberhaupt der Frommen zu ihm: ›Geh und entferne den Unrat aus der Moschee!‹
Der Jüngling ging hinaus und verschwand. Als er am nächsten Tag wieder auftauchte, beschuldigte man ihn, er habe keine Achtung vor dem Dienen und sei selbstsüchtig, denn er habe die Moschee nicht gereinigt:
›Weißt du nicht, du selbstsüchtiger Knabe, daß die Menschen es durch das Dienen zu etwas bringen?‹
Nun hatten aber diese Leute angenommen, er sähe, was sie auch sahen – den Staub in der Moschee. Aber er war nicht so oberflächlich wie sie:
›Er begann zu weinen und brannte dabei vor Aufrichtigkeit: ‚Ich sah weder Staub noch Schmutz in diesem Gebäude ... ich ging weg, damit kein Stroh in der Moschee wäre.‘‹
Dieser Mann dachte, er selbst beschmutze die Moschee, während die anderen nur ihr Geschrei über den Staub und

ihre Sorge um das Oberflächliche im Sinn hatten: Auch wenn kein Staub in der Moschee wäre, sollte sie gereinigt werden. Saadi fährt fort:

Nur das ist der Pfad des Derwischs,
Daß er seine Person erniedrigt.
Willst du vortrefflich sein, wähle die Demut!
Denn zu diesem Dach ist das die einzige Leiter.

Die letzte Zeile enthält ein Wortspiel und kann im Persischen auch folgendermaßen gelesen werden: ›Zu diesem Himmel gibt es nur diesen Zutritt ...‹
Leider haben sich die Menschen seit Saadi nicht sehr geändert. Der folgende Satz stammt aus einem Brief, den mir ein Mann geschrieben hat, der für seine spirituellen Tugenden bekannt ist: ›Früher war ich stolz und eitel. Seit ich begonnen habe, mich mit östlichen Weisheitslehren zu beschäftigen, bin ich so demütig geworden, daß Sie es kaum glauben würden.‹

Gebrauch, Mißbrauch und Vernachlässigung verschiedener Formen des Lernens

F: Wie erklären Sie, daß die Leute mit Hilfe so unterschiedlicher Formen versucht haben zu lehren? Da die Menschen an diese Formen glauben und davon überzeugt sind, daß sie Fakten wahrheitsgetreu wiedergeben, können sie durch diese Formen auch zur Wahrheit gelangen. Aber stimmt es, daß einige gültig sind und andere nicht, wie die Vertreter der Sufi-Schulen behaupten? Wenn ganz bestimmte Formen des Lernens zur Wahrheit führen, sind dann alle anderen falsch?

A: Ich habe diese Frage, oder besser, dieses Bündel von Fragen, bestimmt schon ein paar hundertmal beantwortet, mündlich ebenso wie schriftlich, auch in Büchern und Zitaten!
Die Tatsache, daß solche Fragen immer aufs neue gestellt werden, veranschaulicht in eindrucksvoller Weise die Mentalität der Frager: Wenigstens einige von ihnen stellen Fragen auch dann noch, wenn sie in gut zugänglicher Form bereits unzählige Male beantwortet worden sind.
Das bedeutet vielleicht, daß man diese Fragen immer wieder beantworten muß, bis die Antworten wirklich durchdringen. Also noch einmal. Die Antworten lauten:

1. Die Wahrheit hat keine Form.
2. Die Wege, auf denen Menschen zur Wahrheit gelangen können, haben Formen.
3. Alle Formen sind begrenzt. Einige dieser Grenzen werden von Zeit, Ort, Kultur und Sprache gesetzt.
4. Unterschiedliche Formen können durchaus nebeneinander bestehen, aus den oben genannten Gründen.
5. Die Formen haben sich im Laufe der Jahrhunderte verändert, ebenso wie die äußere Welt, zu der alle Formen gehören.
6. Wenn die Menschen glauben, daß die Form wichtiger ist als die Wahrheit, werden sie die Wahrheit nicht finden, sondern in das Problem der Form verstrickt bleiben.
7. Formen sind Mittel und Instrumente, und man kann Mittel und Instrumente nicht ohne ihren Kontext zu kennen, gut oder schlecht nennen.
8. Formen überleben die Dauer ihrer Nützlichkeit; ihr Wert kann steigen oder fallen.
9. Diese Aussagen sind in den Schriften von Sufi-Lehrern überall zu finden. Sie wurden niedergeschrieben, damit man sie liest und beherzigt. Anderswo werden sie selten

so präzis formuliert und so stark betont. Daher haben Leute, die den Sufi-Materialien nicht genügend Zeit und Energie gewidmet haben, diese Antworten vielleicht nicht recht zur Kenntnis genommen.

Zur äußeren Form der Dinge dieser Welt, von der die Sufis so oft sprechen, gehören auch die Formen des Lehrens. Man muß sie in ihrer inneren Bedeutung verstehen und darf sie nicht nur als Träger einer instrumentellen Funktion betrachten. Nasir-i-Khusru hat zu Recht gesagt:

> Dein Schatztaucher hat dir nur salzigen Lehm gebracht,
> Denn er hat bei dir nur Neid gesehen.
> Suche vom Äußeren aus die Bedeutung, wie ein Mensch:
> Sei nicht wie ein Esel, der sich mit dem Lärm zufriedengibt.

Die Katze mit dem Universitätsabschluß

Im Februar 1975 stellte man an der Universität von Surrey einen prächtigen gelben Kater namens Orlando als Kandidaten auf, als der Vorsitzende der Studentenvertretung neu gewählt werden sollte. Daß der Kater tatsächlich ein Student war, wurde dadurch bewiesen, daß er ein naturwissenschaftliches Diplom hatte. Er wird zweifellos noch einen höheren akademischen Grad erreichen. Diese Zeitungsstory hätte in früheren Zeiten ohne weiteres ein Sufi erfinden können, um das Studium an den Universitäten und die Zeitverhältnisse zu kommentieren...

F: Welchen Wert haben spirituelle Übungen?

A: Hier habe ich eine Geschichte für Sie:

Das Schachspiel

Ein Bauer lernte einmal das Schachspiel. Er geriet in einige Verwirrung, weil die Figur, die man normalerweise ›Turm‹ nennt, manchmal als Elefant, manchmal als Turm, manchmal als Krähe usw. bezeichnet wurde.
Schließlich hatte er den Gebrauch all der Namen begriffen, und das Spiel konnte beginnen.
Schon nach ein paar Zügen schlug der Lehrer einen der Türme des Bauern. Dieser packte ihn zornentbrannt und zerstampfte ihn. Dabei schrie er: ›Ja, an Namen und Schachzügen fehlt es dir nicht, aber wenn es um Taten geht, bist du zu nichts nütze!‹
Man kann bei allem fragen, zu was es denn nütze sei.
Der Wert spiritueller Übungen ist, denen zu nützen, denen sie nützen können. Das menschliche Interesse sollte darauf ausgerichtet sein, die rechte Grundlage für die Übungen zu schaffen, und nicht die Übungen selbst für das Wesentliche zu halten. Die Übung ist da, und das Bedürfnis ist da. Wie ist es um das Individuum bestellt?
Saadi sagt im *Rosengarten*:

> Das Heiligtum liegt vor dir, und der Dieb ist hinter dir: Wenn du gehst, gewinnst du, wenn du schläfst, stirbst du.

Wenn Sie spirituelle Übungen durchführen, solange Sie noch nicht fähig sind, sie von emotionalen Aktivitäten zu unterscheiden, werden Sie lediglich Ihr Gefühlsleben bereichern. Deshalb werden die Übungen in echten Schulen immer persönlich und nicht allen zugleich verordnet, wie in den ›Zirkussystemen‹ der Kulte, die die Sufis nur nachahmen.

Vielleicht prägt sich das am besten ein, wenn man an die Geschichte von dem dicken Mann denkt, der eine gewaltige Mahlzeit zu sich nahm. Jemand fragte ihn: ›Machst du nicht gerade eine Diät?‹ Er antwortete: ›Doch, aber das Diätprogramm für heute ist schon vorbei. Das hier ist mein Abendessen.‹

Die Konditionierung kann so umfassend sein, daß sie sogar Systeme vereinnahmt, die ursprünglich flexibel und individuell waren. Dabei werden sie so verallgemeinert, daß man sie kaum noch wiedererkennt, aber leider bleiben sie trotzdem populär.

Das illustriert auch ein eher alberner Witz, der aber doch ein Stück einer gefährlichen Wahrheit widerspiegelt:

Weißt du, was ich bin?

Ein wandernder Derwisch setzte sich neben eine struppige Gestalt am Wegrand, die bald zu reden begann:

›Ich kann nicht beten, ich kann die Sufi-Klassiker nicht verstehen, ich mag keine esoterischen Übungen...‹

›Dann laß das alles sein...‹, riet ihm der Derwisch.

›Aber wie soll ich das denn tun? Ich bin ein berühmter Sufi-Lehrer in dieser Gegend...‹

Konditionierung und Erziehung

F: Sie sind anscheinend der Meinung, daß die Menschen in vielen Institutionen in einer Weise unterrichtet werden, die man Konditionierung oder Gehirnwäsche nennt. Wenn aber die Psychologen entdeckt haben, daß alle Menschen auf diese Weise lernen, was kann man dann dagegen unternehmen und was ist daran verkehrt?

A: Die Menschen sind zweifellos konditioniert. Die Meinungen und Überzeugungen, die sie als die ihren ausgeben, sind oft gar nicht ihre eigenen, sondern wurden ihnen von anderen Leuten und von Institutionen eingepflanzt. Darauf hat, unter anderen, der Sufi Al-Ghazzali schon vor fast 1000 Jahren hingewiesen. Aber die Annahme, daß alle menschliche Erziehung, Ausbildung und Entwicklung nur mit Hilfe dieser Methode funktioniert, ist ebenso abwegig wie z. B. die Vorstellung, daß eine Tomate, die man *auch* künstlich zur Reife bringen kann, auf keinem anderen Weg reif werden könne.

Konditionierung ist notwendig, aber sie kann nur bestimmte Zwecke erfüllen.

Andere Zwecke verlangen andere Verfahren.

Im *Anwar-i-Suhaili* steht:

> Die Welt ist ein Berg und unsere Handlungen sind ein Ruf.
> Das Echo des Rufes kommt zu uns zurück.
> Selbst wenn die Wand einen langen Schatten wirft,
> so reicht doch der Schatten selbst bis an die Wand zurück.

Im Sufismus lernt man sozusagen durch Ernährung, im Sinne der Antwort Tustaris auf die Frage: ›Was ist Nahrung?‹

›Nahrung ist die Betrachtung des Lebendigen Einen.‹
Ibn Arabi und andere betrachten die Gemeinschaft der Erleuchteten als ›organisch‹, aber diese Organisation ist viel subtiler und effektiver als die, die wir zuerst betrachtet haben. Das sekundäre Selbst behindert das Lernen und es wird konditioniert, wenn man es nicht ›poliert‹. Dieser Fachausdruck vergleicht das Selbst mit einem Spiegel, auf dem sich Staub abgesetzt hat, und spielt eine große Rolle bei Ibn Arabi (in seinem *Fusus*) sowie bei den klassischen und zeitgenössischen Vertretern des Sufismus.

Die Suche nach einem redlichen Menschen

Für alle Lehrmaterialien, die ursprünglich verwendet wurden, um die Aufmerksamkeit bestimmter Leute in eine bestimmte Richtung zu lenken, kommt eine Zeit, in der man sie zum ›Evangelium‹ erklärt oder derart vereinfacht, daß sie jeden Wert einbüßen und nur noch ganz oberflächlich verstanden werden.
Ein Beispiel dafür ist die derzeit geläufige Interpretation der Geschichte von Diogenes, der am hellichten Tage mit einer Laterne nach einem redlichen Menschen suchte.
Die Leute meinen, er habe das getan, um zu zeigen, wie selten redliche Menschen sind. In Wirklichkeit kann man dieses Vorgehen als Beispiel dafür ansehen, daß jemand offenkundig versucht, die Aufmerksamkeit auf das Problem als solches zu lenken. Es ging Diogenes nicht nur um die Seltenheit redlicher Menschen, sondern um die Frage, ob, wie und wo man sie finden kann. Die Zweideutigkeit der Interpretation wird nur sichtbar, wenn der Studierende nicht beiden Deutungen gleichen Wert zumißt.

Diogenes, der 323 v. Chr. starb, ist als Gründer der kynischen Schule bekannt. Der Inhalt ihrer Lehre war, daß Liebe zu den ›Dingen dieser Welt‹ Versklavung bedeutet. Heutige Zyniker sind ironischerweise nur noch Anhänger des Zynismus.

Dem Streben nach Redlichkeit muß ein Urbild zugrunde liegen, das jenseits der gegenwärtigen Unredlichkeit der Menschen angesiedelt ist. Von Saadi stammt das folgende Gebet:

›Handle an mir, wie es deiner würdig ist,
Nicht wie es meiner würdig ist.‹

Das unmittelbare Wirken der Lehren ist etwas ganz anderes, als ihre Beschreibung. Die Lehre muß daher immer lebendig und flexibel bleiben, sonst geht es uns wie mit dem ›geheimen Kraut‹, das ich in einem Vortrag in Genf* erwähnt habe.

Redlichkeit ist natürlich nicht leicht. Denn wahre Redlichkeit fällt nur dann nicht schwer, wenn sie Ausdruck einer inneren Wirklichkeit und nicht Pflicht oder Mühe ist. Aber man kann bestimmte Prinzipien nennen, die das Verhalten redlicher Männer oder Frauen veranschaulichen.

Die Geschichte von Hatim

Als Hatim al-Asamm aus Balkh (im heutigen Afghanistan) nach Bagdad kam, sammelten sich Leute um ihn und sagten:

›Du bist kein Araber, deine Rede ist stockend und doch bringst du jedermann zum Schweigen.‹

Er antwortete: ›Drei Dinge sorgen dafür, daß ich meinen Gegner besiege. Ich freue mich, wenn er recht hat, ich bin traurig, wenn er unrecht hat und ich versuche, mich ihm gegenüber nicht töricht zu benehmen.‹

* Idries Shah, *The Elephant in the Dark* (Geneva University Lectures), London: Octagon 1974. Die Geschichte steht auf S. 69.

Ibn Hanbal fragte Hatim, was die Menschheit vor der Welt retten könnte. Er antwortete:
›Beachte diese vier Regeln: Akzeptiere die Unwissenheit anderer und erspare ihnen die deine; gib ihnen von deiner Substanz und erwarte keinen Anteil an der ihren.‹
Die Pose der Redlichkeit ist nicht dasselbe wie Redlichkeit, wie jedermann weiß. Aber wie viele Leute wissen, ob sie redlich sind oder nur so tun, als seien sie redlich?
Ein kurzer Dialog soll diese wichtige Frage verdeutlichen. Man hat ihn zwei Irren in den Mund gelegt, was aber nicht heißen soll, daß Ähnliches nicht auch zwischen uns herrlich normalen Menschen stattfinden könnte:
Der erste Irre, ein religiöser Schwärmer, behauptete: ›Gott hat zu mir gesprochen!‹
Der zweite Irre erwiderte: ›Das habe ich nicht getan!‹

Wie kann eine Methode ebenso gut sein wie eine andere?

F: Sie haben gesagt, daß eine Person oder eine Gruppe mehrere ganz verschiedene Techniken anwenden kann, um dasselbe Ziel zu erreichen. Das interessiert mich sehr. Aber wie kann eine Methode ebenso gut sein wie eine andere?

A: Wenn ein Haus brennt, kann man zwei Leitern an ein einziges Fenster anlehnen. Beide reichen bis zum Boden. Wenn sie unterschiedlich gestrichen sind, kann man vielleicht übersehen, daß es Leitern sind.

F: Aber woher wissen wir, daß *beides* Leitern sind?

A: Sie wissen das, wenn Sie gelernt haben, eine Leiter zu erkennen, wenn Sie eine sehen.

F: Aber wie macht man das?

A: Indem man sich mit Leitern vertraut macht.

F: Und sie hinaufklettert?

A: Während Sie damit beschäftigt sind, sich mit Leitern vertraut zu machen, klettern Sie ruhig auch darauf herum.

F: Aber einige Leute bestehen darauf, daß es nur eine Leiter gibt: ihre eigene.

A: Sie haben recht, solange sie das nur sagen, um die Aufmerksamkeit auf eine bestimmte Leiter als Rettungsweg aus dem brennenden Haus zu lenken. Wenn es klappt, ist sie tatsächlich die einzig richtige. Für praktische Zwecke stimmt das.

F: Haben sie noch unter anderen Umständen recht?

A: Selten. Um wirklich recht zu haben, dürften sie nicht sagen: ›Es gibt nur diese Leiter‹, sondern sie müßten sagen: ›Sehen Sie sich all diese Leitern an. Sie können – vielleicht – ihren Zweck erfüllen. Für Sie und mich ist jedoch diese Leiter bestimmt.‹ Wenn man das nicht sagt, zeigt es, daß man unwissend ist.
Anmerkung: Aber sie haben wenig Zeit.
Kommentar: Alle haben wenig Zeit.

F: Sind manche Leitern zu kurz?

A: Es gibt Leitern aller Art: neue, alte, morsche, kurze, lange, blaue, grüne, wackelige, stabile, solche, die zur Hand sind, und solche, die anderswo gebraucht werden und noch viele andere Sorten.

F: Was soll man mit all dem anfangen?

A: Versuchen Sie sich vorzustellen, daß das Haus brennt. Wenn Sie das können, ohne sich von dem Gedanken verfolgen und ängstigen zu lassen, und wenn Sie nicht dadurch beeinflußt werden, daß Sie bei dieser Vorstellung verweilen, kommen Sie vielleicht ins Freie. Aber solange Sie von Hoffnung oder Furcht erfüllt sind, von Gefühlen oder dem Wunsch nach gesellschaftlichem Leben, persönlichem Erfolg oder auch nur Anerkennung, werden Sie keine Leiter benützen können. Vielleicht könnten Sie nicht einmal eine Leiter erkennen. Sie sollten daher Ihre Zeit in Kreisen verbringen, die solche Tendenzen willkommen heißen. Es gibt sie ja in Hülle und Fülle.
Die Menschen lernen durch Methoden, die der Art und der Intensität ihres Strebens entsprechen. Das ist der Kernsatz der Sufis. Im *Anwar-i-Suhaili* steht:

> Niemand fand den Weg nach oben
> Bevor er die Stufe des Strebens gefunden hatte.
> Trachte nach der Bühne, wenn du zum Mond hinaufsteigen willst,
> Keiner trinkt Regentropfen aus einer Quelle.

Ebenso gibt es natürlich viele Menschen, die etwas zu einer bestimmten Zeit nicht lernen können, weil sie irgendeine andere Erwartung haben und innerlich mit etwas anderem beschäftigt sind, wahrscheinlich mit ihren Gefühlen. Denken Sie über die folgende Zeitungsnotiz nach:
»Über 3000 Gläubige flüchteten am Samstag abend in panischem Schrecken aus der berühmten Wallfahrtskirche Madonna del Rosario in Pompeji, als eine Flasche Coca Cola explodierte.«*

* *Daily Telegraph* (London), Montag, 9. Mai 1977, S. 6, Spalte 8.

6

Dreiundzwanzig Lehrsätze

F: Könnten Sie mir vielleicht einige Aphorismen oder Maximen sagen, die ich aufschreiben und studieren kann und die mich auf dem Sufi-Pfad weiterführen?

A: Wenn Sie in der Alltagswelt nicht lebensfähig sind, werden Sie es auch sonst nirgends sein. Wenn Sie nur schwer zu anderen Menschen Kontakt finden, können wir Ihnen nicht eine Gemeinschaft als Ersatz anbieten, in der ›wir uns alle gut verstehen‹. Das sind Spielereien, auch wenn manche Leute so etwas für das wirkliche Leben halten.

*

Wenn Sie daran gewöhnt sind, in der Alltagswelt von sozialem, psychischem oder sonstigem Streß getrieben und in Bewegung gehalten zu werden, existieren Sie in gewissem Sinne gar nicht. Die Leute, die in der meist streßfreien Derwischatmosphäre erschlaffen und zusammenbrechen, belästigen nur die anderen oder versuchen, Aufmerksamkeit zu erregen. Sie fallen seelisch auseinander, und man kann ihnen nicht helfen.

*

Versuchen Sie, sich den folgenden Gedanken einzuprägen: Viele Leute bilden sich ein, daß sie zu uns gehören, weil sie körperlich anwesend sind oder weil sie nach landläufigen Kriterien (Gefühle der Loyalität, Einfluß von Gedankengut) offensichtlich dazugehören. Ein Großteil von ihnen ist aber keineswegs in wirksamer Weise anwesend. Wenn Sie zu diesen Leuten gehören, können wir nichts für Sie tun. Wenn Sie eher ein gewöhnlicher Mensch sind, wenn Sie also nur ›hier‹ sein wollen, um sich einfach eine Zeitlang zu vergnügen, aber nicht grundsätzlich so leben, dann können wir vielleicht ein Stück weiterkommen.

*

Bedenken Sie, daß die Menschen in so hohem Maße Normen gehorchen, daß ein außenstehender Betrachter, der ihre Reaktionen auf verschiedene Reize beobachtet, nicht zwangsläufig darauf schließen müßte, daß jeder Mensch ein eigenes Gehirn hat, das ihn lenkt. Vielmehr würde er wahrscheinlich die Existenz eines getrennten, außen angesiedelten Gehirns vermuten, dessen Willen die Menschen marionettenhaft erfüllen.

*

Achten Sie einmal darauf, daß praktisch alle Organisationen, die Sie kennen, hauptsächlich an Ihre Begierden appellieren. Sie wirken verlockend, weil das, was sie sagen oder tun, Ihre Begierden zu befriedigen verspricht. Das wird lediglich durch die Präsentationsform verschleiert. Wenn Sie aufhören, ihren Worten zu lauschen und statt dessen auf die Wirkung schauen, merken Sie das sehr bald.

*

Bedenken Sie, daß auch die Gier, nicht gierig zu sein, Gier ist. Wenn also jemand sagt: ›Sei nicht gierig, sei freigebig‹, dann können Sie das im stillen so interpretieren, daß daraus eine Gier nach Freigebigkeit entsteht. Und das ist immer noch Gier.

*

Es gibt ein paar Dinge, die Sie für sich allein machen müssen. Dazu gehört auch, daß Sie sich mit dem Studienmaterial vertraut machen müssen, das man Ihnen gibt. Sie können das nur dann wirklich tun – und dadurch echte Qualitäten entwickeln –, wenn Sie dem Verlangen nach sofortiger Bedürfnisbefriedigung widerstehen lernen.

*

Mit wenigen Ausnahmen haben es alle Mitglieder heutiger Gesellschaften nötig, von einer primitiven zu einer höheren Stufe der Moral aufzusteigen. Die primitive Moral verspricht Ihnen wie einem Kind, daß Redlichkeit Sie glücklich und erfolgreich machen und Sie zu höheren Dingen führen wird. Lassen Sie mich klarstellen, daß Redlichkeit eine unentbehrliche Voraussetzung, ein Instrument, ist und nicht als selten erreichtes, gefühlsbeladenes Ideal vergöttert werden sollte.

*

Sufis haben ihre eigenen Methoden, um ungeeignete Leute abzuschrecken. Sie kennen vielleicht nur ein oder zwei Möglichkeiten. Beachten Sie z. B. die Techniken der Abschreckung, die die Leute dazu bringen, sich selbst für Unwürdige zu halten.

*

Was Ihnen attraktiv erscheint oder was Ihnen sogar vorkommt, als hätten wir es eigens ersonnen, um auf Sie anziehend zu wirken, ist vielleicht ganz und gar nicht so gemeint. Das, was Sie oder andere an uns anziehend finden, ist manchmal gerade das, was wir als ein Werkzeug betrachten, mit dessen Hilfe wir Sie (oder andere) als ungeeignet ausschließen können.

*

Man kann auf eine sehr wirksame, subtile und hilfreiche Weise geben oder verweigern, die jene Leute gar nicht bemerken, die meinen, daß Geben oder Verweigern stets mit einer äußerlichen Würdigung verbunden seien. Solange Sie nach einem Zeichen des Wohlwollens oder der ›Beförderung‹ Ausschau halten, haben Sie keines verdient. Das müssen Sie klar sehen. Der Fortschritt stellt sich mit zunehmender Lernfähigkeit ein und kann nicht verhindert werden. Niemand kann Ihnen den Weg zur Erkenntnis verstellen, wenn Sie die nötige Reife erlangt haben.

*

Alles und jedes kann Ihnen den Weg zur Erkenntnis verstellen, wenn Sie die nötige Reife noch nicht erlangt haben.

*

Wenn Sie auch nur eine halbe Stunde mit einer Quelle der Erkenntnis in unmittelbaren Kontakt treten (ganz gleich, aus welchem Anlaß und zu welchem Zweck), so können Sie dabei mehr lernen als in Jahren pflichtschuldiger Bemühungen.

*

Sie können lernen und ein latentes Wissen erwerben, das sich erst später voll entfaltet. Doch diejenigen, die sofortige Aufmerksamkeit verlangen, wollen das nicht.

*

Die Aufgabe des Lehrers besteht darin, die Talente des Schülers zu fördern, ihm die Inhalte zur rechten Zeit bereitzustellen und ihn zum Fortschritt anzuleiten. Sie besteht jedoch nicht darin, Eindruck zu machen und als Verkörperung von Tugendhaftigkeit, Macht, Bedeutung, Allwissenheit und Erkenntnis oder derlei zu gelten.

*

Systematisches Studieren und diszipliniertes Verhalten sind dann wertvoll, wenn sie einen Nutzen haben. Wenn nicht, können sie Gift sein.

*

Diejenigen, die von Studienmaterialien oder Personen vor allem Einheitlichkeit erwarten, suchen Systematik an Stellen, wo sie nicht angebracht ist. Das tun Kinder oder Wilde, wenn sie nach einem Wissen verlangen, das ›alles‹ erklären oder ermöglichen soll. Einheitlichkeit bieten hingegen jene Leute, die es als ihre Aufgabe ansehen, Trost und Zuversicht zu spenden.

*

Wenn Sie Erleuchtung und Erkenntnis suchen, in Wirklichkeit aber Information oder Erholung von belastendem Streß brauchen, werden Sie weder das eine noch das andere finden. Wenn Sie wissen, was Sie wollen, dann sollten Sie sich aufmachen und es sich holen.

*

Wenn Sie die Gewohnheit, über Dinge zu urteilen, in Bereiche hineintragen, wo sie fehl am Platze ist, werden Sie auf eine Weise urteilen, die Ihren Bedürfnissen nicht gerecht wird.

*

Man kann auf einer höheren Ebene nicht ausschließlich mit den Begriffen, der Sprache und den Erfahrungen niederer Ebenen arbeiten. Die Arbeit auf höheren Ebenen setzt sich aus einer Verbindung von Verhaltensweisen und Beziehungen zusammen.

*

Die höchste Absurdität, die Sie davon abhält, über die bereits erreichte Stufe hinaus zu wahrem Lernen zu gelangen, besteht darin, eine Sache für eine andere zu halten. Wenn Sie meinen, ein Buch sei ein belegtes Brot, versuchen Sie vielleicht, es aufzuessen und werden nicht lernen können, was das Buch Sie lehren könnte. Wenn Sie sich einbilden, Sie seien ›offen‹ oder würden ›an sich arbeiten‹ oder wollten ernstlich etwas lernen, während Sie in Wirklichkeit nur ein Gesellschaftsspiel spielen, werden Sie nichts lernen. Die Leute, die sich weigern, dieses Spiel mitzuspielen, werden Sie natürlich früher oder später verärgern, und Sie werden sich andere Lehrer suchen.

*

Es gibt zwei Arten von menschlichen Organisationen: solche, die die Sehnsüchte ihrer Mitglieder ausdrücken oder erfüllen sollen, und solche, die dazu da sind, etwas Notwendiges zu beschaffen. Wünsche und Bedürfnisse sind nicht dasselbe. Der Unterschied liegt im Kenntnisstand. Wenn die Leute wissen, was sie brauchen, werden sie nicht länger Wünsche mit Bedürfnissen verwechseln.

*

Wenn Sie den Unterschied zwischen Meinungen und Tatsachen noch nicht kennen, können Sie ihn an Tages- und Wochenzeitungen studieren.

7
Studium Generale

Lernen und Nichtlernen

F: Wie kommt es, daß so viele Leute so viel lesen und sich dadurch doch nicht ändern? Können die Leute Sufi-Lehren nicht durch das geschriebene Wort aufnehmen?

A: Um eine Sache zu lernen, muß man oft viele Male mit ihr konfrontiert werden, vielleicht auch aus verschiedenen Perspektiven, und man muß ihr die Art von Aufmerksamkeit widmen, die einem das Lernen ermöglicht.
Unserer Erfahrung nach gibt es einen gemeinsamen Grund dafür, daß die Leute weder aus Sufi-Büchern, noch aus anderer Lektüre etwas lernen: sie lesen selektiv.
Sie werden sich nur an die Dinge erinnern, die sie emotional berühren, die ihnen gefallen oder die sie fesseln, und sich nur in diese weiter hineinvertiefen.
Diese Dinge sind aber äußerst selten das, was die Leute wirklich brauchen. Eine unausgeglichene Haltung den Dingen gegenüber erfordert doch zuerst einmal, daß die Leute selbst eine gewisse Ausgeglichenheit erreichen. Das ist das Problem, von dem Sie sprechen.
Viele Kulturen schätzen vor allem Sensationen, weil sie die Menschen unmittelbar ansprechen. Jede Neuigkeit verpakken sie in publikumswirksame Formen. Sie lieben und fördern alles Bunte und Grelle. Es ist naheliegend, daß sie wohl kaum Menschen hervorbringen werden, denen der Sinn

nach etwas anderem steht. Aber diese Haltung wird immer wieder dieselben Persönlichkeiten und Einstellungen erzeugen, die sie ursprünglich hervorgebracht haben.
Wenn Sie eine Schokoladentorte haben, die mit 16 Kirschen verziert ist, und die Kirschen allein hinunterschlingen, weil Sie sie gerne essen, und wenn Sie dann auch noch wissen wollen, warum Sie die Torte nicht gegessen haben – was sind Sie dann? Und wenn ich es Ihnen sagen würde, fänden Sie mich dann sympathisch?
Das ist die Barriere, die man überwinden muß. Um hinüberzukommen, muß man sie in ihrer konkreten Auswirkung wahrnehmen. Man muß beschließen, sie zu überwinden, und anfangen, umfassend zu studieren, statt nur zu behaupten, man sei Schüler, und sich dann zu wundern, warum man nichts gelernt hat.

Entdecke den Stollen im Berg

Das Lesen verändert die Menschen nicht, wenn sie nicht bereit sind, sich zu ändern. Rumi hat gesagt: ›Du hast den Berg gesehen, aber du hast den Stollen im Berg nicht gesehen.‹
Die bloße Tatsache, daß man ein Buch zur Hand hat, bedeutet selbst dann, wenn es ein sehr kostbares Werk ist, nicht unbedingt, daß man zu irgendeiner Zeit in der rechten Weise daraus lernen kann. Vielleicht sollte man es nicht einmal versuchen. Der Sufi Sadruddin sagte in seinem *Testament*: »Gestattet es in Zukunft nicht jedermann, aus den Schriften von Ibn Arabi oder aus den meinen zu lernen, denn dieses Tor ist dem Großteil der Menschheit verschlossen.«*
Das ist so, weil Lehrer vielleicht keine Bücher mehr brauchen. Aber sie können ihren Schülern Bücher geben. Die

* Katib Chelebi: *The Balance of Truth*, üb. G. L. Lewis, London: Allen & Unwin, 1957.

Schüler sind zwar noch unwissend, aber vielleicht dennoch außerstande, aus ihnen zu lernen, wenn sie so ziellos in Büchern herumstudieren, wie sie es gewöhnlich tun.
Sogar die selbsternannten ›Spezialisten‹, darunter auch Gelehrte, können die verschiedenen Ebenen und Zusammenhänge der Sufitexte nicht richtig übersetzen. Es gibt Hinweise darauf, daß viele von diesen Leuten die vielfältigen Dimensionen und die alternativen Lesarten der klassischen Literatur überhaupt nicht bemerken. Einige haben sogar zugegeben, daß sie dazu nicht in der Lage waren.* Charakteristischerweise hören sie anscheinend weder auf weiterzuübersetzen, noch erweitern sie ihre Kenntnisse der Sufi-Texte.
Der Umgang der Sufis mit dem Werk von Hafiz ist ganz anders als der gewöhnlicher Übersetzer oder Leser.** An anderer Stelle habe ich darauf hingewiesen***, daß das große klassische Sufi-Werk *Mathnawi* von Rumi schon oft übersetzt und viele tausend Male zitiert wurde. Trotzdem gibt es kaum eine korrekte Übertragung des ersten Zweizeilers.
Wir können Hunderte von Beispielen anführen. Schlagen wir einfach einmal den *Gulistan*, den ›Rosengarten‹ von Saadi auf, betrachten einen Ausschnitt und schauen, was dort steht. Hier ist ein Zitat, das auf persisch lautet:
Kasani ki yazdan-parasti kunand / Bi-awazi dulab masti kunand.
Eine englische Übersetzung gibt die Bedeutung ganz wörtlich wieder:
Those who are God-worshippers
Become drunken (even) at the sound of a water-wheel.
Diejenigen, die Gott verehren,

* s. L. F. Rushbrook Williams, *Sufi Studies East & West*, London: Octagon, und New York: E. P. Dutton Inc., 1973 und 1974.
** s. »Färbe deinen Gebetsteppich mit Wein« in diesem Buch, S. 182.
*** In meinem Buch »The Sufis«, London und New York: Doubleday & Co. Inc. und Octagon. (Dt. »Die Sufis«, Eugen Diederichs Verlag, Köln, Düsseldorf, 1976).

Werden (sogar) trunken vom Geräusch eines Wasserrades. Nun bedeutet das persische Wort *dulab* (Wasserrad) im übertragenen Sinn auch ›Täuschung‹.

Saadi sagt daher:

1. Menschen, die das Göttliche (yazdan) verehren, können selbst beim Geräusch eines Wasserrades in Verzückung geraten. Das kann in diesem Kontext bedeuten, daß sie entweder so konditioniert sind, und zwar so oberflächlich, daß jeder beliebige Reiz sie in einen Zustand versetzt, den sie für religiös halten, oder aber, daß einen Mystiker, der ganz auf Gott ausgerichtet ist, alles an das Göttliche erinnert.
2. Beide Arten von Menschen können in diesen (echten oder falschen Zustand) durch Täuschung hineinkommen.

Statt der einwandfrei richtigen, aber völlig verkürzten Übersetzung: ›Alles kann einen religiösen Menschen in Ekstase versetzen‹ ergibt sich also eine ganze Reihe von möglichen Bedeutungen, wenn wir die Wörter und ihre zusätzlichen Bedeutungen betrachten.

Dazu gehören folgende Interpretationen:

1. Fixierung auf das Göttliche kann dazu führen, daß man davon trunken wird, selbst durch das Geräusch eines unbelebten Apparates, der nicht die ›Absicht‹ hat, eine solche Reaktion hervorzurufen.
2. Menschen, die auf das Göttliche ausgerichtet sind, können der Trunkenheit anheimfallen (die eine echte mystische Erfahrung sein kann oder auch nicht), wenn sie ein rhythmisches Geräusch hören.
3. Rhythmische Bewegungen können bei religiösen Menschen echte mystische Erfahrungen auslösen.
4. Erfahrungen, die als mystisch gelten, können bei Menschen, die sich (auf richtige oder falsche Weise) in die Anbetung des Göttlichen vertieft haben, das Ergebnis von Täuschung(en) sein.

Diese Art der Vieldeutigkeit findet sich überall in der persischen Dichtung. Der Sufi braucht die Gabe, alle möglichen Bedeutungen gleichzeitig innerlich präsent zu haben. Erst dann kann er die ganze Vielfalt der möglichen Bedeutungen menschlicher Erfahrung überblicken, während gewöhnliche Menschen sie auf wenige reduzieren.

Einige Eigenheiten der Sufi-Literatur

F: In Ihrem Buch »Die Sufis« haben wir einige erhellende Ausführungen über Sufi-Literatur gefunden. Könnten Sie noch ein wenig mehr darüber sagen, um den Umgang damit zu erleichtern?

A: Nichts verrät schneller, wie oberflächlich und ahnungslos Schüler sind, als der Gebrauch, den sie von Literatur machen, wenn man ihnen früher allgemein verbreitete Texte zum Erarbeiten vorlegt.

Um es deutlich zu sagen, wollen wir darauf hinweisen, daß ›Gewohnheitsleser‹ und Akademiker Literatur auf eine Art studieren und schätzen, die bestenfalls an die äußerste Schale der Sufi-Literatur heranreicht.

Die Leute geben das nur höchst ungern zu, weil ein so großer Teil der Sufi-Literatur zum klassischen literarischen Erbe gehört. Sie denken, daß es genüge, sie unter den Gesichtspunkten ihres Ursprungs, ihrer Vielfalt, ihrer Eleganz, ihres sprachlichen Reichtums usw. zu studieren.

Wenn man behauptet, daß all diese hervorragenden Texte Elemente enthalten, die den selbsternannten Spezialisten entgehen, so riskiert man empörten Widerspruch. Das ist aber leider die Wahrheit, und wir müssen sie aussprechen. Sufi-Literatur wurde nicht für gewisse Pedanten, nicht für Orientalisten, ja nicht einmal für die heutige Generation geschrieben – ob es ihnen paßt oder nicht. Die äußere Schale ist für alle sichtbar. In den Genuß des inneren Kerns kommen nur diejenigen, die erstens wissen, was alles zur Schale gehört, und die zweitens wissen, wie man an den Kern herankommt.

Sufis machen von dieser Literatur ›instrumentellen‹ Gebrauch. Tätigkeiten wie das Auswendiglernen von einzelnen Abschnitten, das Auswählen bestimmter Passagen, die einen besonders ansprechen, das Vergleichen von mehreren Ausgaben und Manuskripten, die Suche nach emotionaler oder intellektueller Anregung liegen alle außerhalb des Bereiches des inneren funktionalen Wertes, den diese Literatur hat.

Freilich haben Meister wie Rumi diese Tatsache schon deutlich genug betont. Kein Mensch kümmert sich darum – alles studiert weiterhin Rumi. Das Ergebnis ist, daß sich die Leute die Lehre mitsamt ihrem ›Gegengift‹, den korrigierenden oder vorbeugenden Zusätzen, in die sie eingehüllt ist, einverleiben. Die einzige Wirkung ist eine kulturelle, in der anthropologischen Bedeutung des Wortes.

Vom Standpunkt der Sufis aus steht es den Leuten natürlich völlig frei, auf welcher Ebene sie ihre Wertschätzung ansiedeln wollen. Problematisch wird es erst, wenn sie andere lehren und Leute, die durchaus zu einem tieferen Verständnis kommen könnten, dazu anleiten, die Texte ebenso oberflächlich zu behandeln wie sie es tun.

Genau zu diesem Punkt haben wir etwas zu sagen, und in dieser Hinsicht gibt es noch viel zu tun.

Unserer Ansicht nach haben derart ausgebildete Individuen das Spektrum ihres Daseins eingeengt und ihre Wahrnehmungsfähigkeit (wie die Sufis sie verstehen) verkümmern lassen. Sie werden manchmal so konditioniert, daß sie nur auf bestimmte Reize reagieren, und sie entwickeln teilweise beängstigende Neigungen zum Dogmatismus oder zum rein akademischen Denken.

Im folgenden nenne ich einige Eigenheiten der Sufi-Literatur:

1. Manche Bücher und manche Abschnitte sollen in einer bestimmten Reihenfolge gelesen werden.
2. Manche Bücher und manche Abschnitte müssen in einer ganz spezifischen Umgebung gelesen werden.
3. Manche muß man laut, manche leise, manche allein, manche in Gesellschaft lesen.
4. Einige liefern nur Anschauungsmaterial oder haben andere Inhalte, die man allgemein als unwesentlich oder sekundär für den Text betrachtet.
5. Einige haben nur einen begrenzten Nutzen oder eine vorübergehende Funktion, weil sie an Adressaten an einem bestimmten Ort und mit einem bestimmten Entwicklungsstand gerichtet sind oder nur für eine beschränkte Zeit gelten sollen.
6. Einige Formen haben versteckte Bedeutungen. Daneben gibt es eine kohärente, aber irreführende Bedeutung an der Oberfläche. Das ist eine Sicherheitsmaßnahme gegen Pfuscher.
7. In manche Texte sind Passagen eingeflochten, die eigens den Zweck erfüllen sollen, diejenigen zu verwirren oder auf den falschen Weg zu führen, die nicht genügend vorbereitet sind. Das dient zu ihrem eigenen Schutz.
8. Manche Bücher enthalten ein vollkommen anderes Potential. Sie kommunizieren nicht durch das, was in ihnen geschrieben steht, sondern mit anderen Mitteln. Sie sind überhaupt nicht in erster Linie für die Lektüre geschrieben worden.
9. Sufi-Literatur ist Teil eines sorgfältig ausgearbeiteten Planes. Wenn man sie mißbraucht, zieht man keinen bleibenden Nutzen aus ihr.

Sufi-Lehren oder sogar die Schlüssel dazu sind manchmal in Texte eingestreut, die der Uneingeweihte nicht einmal als Sufi-Botschaften erkennt. Viele dieser Lehren sind eigentlich als Meditationstexte gedacht. Sie haben eine tiefgreifende Funktion, die phantasielose Anhänger von Konventionen, oberflächliche Enthusiasten, Nachahmer oder Okkultisten gar nicht erfassen können.
Viele Menschen beschäftigen sich intensiv mit den Sufi-Klassikern oder mit jeglicher Sufi-Literatur, die sie bekommen können, und meinen, daß sie einen Gewinn davon haben könnten. Andere wiederum denken, sie hätten tatsächlich schon Gewinn davon gehabt. Aber da diese Leute nicht wissen können, nach welchem Plan oder Muster die Studien durchgeführt werden sollen, bleibt ihnen gerade der ›nährende‹ und die Entwicklung fördernde Gehalt der Texte verschlossen.
Sogar dann, wenn man sich nur mit der Sufi-Literatur vertraut machen möchte, um eine zukünftige Entwicklung vorzubereiten, muß man sich ab einem bestimmten Punkt nach dem Muster der Sufi-Schule richten. Denn dieses Muster beruht auf dem ›großen Plan‹, der allein den Weg zu den Schätzen dieser ungewöhnlichen Fundgrube weist.
Keine Form der Auswahl, kein Studium von A bis Z, keine bloße Vertiefung in das ›Sufi-Denken‹, keine Teilnahme an Sufi-Übungen oder Ritualen kann die Tiefe des Sufismus erschließen, wenn diese Dinge willkürlich betrieben werden. Die Führung derjenigen, die das Muster kennen, ist unerläßlich.
Die Leute glauben vielleicht, daß sie etwas gewonnen hätten. Aber das gilt ebenso für die Anhänger jeglicher Schule, jedes Systems, jeder Religion. Was sie gewonnen haben, ist viel oberflächlicher als sie meinen.
Das sind einige Gründe dafür, daß eine spezielle und spezialisierte Schule über den rechten Umgang mit Sufi-Materialien wacht.
Sufi-Texte sind so angelegt, daß nur diejenigen ihre volle

Bedeutung erkennen können, die auf einer Entwicklungsstufe stehen oder in einer geistigen Verfassung sind, die ihnen wahres Verständnis ermöglichen. Wo diese Voraussetzungen fehlen, geben sich die Leute mit flachen, gefühlsbetonten oder abwegigen ›Bedeutungen‹ der Sufi-Texte zufrieden.

Diese Tendenz spiegelt sich auch im Verhalten von Tieren und Menschen, die sich auf unterschiedlichen Verständnisstufen und in verschiedenen geistigen Verfassungen befinden. Beispiele dafür, daß die Menschen ihr Gehirn nicht gebrauchen, liefert der Alltag in Hülle und Fülle. Viele Sufi-Witze nehmen diese menschliche Schwäche aufs Korn, aber auch die Zeitungen liefern reichlich Anschauungsmaterial. Denken Sie einmal über folgende Episode nach:

Das Baudenkmal

»Die Gemeinderäte von Ryde auf der Insel Wight brachen gestern abend in Gelächter aus, als sie erfuhren, daß eine Regierungsbehörde in Whitehall den ›Seaview Pier‹ auf die Liste der Bauwerke von historischer oder architektonischer Bedeutung gesetzt hatte. Der Pier war bereits 1952 abgerissen worden.«*

Hier verband sich der Mangel an genauer Information und das Versäumnis, sie einzuholen, mit der Annahme, daß die Dinge auch in Wirklichkeit so seien, wie sie sich derjenige vorstellte, der diese Liste für den Denkmalschutz zusammenstellte. Deshalb wurde ein nicht vorhandener Pier unter Schutz gestellt. Viele Menschen denken auf dieselbe Art, auch wenn sie es nicht mit Gebäuden, sondern mit Ideen, Büchern und Persönlichkeiten zu tun haben. Da ihnen nur *eine* Art von geistigen Werkzeugen zur Verfügung steht, gehen sie an die unterschiedlichsten Inhalte auf dieselbe Art heran.

* *Daily Express* (London), 6. Oktober 1971, S. 1.

Nicht nur Menschen gehen von falschen Annahmen über Dinge aus und verursachen statt Nutzen Schaden. Sehen Sie sich folgende Geschichte an:

Der Affe und der Kopf

»In Kuala Lumpur in Malaysia mußte ein Mann wegen einer Halsverrenkung ein Krankenhaus aufsuchen. Ein Affe, der dazu abgerichtet war, Kokosnüsse von besonders hohen Palmen zu pflücken, war ihm auf die Schulter gesprungen und hatte an seinem Kopf gedreht.«*
Hätte man den Affen dazu abgerichtet, hätte er zweifellos auch ein nicht vorhandenes Bauwerk als erhaltenswert eingestuft. Erfolgreiche Kommunikation setzt voraus, daß man sich auf den Empfänger einstellt, dem man etwas mitteilen will. Lesen Sie folgende Anekdote und übertragen Sie sie auf den Fall, in dem jemand ein Buch kauft, es liest und sich seine eigene Vorstellung davon zurechtzimmert, was das Buch übermitteln soll:

Der Hund und das Abendessen

Ein Schweizer Ehepaar berichtete der Zeitung *Blick*, daß es in Hongkong seinen Pudel mit in ein Restaurant genommen habe. Sie signalisierten dem Ober mit Hilfe von Eßgebärden, daß er ihn füttern solle. Der Ober nahm den Pudel mit. Später brachte er eine Platte mit einem silbernen Deckel. Darunter fanden sie ihren Pudel, gebraten, in einer Pfeffersauce und mit Bambussprossen garniert.**
Die Leute sollen entsetzt gewesen sein und noch lange unter dem Schock gelitten haben. Viele Sufi-Lehrer, darunter

* *Daily Express* (London), 29. November 1969, S. 1, Spalten 5–6.
** *The Times* (London), 21. August 1971, S. 1, Spalte 8 (Bericht der Agentur Reuter).

auch Rumi, der in seinem *Fihi Ma Fihi* und dem *Mathnawi* davon spricht, wie Leute mit spirituellen Dingen umgehen, sind in ähnlicher Weise traumatisiert wie das Schweizer Ehepaar.

Unparteilichkeit als Grundhaltung

F: Wie können wir unparteiisch werden?

A: Die Unparteilichkeit der meisten Leute ist keine echte Unparteilichkeit, sondern nur ein Deckmantel für einen parteiischen Standpunkt. Wenn Sie zur Unparteilichkeit neigen, müssen Sie Ihren Hang zur Parteilichkeit kontrollieren lernen und nicht um Unparteilichkeit kämpfen. Denn Sie werden niemals Unparteilichkeit durch eine Vorliebe für irgend etwas erreichen.
Leute, die sich für unparteiisch halten, sind es höchst selten. Unparteiische Menschen zu finden ist normalerweise nur für diejenigen leicht, die keine brauchen.
Im *Anwar-i-Suhaili* steht:
›Wenn Übung schon ein Echtheitsnachweis wäre, könnten wir Lügner an ihren Gesichtern erkennen.‹
Als Beispiel für Unparteilichkeit wollen wir eine Tat Bishr al-Hafis anführen, die Ghazzali in seinem *Book of Knowledge* (Buch des Wissens) zitiert. Bishr al-Hafi vergrub eine große Anzahl von Büchern und erklärte:
›Ich verspüre ein heftiges Verlangen, die alten Traditionen nachzuerzählen. Aber ich werde das nicht tun, ehe dieser Wunsch nachgelassen hat.‹
Der Mangel an Erfahrung und Informationen verursacht ei-

nen Mangel an Unparteilichkeit. Aber die Leute glauben trotzdem, daß sie objektiv seien. Sie glauben deshalb daran, weil sie sehr gern unparteiisch sein oder wenigstens so erscheinen wollen. Deshalb weist Bishr darauf hin, daß ein Gefühl des Verlangens bereits ein Hindernis ist.

Wir können verdeutlichen, was Leute tun, wenn sie zu wenig wissen und zugleich sehr eifrig nach etwas streben. Nehmen wir einen ›objektiven‹ Fall aus Neuguinea als Beispiel, den Anthropologen beobachtet haben:

Den Präsidenten kaufen

Im April 1966 weigerten sich einige der Inselbewohner, ihre Steuern zu zahlen, denn sie wollten sparen, um den Präsidenten der Vereinigten Staaten kaufen zu können. Sie hatten sich schon vorher geweigert, zu wählen, weil der Name des Präsidenten nicht auf dem Stimmzettel stand...*

Um einen unparteiischen Standpunkt zu finden, müssen Sie in der Lage sein, über die unmittelbare ›Botschaft‹ von Situationen hinauszublicken, so daß Ihnen allmählich eine ›Gesamtschau‹ der Dinge möglich wird.

Wenn ich das mit Hilfe einer Geschichte aus dem Westen veranschaulichen sollte, würde ich den folgenden Witz erzählen:

Zwei Männer im Irrenhaus

Einige Psychiater besuchten einmal ein Irrenhaus und wurden von einem Kollegen herumgeführt. Er schilderte ihnen zwei Fälle. ›In dieser Gummizelle‹, sagte er, ›sitzt ein Mann, der verrückt wurde, als ein anderer Mann das Mädchen heiratete, in das er verliebt war.‹

* *The Times* (London), 14. April 1966, zitiert nach Reuter vom 13. 4.

›Und in der Nachbarzelle?‹ fragte einer der Psychiater.
›In dieser Zelle sitzt der Mann, der das Mädchen geheiratet hat.‹

Eigenschaften und Aufgaben einer Sufi-Guppe

F: Könnten Sie uns einige Eigenschaften und Aufgaben einer derzeit bestehenden Sufi-Gruppe nennen?

A: *Äußerliches Bild:* Sie kann jede Erscheinungform annehmen, die zu der Kultur paßt, in der sie angesiedelt ist. Der Leitgedanke ist, daß bestimmte Leute zu einer Art lebensfähiger Einheit zusammengeschlossen sein müssen.
Ziel: Sie soll unter geeigneter Führung die besonderen Bedingungen herstellen und aufrechterhalten, unter denen die Lehre ihre Wirkung entfalten kann.
Absicht: Sie soll möglichst viele Leute befähigen, nach und nach das Verständnis zu erreichen, das die Entfaltung der höheren (und auch niedereren) Wirkungen der Lehre herbeiführt und dadurch die persönliche Entwicklung optimal fördert.
Programm: Die Gruppe soll als Empfangskanal für die immer feiner werdenden Impulse von der Quelle her fungieren, und ihre Mitglieder sollen auf eine Wellenlänge gelangen, auf der sie diese Impulse wahrnehmen können.
Eigenschaften: Ausreichend ernsthafte, aber nicht indoktrinierte Leute. Einstellungen, die sich als Richtlinien für das Handeln eignen. Bereitschaft, die vom Leiter der Gruppe bereitgestellten oder genannten Materialien anzunehmen und mit ihnen zu arbeiten, solange das der Lehre dienlich ist.

Arbeitsmethoden: Zusammenkünfte, Lektüre, Vorlesen, Theaterspielen, Übungen, theoretisches und praktisches Studium, Formung der Umgebung.
Verfallserscheinungen: Neigung zu Vereinfachungen, Beschränkung der Aktivitäten, messianisches Denken und Glauben an Allheilmittel, hierarchische Verhaltensstrukturen, die für unantastbar gehalten werden, wörtliches Verständnis des Bildlichen oder bildliches Verständnis des wörtlich Gemeinten, Legendenbildung, Erzeugung gesellschaftlicher oder psychischer Reize und/oder das Spenden von Trost, das Eröffnen von Spielraum für persönliche Projektionen, Befriedigung des Verlangens nach Aufmerksamkeit, Ersatz für die Zerstreuungen, die Vereine, politische, religiöse, psychologische, gesellschaftliche, akademische, familiäre und sonstige Gruppen bieten.
Stellen Sie dieser Art von Gruppe diejenigen gegenüber, in der sich Leute um einen ›gelehrten Mann‹ scharen. Al-Thauri sagt dazu: ›Sie können sicher sein, daß er ein Hochstapler und Betrüger ist, denn wenn er ihnen die Wahrheit sagte, würden sie ihn hassen.‹

Voraussetzungen für Sufi-Schüler

F: Können Sie mir eine Grundvoraussetzung nennen, die ein Sufi-Schüler erfüllen muß? Ich glaube, hier kann es Mißverständnisse geben.

A: Eine Grundvoraussetzung ist, daß der Schüler nicht versuchen darf, sein Studium selbst zu planen und eigene Maßstäbe für seinen Fortschritt anzulegen. Außerdem sollte ein

Schüler niemals meinen, er könne alles verstehen, nur weil er das gerne will.

Tausend werden dich einen Ungläubigen nennen

Über das ›Verstandenwerden‹ sagt der große Junaid von Bagdad:
›Niemand erreicht die Stufe der Wahrheit, bevor ihn tausend aufrichtige Menschen einen Ungläubigen genannt haben.‹
Aber die Aufrichtigkeit, über die er hier spricht, ist nicht die wahre Aufrichtigkeit, die absolute Objektivität. Es ist die Aufrichtigkeit von Leuten, die sich für aufrichtig halten, weil sie bestimmte Dinge glauben, ob sie über diese Dinge nun Bescheid wissen oder nicht.
Die Tat, die wahre Aufrichtigkeit widerspiegelt, definiert Abu-Yaqub al-Susi im *Taaruf* von Kalabadhi:
›Die wahrhaft aufrichtige Tat ist diejenige, von der kein buchführender Engel weiß, kein Dämon, der sie verhindern könnte, nicht einmal das Selbst, das stolz darauf sein könnte.‹
Das bedeutet, daß die Menschen sich ihres innersten Wesens bewußt werden müssen, ihres wahren Selbst, das dann spricht, wenn die anderen Teile der Persönlichkeit schweigen.

Das Insekt

Im *Fihi ma Fihi* schreibt Rumi, daß es in einem Feld ein winziges Insekt gebe, das man zunächst nicht sehen könne. Aber sobald es einen Ton von sich gebe, würden die Menschen darauf aufmerksam und sähen es. In ähnlicher Weise verlieren sich die Leute im Feld dieser Welt, in ihrer Umgebung und ihren Angelegenheiten. Das innerste Wesen verbirgt sich hinter all dieser Unruhe.

Der Geschäftsführer eines chinesischen Restaurants sollte einmal in London bei Gericht einen Mann identifizieren, der verurteilt worden war, weil er angeblich in einem chinesischen Restaurant Hühner gestohlen hatte. Der Mann hatte gegen das Urteil Berufung eingelegt. Der Geschäftsführer, ein Chinese, sagte: »Für mich sehen alle Weißen gleich aus.«*

Wenn man etwas sieht, erfaßt man nicht immer seine Eigenschaften, die aber in bestimmten Zusammenhängen wichtig sein können, wie bei dem Chinesen und dem weißen Mann. Der Chinese ist, in Rumis Gleichnis versetzt, im Feld seiner eigenen Welt ›verloren‹. Das Erscheinungsbild des weißen Mannes hatte nach der Erwartung des Gerichtshofes eine instrumentelle Funktion: die Identifizierung des Äußeren würde auf bestimmte Tatsachen schließen lassen. Das Äußere war zwar notwendig, aber sekundär.

Der Schüler sollte auch Vorträge als instrumentelle Dinge ansehen und nicht als direkt beschreibend. Er sollte bedenken, was Abu Abdullah Shikthal antwortete, als er gefragt wurde, warum er keine Vorträge halte. Faris berichtet uns die folgende Antwort: ›Die Existenz ist nicht wirklich, und es ist falsch, über das zu sprechen, was nicht wirklich ist. Wörter können das Wirkliche nicht beschreiben, warum sollte ich also sprechen?‹

Der Schüler muß darauf vorbereitet sein, Erfahrungen zu machen und Dinge in sich einzulassen, die nicht das gewöhnliche Bewußtsein ansprechen, in dem Worte und Gefühle ihre Wirkung entfalten.

›Die Welt‹ ist nicht wirklich, denn wie wir sie wahrnehmen, hängt von unseren Sinneswahrnehmungen ab, die fehlerhaft, konditioniert oder verzerrt sein können, so daß sie in keiner Weise etwas Absolutes darstellen. Trotzdem kann

* *Daily Telegraph* (London), 25. Januar 1969, S. 23.

die Welt eine instrumentelle Funktion haben, d. h. wir können sie zu Lehrzwecken gebrauchen. Eine der ›Grundvoraussetzungen‹, nach denen Sie fragen, ist deshalb auf jeden Fall, daß Sie sich dieses Prinzip fest einprägen. Der Sufi Gharib-Nawaz sagt es mit den folgenden Worten:
›Jedes Staubkörnchen ist ein Pokal, in dem man die ganze Welt sehen kann.‹
Manche Dinge dieser Welt führen zum wahren Verständnis und manche führen zu einer immer tieferen Verstrickung in die Welt und somit zur Verkümmerung der Wahrnehmung und zu einem falschen Verständnis.

Die Parabel vom Baum

Sheikh Abdul-Qadir Gilani fordert in seiner 27. Ansprache seine Zuhörer auf, sich das Gute und das Böse als zwei Früchte desselben Baumes vorzustellen. ›Geh zu dem Baum hin und werde sein Wächter und sein ständiger Diener. Lerne die beiden Äste und ihre zweierlei Früchte und ihre Umgebung kennen. Bleibe nahe bei dem Ast, der süße Frucht gibt, dann wird sie dich nähren und die Quelle deiner Kraft sein. Hüte dich davor, dem anderen Ast nahezukommen und seine Frucht zu essen, denn ihre Bitterkeit würde dich töten. Und wenn man dir die Früchte vorlegt, und du kannst die süße nicht von der bitteren unterscheiden, und du fängst an zu essen, führst du vielleicht die bittere Frucht zum Munde.‹

Im Takt ist aus dem Takt

F: Können Sie etwas darüber sagen, warum man für einen Sufi auch den Terminus ›der Verrückte‹ gebraucht?

A: Es gibt ein persisches Sprichwort: ›Für einen Verrückten genügt es, wenn er HOO! ruft.‹ *(Diwana-ra HOOI bas ast.)* Die Wiederholung der Silbe HOO ist Bestandteil von Sufi-Riten. Das Sprichwort bedeutet deshalb für einen Intellektuellen, daß man einfach nur dieses Wort zu rufen braucht, und der gut trainierte Schüler fängt an, Luftsprünge zu machen. Und zwar Luftsprünge ohne Sinn und Verstand, wie der Uneingeweihte meint. Aber der Sufi ist stolz darauf, in den Augen der Ahnungslosen als ›Verrückter‹ zu erscheinen. Daher benützt er das Sprichwort auch selbst, um auszudrücken, daß es auf einer bestimmten Stufe der Einweihung genügt, diese eine Silbe ein einziges Mal auszusprechen, um ihn zu stärken und den Zustand in ihm hervorzurufen, den er wünscht.
Das bringt uns direkt zu den Schwierigkeiten einer Praxis, die für *einen* Teil der Menschen völlig unerklärlich ist und die doch ein anderer Teil so vollkommen LEBT.
Die Bücher, die Sufis geschrieben haben, sind für sich genommen fragmentarisch. Sie müssen zu bestimmten Zeiten gelesen werden, vielleicht in Verbindung mit bestimmten Bewegungen oder nach einer vorherigen Einstimmung, sonst bleibt ihre Wirkung mangelhaft. Dasselbe gilt für andere Materialien, die für die Initiation gebraucht werden und die außenstehende Beobachter nur von ihrem äußeren Schein her beurteilen können. Das ist gerade so, als würde ein Mann nur an der Schale eines Apfels lecken und dann verkünden, daß er zwar gut rieche, aber offenbar keinen Nährwert habe. Manche Leute werden vielleicht sagen, daß sie lieber auf Erleuchtung und jenseitige Wahrheiten ver-

zichten wollen, wenn sie dafür Luftsprünge machen müssen. Ebensogut können Sie sagen, daß Sie mit Ihrem Auto fahren wollen, vorausgesetzt, niemand darf den Tank füllen. Manche verlangen, daß sie eine Sache verstehen können, ehe sie sich auf sie einlassen. Das ist so ähnlich als würden Sie sagen, Sie wollten entweder der Lokomotivführer sein oder Sie würden überhaupt nicht mit der Bahn reisen.
Es ist diese ›äußerliche‹ Einstellung zu Systemen, die eine Initiation erfordern, die das Aufblühen von falschen Kulten begünstigt. Diese behaupten gewöhnlich, Ihnen ›Geheimnisse‹ offenbaren zu können, die Sie verstehen. Natürlich tun sie das dann keineswegs.
Wenn Sie das Gefühl haben, Sie könnten ein Gedicht verstehen, wenn man Ihnen nur Zeit und Ruhe gibt, es in sich aufzunehmen, sich andernfalls aber nicht damit beschäftigen wollen, verbauen Sie sich vielleicht den Zugang zu einem Gedicht, das eigens dafür geschrieben wurde, nur unter ganz bestimmten Bedingungen gelesen oder rezitiert zu werden. Diese Bedingungen können denjenigen gerade entgegengesetzt sein, die Sie selbst für geeignet halten. Ein Beispiel dafür liefern Konventionen, die Sie von jemand abgeschaut oder selbst geschaffen haben. Es reicht nicht, einfach zu behaupten, daß diese Regeln sakrosankt seien. Sie sind es nicht, können es nicht sein, und man kann auch nicht beweisen, daß sie es sind.
Der berühmte Satz: ›*C'est magnifique, mais ce n'est pas la guerre*‹ (Es ist großartig, aber es ist nicht der Krieg) ist ein typisches Beispiel für etwas, das es nach der Überzeugung der Sufis nicht geben sollte. Tatsächlich KANN es nicht sein.
Es gibt ein interessantes Sprichwort, in dem der Terminus ›Verrückter‹ für ›Sufi‹ steht:
›Ein Narr kann leicht einen Felsbrocken in einen Brunnen werfen, aber hundert Gelehrte könnten ihn nicht wieder herausholen. Vielleicht müßte man einen Sufi dazu holen.‹

Dieses Sprichwort kommentiert die Schwierigkeiten, die manche Intellektuelle (die Gelehrten) damit haben, mit fixen Ideen oder psychischen Problemen (mit Narren) umzugehen.
Was den einen als Irrsinn erscheint, betrachten die anderen vielleicht als normal und natürlich auch umgekehrt. Erinnern wir uns in diesem Zusammenhang an die Worte des Scheich Abdullah Ansari von Herat:
›Ein geschickter Handwerker benützt dasselbe Eisen, um ein Hufeisen und um einen blankpolierten Spiegel für den König zu machen.‹
Jedes Jahr sterben dreißigtausend Amerikaner, weil sie Medikamente eingenommen haben, die ihnen ihre Ärzte verschrieben haben. Zehnmal so viele müssen in ein Krankenhaus wegen unerwünschter Wirkungen von Medikamenten.*
Was für die einen gut ist, ist ganz gewiß nicht gut für manche andere. Die willkürliche Anwendung von Sufi-Verfahren oder ähnlichen Dingen, die man nur von Büchern her kennt oder die von oberflächlichen Nachahmern vermittelt werden, das ist das Verrückte – nicht die wohldosierte und verständige Anwendung wirklich spezifischer Maßnahmen nach sorgfältigen Diagnosen.

* *Daily Telegraph* (London), 29. Januar 1976, S. 19, Spalte 1, Zitat aus dem »Boston Collaborative Drug Surveillance Program« (Bostoner gemeinschaftliches Medikamentenüberwachungsprogramm).

»Färbe deinen Gebetsteppich mit Wein«

In einem seiner bekanntesten Gedichte sagt der große Dichter Hafiz, daß man seinen Gebetsteppich mit Wein färben soll, wenn der Meister einen das tun heißt. (Für einen Moslem ein ungeheures Sakrileg!)

Dieser Rat, der den beschränkten Geist des Buchstabengläubigen vielleicht entsetzt, ist von vielen Sufis bewundert worden, und das nicht nur wegen seiner poetischen Schönheit in der persischen Sprache.

Sufis bewundern diese Mahnung, weil sie ein klassisches Beispiel für Vieldeutigkeit liefert. Als eine präzise Anweisung für die Weiterentwicklung berührt sie gleichzeitig mehrere Dimensionen. Schauen wir uns einige der Bestandteile einzeln an, die zusammen die Unterweisung und den Inhalt ergeben. Hafiz' Rat kann man nur als lebendige Übung bezeichnen:

1. Schock: ›Färbe deinen Teppich mit Wein‹ muß jeden schockieren, dessen Glaube nur auf Konditionierungen beruht, z. B. auf der Überzeugung, daß Wein immer ein Übel sein müsse.
2. Allegorischer Gehalt: ›Wein‹ steht für eine innere Erfahrung, die der ›mystischen Verzückung‹ anderer Systeme vergleichbar ist.
3. Gehorsam: Die Weisungen des Meisters haben absolute Gültigkeit.
4. Passende Gelegenheit: Der Lehrer weist einen an, etwas zu tun, wenn es für den eigenen Fortschritt dienlich ist. Er sagt nicht ›Färbe deinen Teppich ständig‹ oder ›Du kannst kein Sufi sein, bevor du nicht deinen Teppich gefärbt hast‹. Er sagt: ›Wenn ich dich auffordere, deinen Gebetsteppich zu färben, dann färbe ihn.‹
5. Gleichnischarakter: Gerade so wie der Gebetsteppich nicht das Gebet ist, sondern etwas Äußerliches, so ist auf

dieser Ebene auch der Wein etwas Äußerliches und deshalb sekundär. Ebenso ist der Gehorsam dem Lehrer gegenüber, den Oberflächliche als ein großes Opfer und einen hohen Verdienst ansehen, in der Beziehung zwischen Meister und Schüler nur oberflächlicher und nebensächlicher Natur, wie der Teppich für das Gebet und der Wein für wahre mystische Erfahrung.

6. Vielfalt der Übungen: Es wird nicht gesagt ›Färbe deinen Teppich mit Wein, das ist der Schlüssel zum Paradies‹. Im Gegenteil, es wird angedeutet, daß das nur eine Handlung ist, die Teil einer bekannten und wohlbemessenen Kette von Aktivitäten ist, die schließlich irgendwohin führen werden. Das ist das überzeugendste Merkmal dieses Systems. Nur in dem Maße, in dem ein Schüler versteht, daß er in einem komplexen und sorgfältig durchdachten System arbeitet, wird er fähig werden, blinden Fanatismus und Oberflächlichkeit abzulegen. Die Anhänger von ›Systemen‹ sind ständig darauf aus, *die* wahre und einzige Praxis zu finden, oder denken, daß sie sie schon gefunden haben. Oder sie suchen den Zauberstab, der ihnen verschaffen wird, was sie sich wünschen: Erleuchtung oder was immer es sein mag.

Der Wert dieser Lehre kann gar nicht genug hervorgehoben werden. Sie wird diejenigen abhalten und ärgern, die keinen Nutzen daraus ziehen können. Sie wird vollkommen wertlos sein für diejenigen, die den Sufi-Pfad in einen reinen Kult umwandeln wollen. Sie wird diejenigen entlarven, die einfach Nachahmer oder Romantiker sind, denn sie werden nichts profitieren können von der Art, wie wir die Lehre analysiert haben.

Und all das ist enthalten in ein paar Worten, die ein rein literarischer Betrachter vielleicht einfach als Lyrik ansieht, als die poetischen Ergüsse eines Mannes, der jemandem ekstatische Prozesse empfiehlt.

Ehe ein Schüler nicht den wahren Geist solcher technischer

Dokumente anerkennen und schätzen kann, haben wir in ihm gar keinen echten Schüler vor uns – vielleicht nur einen Liebhaber der Lyrik, einen Mitläufer oder sogar einen Komödianten, der nicht einmal weiß, daß er nur das ist! Aber wir haben es nicht mit jemandem zu tun, der in seiner gegenwärtigen Verfassung über die Äußerlichkeiten hinausgelangen kann.
Ich habe von Leuten gehört, die sich eigenmächtig zu Lehrern ernannt haben, die selbst Wein trinken und ihre Schüler tatsächlich auffordern, es gleichfalls zu tun, da sie ›den Worten des Hafiz‹ folgen wollen.
Folgender Witz sagt mehr zu diesem völlig absurden, imitierenden Verhalten, als es irgendein Kommentar je könnte:
›Wie hat sich die Bananendiät deiner Frau bewährt?‹
›Dünner ist sie nicht geworden, aber du solltest mal sehen, wie sie auf Bäume klettert!‹

Der Meisterfärber

F: Welche Art von Plänen können Sufis machen, die die Leute aufgrund ihrer geläufigen kulturellen Begriffe befremden?

A: Sehen Sie sich folgendes Beispiel an:

Der König und der Sufi

Es war einmal ein König, der fand niemand in seinem ganzen Reich, der weise oder würdig genug war, um sein Nachfolger zu werden. So verbrachte er viele Jahre damit, Erkundigungen einzuziehen und zu suchen und schließlich fand er einen möglichen Nachfolger namens Arif el Arifin. Der König wußte nicht, wie er den weisen Mann gut einführen könnte, denn er wußte um die Trägheit, den Neid und die falschen Hoffnungen des Volkes. All das rührte daher, daß seine Untertanen nicht ständig einen Weisen in ihrer Mitte hatten, den sie auch anerkannten. Also bat der König Arif, selbst einen Plan zu entwerfen.

›Welche Leute in deinem Reich sind für ihren Neid und ihre Halsstarrigkeit besonders bekannt?‹ fragte Arif.

›Die Woll- und Tuchfärber‹, sagte der König. ›Jeder von ihnen hält sich für einen Meister und denkt, seine Kniffe seien die besten und sein Wissen sei am größten. Diese Leute tun kaum jemals etwas gemeinsam, und wenn sie etwas gemeinsam tun, dann vertreiben sie allenfalls einen Eindringling oder ruinieren einen armen Färber, der sein Geschäft vergrößern will.‹

›Also gut‹, sagte Arif. ›Laß den Färbern verkünden, daß der größte Meister ihres Faches, der auf der ganzen Welt zu finden ist, sich in deiner Hauptstadt niederlassen will.‹

Als die Färber das hörten, und die Nachricht sich in der ganzen Stadt verbreitete, und als man ihnen unübertrefflich schöne Tuche und Wolle zeigte, die Arif, der Meister, gefärbt hatte, da gerieten sie außer sich vor Wut. Sie begannen ihren unbekannten Rivalen bitterlich zu hassen. Bald erkannte jedermann in der Stadt, daß Neid und Haß und nicht Gerechtigkeit oder Liebe zu ihrem Handwerk ihre wahren Beweggründe waren. Niemand täuschte sich mehr darüber, was hinter ihren boshaften, wütenden und oft törichten Angriffen gegen den Eindringling stand.

Und alle im gesamten Land, denen die Färber verschwiegen

hatten, was eine gute oder schlechte Färbung oder ein guter oder schlechter Färber ist, fühlten den Zorn der Färber, hörten ihre Schmähreden und sahen ihr Wüten. Jedermann mußte es mit ansehen. Die Färber erreichten nur, obwohl das natürlich nicht ihre Absicht war, daß der Name von Arif, dem Dämon, in aller Munde war.

Als Arif schließlich in die Stadt kam, liefen alle Leute zusammen, um ihn zu sehen. Er lebte in Ruhe und Würde unter ihnen. Sie fanden nichts von der Heimtücke, der Dummheit und der Bosheit an ihm, vor denen man sie gewarnt hatte, und zuletzt merkten sie, daß die Färber sie über Arifs Charakter belogen hatten. In ganz kurzer Zeit nahmen sie ihn in ihrer Mitte auf und schlossen Freundschaft mit ihm. Die Färber aber verachteten sie von Herzen. Sie ließen nun all ihre Wolle und ihre Tuche von Arif färben, und wie im Märchen erbte er noch obendrein das Königreich.

Es ist ein oft wiederholter frommer Wunsch, daß die Menschen nicht aufeinander eifersüchtig sein sollen. Viele Leute glauben, daß sie nicht auf andere eifersüchtig seien und sie nicht bekämpfen würden. In Wirklichkeit ist das Gegenteil der Fall. Überall im täglichen Leben gibt es Neid und Mißgunst. Vielleicht erinnern Sie sich an das Sprichwort, daß es drei Dinge gibt, von denen jeder Mensch meint, man fände sie nur bei anderen, aber niemals bei ihm selbst: 1. Humorlosigkeit, 2. ein schlechter Autofahrer zu sein und 3. Eifersucht.

Die Pläne, die Sufis machen, sind in den gegenwärtigen Kulturformen zwar nicht in der Theorie, wohl aber in der Praxis unbekannt. Sie werden durch einen Ausspruch von Dhun'nun, dem Ägypter, charakterisiert und von Khwaja Gharib Nawaz zitiert:

›Sufis sind diejenigen, die aus ihrem Geist die menschlichen Neigungen zu Neid und Feindseligkeit vertrieben haben.‹

Ich muß betonen, daß es viele Dinge gibt, die sich durchaus in heutigen kulturellen Erscheinungsformen finden, die für die Leute, die den Sufi-Weg verstehen wollen, von allergrößter Bedeutung sind. Manche davon müssen die Leute zur Kenntnis nehmen, ehe sie über ihren gegenwärtigen Kontext hinausgelangen können, was Sie offenbar tun wollen. Die meisten Leute, die ›esoterisches Wissen‹ erlangen wollen, kümmern sich wenig um die exoterischen Grundlagen, die vor dem Wissen kommen müssen. In der folgenden Geschichte hätte jedermann diesem zwanghaften ›Sucher‹ die ersten beiden Ratschläge geben können. Es hätte keines Sufis bedurft:

Die Verwechslung

Ein ›Wahrheitssucher‹ stürmte einmal in ein Haus, von dem man ihm gesagt hatte, daß ein Weiser aus dem Osten darin wohne. Er packte die Hand der Person, die auf einem Gebetsteppich saß, und bat um Unterweisung.

›Ich habe dir drei Dinge zu sagen‹, sagte der Mann. ›Erstens bist du viel zu aufgeregt, um überhaupt etwas zu verstehen. Zweitens stehst du auf meinem Fuß. Und drittens bin ich ein Diener – der Weise wohnt nebenan!‹

Methode, System und Konditionierung

Es gibt vier Faktoren, mit deren Hilfe man Menschen wie Maschinen ›programmieren‹ kann. Diese Faktoren werden überall dort eingesetzt, wo man indoktrinieren und konditionieren will. Durch ihre Anwendung wird der menschliche Geist mechanisiert, gleichgültig, ob man sie absichtlich anwendet oder nicht, ob sie selbstverordnet sind oder von

außen kommen. In jedem Fall führen sie dazu, daß die Menschen in Stereotypen denken.
Zahllose Experimente, die teils alt, teils ganz neu sind, haben die Existenz und die Wirksamkeit dieser Faktoren eindeutig nachgewiesen. Diese Faktoren sind: Anspannung im Wechsel mit Entspannung, Schlagworte und Wiederholung.
Die meisten Menschen sind daran gewöhnt, diese Faktoren als Teile von ›Lernprozessen‹ zu akzeptieren. Sie verwandeln fast alles, was ihnen als Lernstoff angeboten wird, in Lehrmaterialien, die auf diese Weise verarbeitet werden.
Der Test für ein Lehrsystem und seinen Erfolg besteht in der Frage, ob es 1. bewußt oder unbewußt mit diesen Methoden arbeitet und 2. ob es auf ein System hinarbeitet, das diese Methoden verwendet.
In den verschiedenen Gruppen von Menschen, die mit dieser Art des Lehrens beschäftigt sind und die ich in den letzten Jahren kennengelernt habe, ist praktisch niemand unabhängig von diesen Elementen und Faktoren. Das Ergebnis ist, daß ein Katalog von Schlagworten durch einen anderen ersetzt wurde. Phrasen wie ›der Mensch schläft‹ oder Wörter wie ›Essenz‹, bestimmte Übungen und Techniken und schriftliche Materialien wurden so gründlich und sorgfältig studiert, daß ihr Ergebnis letztlich wieder Indoktrination war. Ihr instrumenteller Effekt ging verloren.
Gerade aus diesem Grunde fordert die Sufi-Tradition immer wieder, daß Formulierungen den Adressaten, dem Ort und den Umständen jeweils angepaßt werden müssen.
Es ist sehr einfach, die Individuen zu testen, die (ohne eigenes Verschulden) mit diesem Reiz-Reaktions-Schema an Arbeitsmittel und andere Lehrstimuli herangehen. Diese Leute reagieren stets in einer typischen Weise (›konditionierte Reflexe‹) auf das, was man ihnen anbietet. Darin unterscheiden sie sich nicht von Menschen, die in irgendeinem statischen und linearen System indoktriniert wurden, sei es politisch, patriotisch, ökonomisch, religiös oder philoso-

phisch, und in dem die Dimension des Verstehens vernachlässigt wird oder ganz fehlt.
Es gibt jedoch ein Rettungsmittel. Wenn es uns gelingt, bis zu dem Punkt zurückzugehen, an dem das Lernen und Lehren noch nicht als Konditionierung im Geist des Individuums festgelegt war, können wir die Flexibilität wiedergewinnen, die unsere Art von Arbeit verlangt. Die Methoden, mit deren Hilfe man das erreicht, sind den meisten Menschen jedoch nicht bekannt. Man muß verstehen können, bevor man etwas als wahr erkennen kann.
Die Menschen gehen normalerweise nicht tief genug in ihr eigenes Inneres hinein, um herauszufinden, wie sie etwas über das lernen können, was die Sufis ›Realität‹ nennen. Sie versteifen sich auf voreilige Annahmen darüber, wie sie lernen müssen. Sie denken, was sie anzieht, müsse auch gut sein usw., so daß sie sich den Weg zu ihren vermeintlichen Zielen am Ende selbst blockieren.

Der lahme Fuchs

In Saadis *Bostan* findet sich eine Geschichte von einem Mann, der einmal einen lahmen Fuchs sah und sich darüber wunderte, daß er so wohlgenährt war. Er beschloß, ihn zu beobachten, und stellte fest, daß sich der Fuchs dort herumtrieb, wo ein Löwe seine Beute verzehrte. Nachdem der Löwe sich satt gefressen hatte, ging er weg, und der Fuchs fraß die Reste. Der Mann beschloß, sich vom Schicksal auf dieselbe Weise ernähren zu lassen. Er setzte sich auf die Straße und wartete. Aber nichts geschah, außer daß er immer schwächer und hungriger wurde, denn kein Mensch beachtete ihn.
Schließlich hörte er eine Stimme, die zu ihm sagte: ›Warum benimmst du dich wie ein lahmer Fuchs? Warum solltest du nicht ein Löwe sein, so daß andere von den Resten deiner Mahlzeiten leben können?‹

Diese Geschichte ist ein interessanter Test. Man kann feststellen, daß sie manchmal Menschen, die sich gerne selbst zu Lehrern ernennen wollen, dazu ermutigt. Andere, die bescheidener sind, überprüfen daran ihre Vorstellungen, so daß sie selbst zuerst lernen können, ohne sich vorschnell einzubilden, sie könnten andere lehren und ihnen von Nutzen sein, bevor sie sich selbst in Ordnung gebracht haben. Alles, was der Mensch braucht, ist auf der Welt zu finden. Wie geht er damit um? Denken Sie an das östliche Sprichwort: ›Gott sorgt für das Essen, die Menschen sorgen für die Köche.‹

Westliche Kultur

F: Warum stehen Sie der westlichen Kultur kritisch gegenüber?

A: Die Antwort ist ganz einfach, daß ich ihr nicht in dem Sinne ›kritisch‹ gegenüberstehe, wie Sie wahrscheinlich vermuten. Wenn Sie so eine Frage stellen, müssen Sie an drei Dinge denken oder damit rechnen, daß sich niemals jemand die Mühe machen wird, sie überhaupt zu beantworten:

1. Sie müssen Fakten nennen, die Ihre Frage rechtfertigen (spezifische oder allgemeine Fakten), wenn Sie eine sinnvolle Antwort haben wollen.
2. Sie müssen bedenken, daß die moderne Welt, in der wir alle gegenwärtig leben, so von ›westlicher Kultur‹ durchsetzt ist, daß es so gut wie unmöglich ist, ausgerechnet sie auszulassen, wenn man fast allem kritisch gegen-

übersteht. Es ist, als würde man sagen: ›Warum töten Sie mit jedem Atemzug Millionen unschuldiger Geschöpfe – Bakterien?‹ Das eine kann die Begleiterscheinung des anderen sein.

3. Diese Frage wird in einem westlichen Land gestellt und beantwortet, im Hoheitsgebiet westlicher Kultur. Gerade in dieser Kultur ist es allgemein üblich, sich ständig *ad infinitum* in schmerzhafter Weise selbst in Frage zu stellen, zu kritisieren und sich Vorwürfe zu machen, und zwar über einen langen Zeitraum hinweg. Sie brauchen nur auf das zu achten, was um Sie herum geschieht. Ohne dieses Verhalten würde das Leben hier vielleicht zum Stillstand kommen. Wenn es einen wirklich handfesten Grund dafür gibt, die ›westliche Kultur‹ zu kritisieren, dann nicht etwa für einen Mangel an Selbstkritik, auf die sie ja immer besonders stolz ist. Vielmehr ist es höchst bedauerlich, daß sie nicht das klare Denken der alten Griechen bewahrt und kultiviert hat, die ja angeblich ›westliche‹ Menschen waren. Wäre dieses klare Denken in ihrer Kultur erhalten geblieben, dann könnten Sie Ihre Frage selbst beantworten und so Zeit und Kraft sparen und Ihre geistigen Fähigkeiten für lohnendere Dinge aufsparen.

Westliche Menschen jeglicher ideologischer Färbung verbringen viel Zeit damit, sich mit Glaubenssätzen, Überzeugungen und inneren Verpflichtungen auseinanderzusetzen. Dabei ändern sie ständig die Namen, aber der Prozeß bleibt stets derselbe. Das auszusprechen bezeichne ich nicht als Kritik, sondern als Beschreibung, und ich biete auch gleich das Heilmittel an. Es steckt in dem Sprichwort: ›Wenn du von einer Sache völlig überzeugt bist, wird es Zeit, deiner inneren Gewißheit mit Vorsicht begegnen.‹

Die westliche Kultur könnte sich, ebenso wie jede andere Kultur, das folgende alte östliche Sprichwort zu Herzen nehmen: ›Wie nützlich ein Kleidungsstück auch immer sein mag, es ist nicht eßbar.‹

Die westliche Tradition

F: Können Sie uns auch Geschichten und Gleichnisse aus der *westlichen* Tradition nennen, welche die Art von Wissen veranschaulichen oder zugänglich machen, die so oft in Zitaten aus dem Osten zu finden ist?

A: Ich kann Ihnen durchaus solche Beispiele *nennen*, aber das Problem ist, daß das Verständnis für solche Beispiele im Westen nur sehr oberflächlich ist: ›Mache einen Hund zum Sündenbock und hänge ihn auf.‹ Es gibt in der westlichen Literatur und im Volksgut viele Witze und Geschichten, die Weisheit fördern könnten. Aber man hat sich daran gewöhnt, sie in unterhaltsame Kurzgeschichten zu verwandeln oder einfach über ihre ›unterhaltsame Seite‹ zu lachen. Daher sind die Leute unempfänglich geworden für die Seite der Geschichten, die sie zu neuen Einsichten bringen könnte.

F: Warum ist das in der östlichen Literatur nicht passiert?

A: Weil das Bild der ›Perle in der (unscheinbaren) Muschel‹ stets wiederholt wurde und lebendig geblieben ist. Interessanterweise wurde diese Vorstellung auch bei Übersetzungen in westliche Sprachen und bei Nacherzählungen so stark betont, daß dieses Element als hypothetische Möglichkeit erhalten blieb. Weil man immer darauf bestanden hat, daß die Auster eine Perle enthalten könnte, anstatt sozusagen nur Austern zu verkaufen, ist es jetzt auch den Menschen im Westen möglich, nach diesen Bestandteilen in Geschichten mit einer östlichen Atmosphäre zu suchen, die sie bei westlichen Geschichten nicht akzeptieren würden.
F: Fällt Ihnen dazu gerade ein Beispiel ein?

Der heldenhafte Ehemann

A: Nehmen Sie die Geschichte von der Frau, die einen Mann nicht heiraten wollte, weil er ›nicht erfolgreich‹ war. Sie sagte, sie wolle einen Helden als Ehemann. Er ging nach Afrika und wurde ein weltberühmter Forscher. Als er zurückkam, um sie zu heiraten, sagte sie ihm, daß sie inzwischen einen anderen geheiratet hätte. Er wollte wissen, wer denn der Vortreffliche wäre, der sie gewonnen hatte, damit er ihm Achtung und Ehre erweisen könnte. Sie gestand: ›Er ist nur Berufsspieler im Golfklub unseres Stadtviertels.‹ Daraus machte ein westlicher Schriftsteller eine ätzende Kurzgeschichte. Ihre Tiefe, Weisheit und große Kraft verschwinden hinter der westlichen Gewohnheit, nur das ›Zugkräftige‹ hervorzuheben. Im Westen zählt Humor um seiner selbst willen. Charakterisierung der Personen, Handlung, Aufbau der Spannungskurve stehen im Vordergrund.

Bei diesem Verfahren gehen die anderen Werte der Geschichte verloren. Aber wenn die Geschichte im östlichen Lebensraum angesiedelt wäre, könnte sogar das westliche Publikum etwas von der Lehre erkennen, die uns darin erteilt wird. Und es gibt Dutzende von solchen Geschichten.

Viele der sprachlichen Kunstwerke, die früher im Westen verbreitet waren, sind Schwätzern oder Okkultisten in die Hände gefallen. Aber einige wurden gerettet, und andere können wiederentdeckt werden.

Die Geschichte vom Ohr

Stoffe gibt es im Westen genug: in Begegnungen von Menschen, Witzen, Geschichten und Ereignissen. Aber es fehlt die Fähigkeit, die Stoffe geschickt zu verarbeiten. Man kann sie jedoch entwickeln.

Eines der grundlegenden Anliegen der Sufis ist es, die Leute

dahin zu bringen, daß sie sich selbst erkennen können und ihre Illusionen darüber aufgeben, was sie sind und was sie tun. Die folgende Anekdote aus dem Westen eignet sich gut für eine anschauliche Lehre im Sinne der Sufis:
Ein Mann ging einmal zu einer van-Gogh-Ausstellung in New York. Die Räume waren so überfüllt, daß er kaum einen Blick auf die Bilder werfen konnte. Er ging wieder weg und modellierte ein Ohr aus Corned beef, rahmte es und kehrte an den Ort der Ausstellung zurück. Dort hängte er es an die Wand und schrieb darunter ›van Goghs Ohr‹.
Das Publikum stürzte sich auf dieses Ausstellungsstück, und der wahre Kunstliebhaber konnte sich in aller Ruhe die Bilder ansehen. Er hatte damit bewiesen, daß die Leute nur aus Sensationslust da waren.
In einem Sufi-Kontext hätte man anhand dieser Geschichte sowohl den Unterschied zwischen Ästhetik und Emotionalität aufgezeigt, als auch den Teilnehmern klar gemacht, wie sie wirklich sind.
Im Westen betrachtet man solche Geschichten normalerweise nur als Witz: der Hörer ist amüsiert und vielleicht froh, daß er nicht selbst dabei war, oder er fühlt sich den anderen überlegen, weil sie so erfolgreich ›hereingelegt‹ wurden.
Es ist auch auffallend, daß der westliche Mensch danach fragt, ob es nicht Traditionen in seiner eigenen Geschichte gibt, die ihm helfen, während der östliche Mensch nur wissen will, ob ihm die Geschichten helfen werden, gleichgültig woher sie kommen.
Das erinnert mich an den alten Spruch: Ein Kind sagt: ›Dieser Falke ist weiß‹, während der Erwachsene fragt: ›Wie scharf sind seine Fänge?‹
Und vergessen wir nicht, wenn wir schon bei diesem Thema sind, daß die meisten hochgeschätzten Traditionen des Westens aus dem Mittleren Osten kommen, besonders aus dem östlichen Mittelmeerraum . . .

Wie lehrt der Sufi?

F: Sufis lehren nicht durch ›Stereotypen‹, wie Sie oft betonen. Wie lehren sie dann?

A: Der Sufi-Lehrer hat die Aufgabe, seine Botschaft und die Wirklichkeit zu vermitteln. Er muß zugunsten des Inhalts seine eigene Person zurücknehmen, statt sie in den Vordergrund zu stellen.
Ein Eignungstest für einen Schüler besteht darin, herauszufinden, ob er es fertigbringt, die Fixierung an eine Technik, eine Person oder eine Schule aufzugeben und sich zu öffnen, damit er eine umfassende Lehre in sich aufnehmen kann.
Die Aufgabe des Sufi-Lehrers besteht darin, denen zur Verfügung zu stehen, die lernfähig sind. Er ist nicht dazu da, irgend jemandem zu gefallen oder zu mißfallen. Seine Erscheinung auf die vorgefaßten Meinungen der anderen abzustimmen ist für seine Funktion völlig überflüssig, allerdings nicht notwendigerweise für seine soziale Integrationsfähigkeit, woran schon Ibn Arabi uns erinnert hat.
Er arbeitet in Übereinstimmung mit den Erwartungen seiner Schüler und mit dem Ziel, nach Möglichkeit das Weiterbestehen der Sufi-Gemeinschaft zu fördern.
Er lehrt weder simple Formeln, noch besteht er auf der Ausführung mechanischer Übungen. Sein Wissen befähigt ihn vielmehr dazu, geeigneten Schülern die Studien vorzuschreiben, die zu einer bestimmten Zeit und an einem passenden Ort für sie richtig sind.
Die meisten Leute wollen nichts lernen, was immer sie auch selbst meinen und wie sehr sie sich gegen diese Unterstellung sträuben. Allem Anschein zum Trotz neigen sie zu Aktivitäten, die sie als Ersatz für wirkliches Lernen benützen. Diese Aktivitäten nennen sie ›Studien‹.
Manchmal wurde ihnen diese Neigung antrainiert, entwe-

der im persönlichen Kontakt oder durch Bücher, was sogar wohlmeinende Nachahmer tun. Das verleitet sie dann zu dem Glauben, daß gewisse oberflächliche Erfahrungen Spiritualität oder Transzendenz darstellten oder sonst eine Bedeutung hätten, die ihnen in Wirklichkeit gar nicht zukommt.

Wenn Sie tatsächlich etwas lernen wollen, dann seien Sie nicht überrascht, wenn jemand Sie etwas lehren will. Und verwerfen Sie nicht leichtfertig die Methode. Menschen, die nicht die wahren Grundlagen eines Studiums kennen, sind natürlich überrascht, wenn man ihnen diese Grundlagen enthüllt.

Diese Enthüllung nennen die Sufis Herzens-Erkenntnis. Dhun'nun sagt:

> Was die Augen sehen, ist Wissen.
> Was das Herz weiß, ist Gewißheit.

Falsche Gewißheit ist das Festhalten an fixen Ideen, ob sie einem eingepflanzt wurden oder ob man sie auf anderem Weg bekommen hat.

Die meisten Leute werden heutzutage zum mechanischen Denken und in einem sehr eng begrenzten Rahmen erzogen; deshalb können sie nur mit ganz bestimmten Arten von Erfahrung umgehen. Diese Erziehung ist ausgezeichnet, aber nur für ihre begrenzten Zwecke! Die Menschen, die das Ergebnis einer solchen Ausbildung sind, gehen von ihren engherzigen und beschränkenden Prinzipien aus, wenn sie Dinge wie das Lernen im Sufismus ›beurteilen‹. Kein Wunder, daß wir bizarre Resultate bekommen!

Rumi erzählt uns von einem Sufi, der mit einem Sprachgelehrten zusammensaß. Der Sprachgelehrte verkündete: ›Ein Wort muß in eine von drei Klassen gehören‹, und meinte damit die grammatische Klassifikation. Der Sufi fiel in Verzweiflung und rief: ›Über 20 Jahre lang habe ich in der Hoffnung, daß in einem Wort mehr darin steckt als das, ver-

zweifelt gekämpft, und jetzt hast du meine Hoffnung zerstört!‹ Auf diese Weise wollte der Sufi dem Sprachgelehrten klarmachen, daß seine Vorstellungen vom Studium viel zu eng waren und nur mit dem Zusatz gelten konnten: ›soweit es die grammatische Seite betrifft‹.
Es gibt noch einen weiteren Faktor beim Lehren und Lernen, den die folgende Geschichte illustriert.

In einer Bibliothek

Drei Derwische trafen sich in einer Bibliothek.
Der erste sagte: ›Ich werde alle Bücher über Sufi-Weisheit lesen. Dann werde ich über ihre Bedeutung nachdenken und erwägen, was sie mit mir zu tun hat.‹
Der zweite sagte: ›Ich werde die Bücher eigenhändig abschreiben, damit ihre Lehre tief in mich einsinken kann. Dann werde ich ihre innere und äußere Bedeutung erörtern.‹
Der dritte sagte: ›Ich werde zuerst genug Geld verdienen, um alle diese Bücher kaufen zu können. Dann werde ich euch beide befragen, damit ich von den Teilen der Bücher profitieren kann, die ihr – nach euren Worten und Taten zu urteilen – nicht verstanden habt.‹
›Und ich‹, sagte ein vierter Derwisch, der gerade vorbeikam und ihnen zuhörte, ›ich werde den dritten Derwisch studieren, um zu sehen, ob sein Hochmut ihm erlaubt hat, *das* an den Büchern und ihren Wirkungen zu erkennen, was man durch sie erkennen kann.‹
Der Sufi ist vielleicht nicht in der Lage, durch direkten Unterricht, wie man ihn normalerweise versteht, zu lehren, auch wenn die Leute diesen Unterricht wünschen.
Scheich Fariduddin Attar erzählt*, daß der große Samnun Muhibb einmal nach seiner Rückkehr von einer Pilgerreise gebeten wurde, zu den Leuten zu sprechen.

* Tadhkirat al-Awliyya.

Als der Sufi sprach, zeigten sich die Leute davon völlig unberührt. Also sprach der Scheich zu den Kerzen in der Moschee, in der sie sich befanden, und die Kerzen bogen sich und erloschen. Der Sufi wies seine Zuhörer auf die Parallele hin und ging weg.

Die Weisheit der Narren

F: Können Sie etwas über Ihr Buch »Die Weisheit der Narren«* sagen, etwa darüber, wie die Geschichten und die Zitate wirken?

A: Die große Bruderschaft der Sufis behauptet drei Dinge:
1. daß die Sufi-Lehre die Menschen in eine Sphäre tieferer Erleuchtung führt;
2. daß der Sufismus, wie immer seine äußere Erscheinungsform sich wandeln mag, zeitlos ist und schon immer existiert hat,
3. daß das Ziel der Sufi-Lehre ist, Erfahrungen zu provozieren, die zu höherer Erkenntnis führen. Es geht nicht einfach darum, Informationen weiterzugeben oder emotionale Reize zu erzeugen.

Der Sufismus hat neben anderen Techniken eine ganz spezielle Methode entwickelt, die denjenigen fast unbekannt ist, die nicht zu den Reihen der in den ›Pfad‹ Eingeweihten gehören. Diese Methode, die ›Diagrammatik wirksamer Ge-

* »Die Weisheit der Narren«, Herder, Freiburg, 1983.

schichten‹ heißt, zeigt sich in der besonderen Weise, in der Sufis mündlich überlieferte und andere Literatur einsetzen.

Sufi-Geschichten, die oberflächlich betrachtet scheinbar eine Moral oder auch nur Unterhaltungswert haben, sind keine literarischen Formen im üblichen Sinne. Sie sind zwar zufällig auch Literatur, aber in erster Linie sind sie Lehrmaterialien. Sehr viele der klassischen persischen Dichter und Schriftsteller sind anerkannte Sufis, und ihre Werke haben jene tieferen Dimensionen, von denen ich spreche.

Die Sufi-Geschichten und andere Sufi-Zitate sind gleichermaßen dafür gedacht, von den Gebildeten geschätzt zu werden, Information zu vermitteln, zu lehren und im Geist des Schülers das zu schaffen, was man ›einen Rahmen für die Erlangung der Erleuchtung‹ nennt.

Mein Buch »Die Weisheit der Narren« will im Englischen nicht nur die Form beibehalten, sondern auch die Absicht der Sufi-Geschichten vor Verfälschung bewahren.

Ganz allgemein kann man von Sufi-Geschichten sagen, daß sie so angelegt sind, daß sie dem Geist eines Schülers Muster oder Reihen von Beziehungen zeigen. Wenn der Geist des Lesers mit dieser Struktur vertraut ist, kann er Begriffe und Erfahrungen verstehen, die eine ähnliche Struktur haben, die aber auf einer höheren Wahrnehmungsebene operieren. Man könnte das Verhältnis mit dem zwischen einem genauen Konstruktionsplan und einem fertigen Apparat vergleichen. Diese Methode kann nach der Sufi-Lehre den Menschen zur Erleuchtung bringen, wenn er die nötige Einsicht zum Verständnis hat. Sie kann aber auch ein zentraler Bestandteil der vorbereitenden Studien des Schülers sein.

Der Prozeß der Erschließung verlangt, daß man über die äußere Präsentationsform einer Geschichte hinausgeht, ohne den Schüler daran zu hindern, den Humor und andere äußerliche Charakteristika zu verstehen und sich daran zu erfreuen.

In Sufi-Kreisen ist es üblich, daß sich die Schüler regelrecht mit Geschichten vollsaugen, so daß sich ihnen ihre Bedeutung erschließen kann, wenn es für ihre Entwicklung angemessen ist. Dieses Stadium kann manchmal die Hilfe eines Meisters erfordern, der Zeit und Ort einer solchen Entwicklung wählt.

Aus eben diesem Grunde sagt man, daß Sufi-Geschichten, in altmodischer Terminologie, ›ein kostbares Geheimnis bergen‹, das ›die Macht eines Lehrers offenbaren kann‹.

Wenn man diese Geschichten analysiert, verlieren sie ihren instrumentellen Wert, ebenso wie ein Hammer, den man in seine Teile zerlegt. Er wäre dann kein Hammer mehr. Die Geschichten wurden seit unvordenklichen Zeiten als Träger des Wissens und Instrumente des Verstehens gebraucht. Aber sie müssen auf die richtige Weise erfahren werden. Hier ist eine der wenigen, die bei dieser Erfahrung helfen; mehr kann man dazu nicht sagen.

Die Reise

Ein Mann war einmal mit einem Sufi-Lehrer unterwegs. Es wurde Abend, und beide waren müde und hungrig. Der Meister klopfte an die Tür eines bescheidenen Hauses und bat um etwas zu essen. Der Hausherr war ein armer Mann, aber er gab ihnen alles, was er hatte.

Am Morgen sagte der Sufi: ›Gesegnet seist du und dein Haus‹, und die beiden Wanderer machten sich wieder auf den Weg.

Als sie ein paar Schritte gegangen waren, sagte der Schüler:

›Wir haben diesem Mann seine Großmut nicht recht gelohnt. Hättest du ihm nicht mehr als nur deinen Segen geben können?‹

›Er hat genug gehabt. Mehr wäre nicht besser‹, sagte der Meister.

Aber der weichherzige Schüler senkte den Kopf und beharrte mit größter Höflichkeit darauf, daß ›alle so viel wie möglich für andere tun sollen...‹

›Also gut‹, sagte der Sufi, ›ich werde dir zeigen, wozu das führt.‹ Er ging zurück, rief ihren Gastgeber und sagte zu ihm:

›In deinem Garten ist ein Schatz vergraben. Er liegt unter dem Apfelbaum. Grabe ihn aus und freue dich daran.‹

Die beiden machten sich wieder auf den Weg und wanderten ein Jahr lang. Zufällig gingen sie dann wieder denselben Weg und waren wieder müde und hungrig. Da entdeckten sie, daß das Haus verschwunden war. Wo es gestanden hatte, stand nun ein Palast. Der früher so freundliche Gastgeber war jetzt ein fürstlicher Herr, und alles um ihn herum litt unter seiner Tyrannei.

›Was sagst du nun?‹ fragte der Meister.

›Ich verstehe, was geschehen ist‹, sagte der Schüler. ›Aber wenn du wußtest, daß das geschehen würde, warum hast du dann getan, worum ich gebeten habe? Warum hast du zugelassen, daß dieser Mann ein Tyrann geworden ist?‹

Der Meister bewegte die Hand vor den Augen des Schülers, und er sah, daß sie wieder vor dem ärmlichen Haus standen wie vor einem Jahr. Keine Spur war von dem Tyrannen zu sehen. Sie sahen das lächelnde Gesicht des bescheidenen Bewohners des Häuschens, der ihnen zum Abschied nachwinkte. In diesem Augenblick merkte der Schüler, daß der Sufi-Meister verschwunden war. Er hat ihn nie wieder gefunden, und das liegt schon viele Jahre zurück.

Feuer angreifen

F: In einer literarischen Zeitschrift hat jemand gesagt, daß Sie Ihr Steckenpferd besteigen und dann Wissenschaftler attackieren. Ist das wahr, oder, wenn es nicht wahr ist, was tun Sie wirklich?

A: Es interessiert Sie nicht nur, was ich tue, sondern was andere (Leute bei ein oder zwei literarischen Zeitschriften) tun. Ich kenne diese Leute nicht näher, aber als mich einmal jemand ›fertigmachen‹ wollte, schickte mir ein bekannter Gelehrter, der viel unter diesem literarischen Zirkus leidet, dieses ›Gebet einer Null‹:

> O Herr, mache mich erfolgreich genug, daß ich angegriffen werde! Aber wenn das nicht möglich ist, dann laß mich erfolglos genug sein, daß mir das Vergnügen bleibt, andere anzugreifen!

Wenn Sie einen Feuerwehrmann zu einer Brandstelle laufen sehen, und Sie rufen: ›Schaut euch den Mann an. Er reitet wieder sein Steckenpferd und bekämpft ein Feuer!‹, dann wird er sich zum Glück von Ihnen nicht abhalten lassen. Statt dessen könnten andere Leute auf den Gedanken kommen, daß mit Ihnen etwas nicht in Ordnung ist. Sie sollten auch bedenken, daß meine Aktivitäten in der wissenschaftlichen Welt anscheinend wohlbekannt sind und wohl verstanden werden. Sie sollten nicht nur auf die Person schauen, die angegriffen wird, sondern Sie sollten auch den Angreifer betrachten und, soweit es Ihnen möglich ist, zu einer eigenen Meinung kommen. Obwohl es 15 Jahre gedauert hat, fehlt es heute nicht mehr an fortschrittlichen und anerkannten Gelehrten, die unsere traditionelle und langerprobte ›Angriffsmethode‹ verstehen und unterstützen, weil sie sie für heilsam und gerechtfertigt halten. Können Sie dasselbe von denjenigen sagen, die Sie oben zitiert haben?

Ich habe nur unwürdige und oberflächliche Gelehrte angegriffen. Daß gewisse Akademiker offenbar der Meinung sind, ich hätte sie persönlich gemeint, soll ein Psychologe interpretieren. Meine Sache ist es nicht.

Wenn Sie die Sache isoliert betrachten, bekommen Sie natürlich ein verzerrtes Bild. Wissenschaftler attackieren einander mit Vergnügen, und der schnellste Weg, in gewissen Bereichen zu Ansehen zu kommen, ist, als ›unwissenschaftlich‹ bezeichnet zu werden. Das ist eine Art Schimpfwort, das die Gelehrten einander gern an den Kopf werfen.

Die wahren Gelehrten haben Sinn für Humor, was den oberflächlichen fehlt. Ich werde niemals vergessen, wie eine prominente literarische Persönlichkeit einmal bei einer Versammlung mit den Worten vorgestellt wurde: ›Ich habe die Freude, Ihnen Dr. Bloggs vorzustellen, der in fast jeder ernstzunehmenden Zeitschrift seines Faches seit 20 Jahren ständig angegriffen wird!‹

Die Antwort war donnernder Applaus.

Rumi macht häufig darauf aufmerksam, und andere Sufi-Autoren ebenso, daß man von einer Sache nicht notwendigerweise dann am meisten profitiert, wenn man auf sie spezialisiert ist.

Der starke Mann, der Schmerzen litt

In einer Geschichte von Saadi *(Der Obstgarten: Über das Jasagen)* besuchte ein Arzt einen starken Mann, der sich vor Schmerzen wand. Der Arzt meinte, da der Mann Rebenblätter gegessen hätte, wäre es ein Wunder, wenn er die Nacht überleben würde. Aber, fährt Saadi fort, es war der Arzt, der in dieser Nacht starb. Das liegt 40 Jahre zurück, und der starke Mann ist immer noch am Leben!

Gelehrte und Spezialisten haben das Problem, daß Subjektivität ihr Denken beeinträchtigen kann. Wie der Doktor, so können auch sie unter einem Mangel an Wissen leiden: Es ist nicht wahrscheinlich, daß der Arzt vermutete, daß sein eigener Tod so nahe sein könnte, obwohl er vom nahen Tode eines anderen so überzeugt war.

Der Prophet Mohammed soll gesagt haben, daß die Tinte der Gelehrten heiliger sei als das Blut der Märtyrer. Trotzdem haben sich die Sufis jahrhundertelang nicht gescheut, oberflächliche Wissenschaftler und Pseudowissenschaftler anzugreifen, wo immer sie auftraten. Wenn das bedeutet, daß man sein Steckenpferd reitet, dann ehrt es mich, zu denen zu gehören, die einem so edlen Vorbild nacheifern.

Aber Sie sind sowieso ein wenig zu spät daran mit Ihrer Frage. Der Kampf spielt sich nicht mehr da ab, wo ich bin. Einige Gelehrte haben mich angegriffen, andere haben mich verteidigt. Die erste Sorte nannte die zweite oberflächlich, und jetzt tragen sie den Streit unter sich aus. Ich habe keinen Anteil an dieser Kontroverse, denn sie spielt sich zwischen Dritten ab.

Die Aufgabe einer Brücke

Es klingt unwahrscheinlich, ist aber nicht übertrieben, wenn ich sage, daß Leute Materialien, die ihr einziger Ausweg aus dem zirkulären Denken sein können, mißachten, ignorieren und sogar verachten.

Ich habe mehr von Menschen, Dingen und Ideen gelernt, die viele für unbedeutend, flach oder sogar völlig wertlos halten, als von viel stärker propagierten und aufdringlich präsentierten Materialien.

Leute, die diese Quellen des Wissens nicht akzeptieren können oder wollen, können sie vielleicht dann annehmen, wenn sie auf eine Art angeboten werden, die sie zu akzeptieren bereit sind. Das zeigt erneut, wie eng begrenzt die Lernmöglichkeiten von Leuten sind, die sich weigern, irgend etwas überhaupt nur anzusehen, was ihnen vom äußeren Anschein her ungeeignet erscheint.
Aber das ist nur der erste Teil des Prozesses. Man kann etwas ›popularisieren‹ oder schmackhaft machen, aber irgendwann muß man die Aufmerksamkeit auf die ursprüngliche Sache lenken.
Wenn wir als Brücke dienen wollen, müssen wir die Funktion einer Brücke erfüllen. Wir müssen jemand von einer Seite auf die andere führen.

Das Maß eines Fußes

Ich erinnere mich an eine Person, die das verstehen konnte und die dadurch sensibel wurde für die Existenz und die Wirkungsweise einer Sufi-Schule, die anderen unsichtbar war. Sie hatte einfach eine Aussage von Rumi im *Fihi ma Fihi* wirklich begriffen:

> Ich bin Schuhmacher und habe viel Leder. Aber ich schneide es zu und vernähe es je nach Größe des Fußes, dem der Schuh passen soll.

Der Verfall von Studien

F: Wie kommt es, daß Studien Verfallserscheinungen zeigen?

A: Die Leute halten Ausschau nach neuen Lehren oder nach der Enthüllung von bisher unbekannten alten, während ihr eigentliches Problem ist, daß sie nicht sehen, wie die Lehre in den Materialien allgegenwärtig ist, die ihnen im Überfluß zur Verfügung stehen, ob es nun alte sind oder neue.
Sie können diese Lehre nicht wahrnehmen, weil sie der Absicht einer bestimmten Lehr-Technik gegenüber bewußt die Augen verschließen. Sie haben ihr eigenes Erbe an Materialien ›verflacht‹. Hier ist ein Beispiel:
Viele Leute sind von der Entdeckung beeindruckt, daß sie dann, wenn sie etwas 30 Sekunden lang betrachten sollen, merken, daß ihre Aufmerksamkeit abschweift. Anstatt das als vollständigen Hinweis auf eine Tatsache zu verstehen, tun sie zwei unnötige Dinge:

1. Sie versuchen, Dinge lange Zeit hindurch anzuschauen, und hoffen, so eine gewisse Konzentrationsfähigkeit zu erlangen. Sie erreichen sie aber niemals, wenn sie es auf diesem Wege versuchen, denn die Beschreibung eines Defekts enthält natürlich nicht die technische Anweisung zu seiner Behebung.
2. Sie nehmen sofort an, daß die Person, die sie auf den Mangel an Konzentration aufmerksam gemacht hat, ihnen die Methode oder das System zeigen könnte, mit deren Hilfe man ihr Konzentrationsvermögen verbessern kann. Sie kommen selten auf den Gedanken, daß ein Mann, der sagt, ›diese Tür ist zerborsten‹, nicht notwendigerweise auch weiß, wie man sie wieder zusammenfügt.

Diese Leute haben jene Flexibilität des Denkens verloren,

die das Kennzeichen der alten Lehre war. Sie haben Ideen ›vergöttert‹ und behauptet, in Anschauungsmaterialien stecke die Allwissenheit. Genau das tut auch ein Totemist. Der moderne Mensch hält sich jedoch nicht für einen Totem-Anbeter, vermutlich weil er nicht in einem tropischen Urwald lebt.

Die wirklich Armen

Der große Scheich Abdullah Ansar von Herat sagt, daß die wirklich Armen diejenigen sind, die nicht unabhängig sind von der Armut, also diejenigen, denen es etwas bedeutet, ob sie arm sind oder nicht. In ähnlicher Weise verursacht das Festhalten an sekundären Begriffen den Niedergang der Studien, denn überall, wo das geschieht, wird das Gefäß mit dem Inhalt verwechselt. Es gab nie Mangel an Leuten, die meinten, das physische Fehlen von materiellen Gütern sei Armut und der Besitz materieller Güter bedeute Reichtum. Die Frage nach der Einstellung zu den Gütern wird nicht gestellt.

Sie fragen, wie Studien überhaupt verfallen können? Einer der Gründe ist einfach die riesige Anzahl von irregeleiteten und oberflächlichen Leuten, die nach ›tieferen Studien‹ oder ›spirituellem Wissen‹ suchen. Durch sie entsteht eine Art Nachfrage, die so viel Nachahmung des Lehrens und Lernens herbringen kann, daß die Kopie für das Original gehalten wird.

Kein Zutritt für Inder

Nach einer in Indien kursierenden Geschichte hörte einmal ein indischer Student, der in den Vereinigten Staaten lebte, daß ein Landsmann von ihm Leute aus dem Westen in Hindu-Spiritualität unterweise. Er war wohletabliert, obwohl

er fast das ganze Jahr über in der Nähe von Delhi lebte. Als der Student in den Ferien nach Hause fuhr, suchte er den großen Guru auf und bat ehrfürchtig darum, sein Schüler werden zu dürfen.
›Es tut mir leid‹, sagte der höchste Assistenz-Guru im Ashram, ›wir nehmen keine Inder, nur Europäer und Amerikaner.‹
Der junge Hindu war völlig entgeistert. ›Ich dachte, die Tage der kolonialistischen Diskriminierung wären vorbei!‹ stieß er hervor. ›Wollen Sie wirklich sagen, daß Sie mich nicht als Schüler annehmen wollen, hier in meinem eigenen Land?‹
›Lieber junger Mann‹, sagte darauf der große Guru selbst, der inzwischen ans Tor des Ashrams gekommen war, ›die Sache verhält sich andersherum: hast du schon einmal einen dieser schrecklichen Menschen *gesehen,* die einen tiefen Zug von der indischen Spiritualität trinken wollen? Ich versuche nur, meine Landsleute vor ihnen zu schützen.‹

Gemeinschaft und menschliches Wachstum

F: Wie vollzieht sich menschliches Wachstum in einer Gemeinschaft, und welche Gefahren liegen darin, in einer zufällig zusammengewürfelten Gruppe zu arbeiten?

A: Betrachten Sie einmal bestimmte Arten von Organisationen und die Meinungen, die man im allgemeinen über sie hat. Dann prüfen Sie eine andere Einstellung zu ihnen und lernen Sie etwas daraus.
Greifen wir die Gemeinschaft der sogenannten Freimaurer heraus. Sie pflegen Rituale, sie sollen angeblich geheimge-

haltenes Wissen haben, und sie nennen sich nach einem Beruf. Die Leute glauben, daß die Freimaurerei dadurch entstanden sei, daß die Maurer einen starken Kameradschaftsgeist hatten und außerdem ein bestimmtes handwerkliches Wissen monopolisierten und sogar den Arbeitsmarkt regulieren wollten.

Dann schauen Sie sich die Lehrzeit der Handwerker in Europa, Asien und Afrika an, die es für alle Handwerke gibt. Auch hier gibt es Initiationsrituale und solche für andere Gelegenheiten. Es gibt auch ein bestimmtes Verhältnis zwischen Meister und Lehrling, wozu ein Vertrag gehört.

Jetzt denken Sie an die speziellen Riten und Bedingungen, die mit der Institution der Monarchie verbunden sind, oder an die Gerüchte und Mutmaßungen bezüglich einer besonderen verbindenden Kraft und Entwicklungsmöglichkeit, die Mitglieder einer Familie, eines Clans oder ähnlicher Gruppierungen haben sollen.

Was all diese Beispiele verbindet, ist die Überzeugung, daß gewisse außerordentliche Wahrnehmungen auf dem Wege einer besonderen Art von menschlicher Gemeinschaft entwickelt werden können, mögen sie ›Alchimisten und ihre Assistenten‹, ›Bruderschaft der Teppichknüpfer‹ oder sonstwie heißen. Das gilt auch dann, wenn der einzelne, der in diese Gemeinschaften eintritt, sich zunächst nicht bewußt ist, daß es dieses Element gibt. Mit anderen Worten ist die sprachliche Form des Lehrens, selbst der Einführung in ein höheres (oder inneres) Wissen, nur eine der möglichen Formen.

Es ist aber nicht genug, daß es da eine Gruppe von Leuten gibt, die gemeinsam oder mit einem gemeinsamen Ziel arbeiten; allerdings ist das Unternehmen ohne dieses Ziel völlig absurd.

Das Streben und der Wunsch sind nicht genug: das müssen auch die Führer der Gruppe einsehen.

Das wird in der folgenden Nasrudin-Geschichte illustriert: Eines Tages sah Mulla Nasrudin, wie ein Lehrer eine Gruppe von Schülern zu einer Moschee führte.
Der Mulla fragte:
›Was ist der Zweck deines Tuns, o Gelehrter?‹
›Wir haben eine Dürre‹, sagte der Lehrer, ›und wir hoffen, daß das Flehen der Unschuldigen den Himmel rühren wird.‹
›Flehen, ob von Unschuldigen oder Schuldigen‹, sagte Mulla Nasrudin, ›kann keine Wirkung haben ohne Wissen.‹
›Wie kannst du eine so kühne Behauptung beweisen?‹ versetzte der beleidigte Lehrer.
›Ganz einfach‹, sagte Nasrudin. ›Wenn das Flehen genug wäre, um Wünsche zu erfüllen, die offensichtlich von der Not der Flehenden gezeugt werden, dann gäbe es auf der ganzen Welt keinen einzigen Lehrer. Alle Kinder wünschen sich leidenschaftlich, daß ihre Lehrer verschwinden mögen. Wenn also das aus tiefstem Herzen kommende Flehen der Kinder dich verbannen will, dann werden allein die Gebete der Menschen, die wissend sind und die Notwendigkeit deiner Aufgabe einsehen, dafür sorgen, daß du uns erhalten bleibst.‹
Zusätzlich zu dem geplanten Unternehmen muß das jeweilige Team richtig gewählt werden. Diese Auswahl muß ein Lehrer treffen. Wenn diese Bedingungen aber erst einmal erfüllt sind, dann ist jedes weitere Wort aus dem Sprachschatz der Metaphysik oder der Philosophie und der Esoterik überflüssig.
Aus diesen und ähnlichen Gründen haben spirituelle Lehrer traditionellerweise weltliche Berufe gehabt. Sie waren Beamte oder Handwerker. Sie lehrten mit unzähligen Methoden. Doch nur ihre sprachlich vermittelte Lehre, ihre Übungen und Gebetsformen wurden von außenstehenden Denkern als Lehren höherer Art anerkannt. Deshalb wurde das

meiste, was sie getan haben, gar nicht aufgezeichnet oder als überflüssig und unbedeutend betrachtet.

Genau wie zufällige Ansammlungen von Leuten rasch Spannungen, Ängste, Strafe und Belohnung, oder die Anwendung von Dogmen und fixen Ideen konditionierte Menschen und starre, mechanische Institutionen hervorbringen, genauso entsteht im ›organischen‹ Feld der ›evolutionären Philosophie‹, wie wir sie nennen, etwas anderes. Die Gemeinschaft mit den richtigen Elementen (bei der z. B. Menschen, Zeit und Ort aufeinander abgestimmt sind) findet zu einem lebendigen Dasein und wächst in einer besonderen Weise, die sich der hochgestochene formale Denker und auch der wirre Gefühlsmensch nicht einmal vorstellen können.

Wenn wir einen Augenblick innehalten und das soeben Gesagte bedenken, erklärt es, warum Lehrer der Metaphysik Systeme angewandt haben, die keineswegs auf die einfachen Techniken und Dogmen beschränkt waren, die man von ihnen erwartet hat, sondern daß diese Systeme notwendigerweise überraschend komplexe Muster haben.

Nur Teile dieser Muster sind so dauerhaft, daß sie in der gewöhnlichen Form der Vermittlung erhalten bleiben. Wie Treibholz tauchen sie immer wieder auf und werden immer wieder verwendet, noch lange, nachdem ihr ursprünglicher Zweck (Teil eines Schiffes zu sein) vergessen ist.

Deshalb kann es paradox erscheinen (allerdings nur, weil die Leute hartnäckig auf ihrer naiven Betrachtungsweise der Dinge beharren), daß viele der wesentlichen Bestandteile des höheren Wissens gerade von den Leuten niemals erkannt werden, die sich für Studenten der Metaphysik halten.

Ein ›großer, müder Kesselflicker, vollkommen zerlumpt, der versucht, einen billigen Teekessel zusammenzuflicken‹, ist mit ebenso großer Wahrscheinlichkeit ein spiritueller Führer wie der Heilige mit dem Heiligenschein, den einige fromme, aber unerlöste Leute verehren.

Es ist viel wahrscheinlicher, daß er etwas Wichtigeres mitzuteilen hat als der Metaphysiker, der in ihm nur den Kesselflicker sieht, weil er mit der Terminologie dieses oder jenes Rituals nicht vertraut ist.
Wenn man diese Lektion nicht auf die eine oder andere Weise lernt (und es gibt viele Wege), sind Studium und Praxis, formal oder nicht, einfach nutzlos, abgesehen davon, daß die Leute beschäftigt sind. Das ist so, ganz gleich, was sie selbst denken oder was ihnen gesagt wird.
Es ist interessant, daß die traditionellen Warnungen vor wahllos gebildeten Gruppierungen sich als gerechtfertigt herausstellen, wenn man solche Gruppen genauer beobachtet. Saadi sagte in einem berühmten Spruch, daß ein einziger Hund einen ganzen Teich mit Rosenwasser verunreinigen kann. In einer zufällig zusammengewürfelten Studiengruppe werden meistens die unterschiedlichen Bedürfnisse der einzelnen alle Gruppenmitglieder davon abhalten, die wichtigen und höchst subtilen Begriffe zu verstehen und sich auf sie zu konzentrieren, die so viel Konzentration erfordern und so wenig Unaufmerksamkeit dulden.
Hujwiri zitiert Husri, der sagt: ›Die Existenz des Sufis ist bar der Nicht-Existenz, und seine Nicht-Existenz hat keine Existenz.‹ Solche Gedanken verlangen Konzentration. Selbst ein einzelner wird es schwierig finden, ihn im Gedächtnis zu behalten, hauptsächlich deswegen, weil er schon so sehr mit Gedanken und Ideen vollgestopft ist. Bei einer Gruppe ist es noch schwieriger.

Spezielle Harmonie

Die Gruppe muß fähig sein, die Bedeutung der folgenden Bedingung verstehen zu lernen, die wiederum Hujwiri formuliert: ›Die Sterblichkeit des Sufis sollte zeitweilig in Vergessenheit geraten, seine Sinneswahrnehmungen sollten aufhören, seine Beziehung mit allem sollte stillstehen, damit das Geheimnis seiner Existenz hervortreten kann und seine verschiedenen Teile mit der Essenz eins werden können, mit seinem wahren Wesen, und daß er im Sein fortbestehen kann.‹

In der Praxis, geschweige denn in der Theorie, sind Gruppen von Menschen im allgemeinen nicht daran interessiert, zu solchen Zuständen zu gelangen, selbst dann, wenn sie sich selbst für Mystiker oder Esoteriker halten.

Man kann heutzutage vielen Leuten begegnen, die versucht haben, in wahllos zusammengewürfelten Gruppen zu leben, und die damit gescheitert sind. Sie halten dann nach anderen Gruppen Ausschau oder versuchen ihre spirituelle oder psychische Entwicklung auf anderen Wegen zu fördern.

Doch es liegt auf der Hand, warum sie gescheitert sind: sie waren nicht *bereit, sich auf eine solche Erfahrung vorzubereiten.* Sie hatten entweder das Gefühl, für diese Erfahrung schon reif zu sein oder dachten einfach, die Mitgliedschaft in einer solchen Gruppe würde ihnen geben, was ihnen fehlt.

Eine solche Einstellung ist ganz verständlich und tritt vornehmlich dort auf, wo es an solider Information fehlt, wieviel guter Wille auch da sein mag. Diese Menschen haben vielleicht die zweite Zeile des folgenden Sprichwortes außer acht gelassen:

›Schiebe deinen Teig in den Ofen, wenn er heiß ist,
Aber vergewissere dich, daß es auch Teig ist.‹

Der Wert von Frage-und-Antwort-Stunden

F: Können Sie etwas über die besonderen Bedingungen von ›Zeit, Ort und Menschen‹ und über den Wert von Frage-Antwort-Stunden sowie deren Grenzen sagen?

A: Wenn Sie großen Wert auf die Technik von Gruppentreffen mit Frage-und-Antwort-Stunden legen, werden Sie Fortschritte machen, aber an einem bestimmten Punkt wird es nicht mehr weitergehen.

Das ist so, weil alles Lehren, das nicht alle Arten von Verfahren (Übungen, Hausaufgaben, Theorie, Praxis usw.) in der *richtigen Proportion* anwendet, unvermeidlich an eine Stelle kommen wird, an der die Leute aus dem jeweiligen Verfahren allen nur möglichen Nutzen gezogen haben und dann anfangen werden, sich ›rückläufig‹ zu entwickeln.

Die Frage der *richtigen Proportion* können Leute (Lehrer und Schüler) nur dann verstehen, wenn sie auf einer höheren Bewußtseinsstufe angekommen sind. Keine Intuition, keine Übertragung von Autorität, keine noch so mühevolle Forschung, kein Altersvorsprung und kein anderer Faktor kann das Wissen ersetzen, welches Verfahren gerade anzuwenden ist und bei wem und in welcher Weise.

Wenn man diesen Faktor mißachtet und trotzdem zusammenkommt, entstehen einfach soziale oder imitativ-akademische Gruppen. Sie können sich nennen, wie sie wollen: ihre Entwicklung wird ausschließlich sozialer Natur sein.

Dasselbe gilt für Gruppen, die ihre Stabilität aus der Durchführung von Ritualen beziehen, die Gedächtnisfeiern abhalten oder stereotype Phrasen wiederholen, wie heilig die Tradition von alledem auch sein mag.

Die Existenz so vieler Lehrgruppen in so vielen Kulturen und Epochen und mit so verschiedenen äußeren Erscheinungsformen ist eine Manifestation ursprünglicher Grup-

pen, die auf die Gemeinschaft dieses Ortes, dieser Zeit und dieses Lehrers zugeschnitten waren.
Von allen menschlichen Aktivitäten müssen die Studien, die über die üblichen Wahrnehmungen hinaus führen sollen, am sorgfältigsten in Übereinstimmung mit Ort, Zeit und Menschen gebracht werden. Das schließt auch das Ziel der Bemühungen ein, wie die folgende Geschichte gut veranschaulicht:

Wenn deine Hände voll sind

Voller Angst war Mulla Nasrudin in einer finsteren Nacht unterwegs. In der einen Hand hielt er ein Schwert, in der anderen einen Dolch. Man hatte ihm gesagt, Schwert und Dolch seien ein sicherer Schutz.
Unterwegs überfiel ihn ein Räuber und stahl ihm seinen Esel mitsamt den Satteltaschen, die mit kostbaren Büchern gefüllt waren.
Am nächsten Tag beklagte er sein Schicksal in einem Teehaus, und jemand fragte ihn:
›Aber warum hast du ihn mit deinen Besitztümern weggehen lassen, Mulla? Konntest du ihn nicht davon abhalten?‹
›*Wenn* meine Hände nicht voll gewesen wären‹, sagte der Mulla, ›wäre die Sache ganz anders verlaufen.‹
Der Sinn der Geschichte ist natürlich, darauf aufmerksam zu machen, daß die Leute eine überlieferte Formel besitzen können (›Waffen dienen der Verteidigung‹), ohne zu begreifen, wie sie damit umgehen müssen.
Wie Nasrudin tragen sie nur die Instrumente...
Die außergewöhnliche Zähigkeit, mit der einfach Formen wiederholt werden, die man gut bei religiöser Überlieferung beobachten kann, ist ein Beweis für den Willen des Menschen und nicht für den wirksamen Gehalt dieser Formen.
Die alten Kulturen der Chinesen, der Babylonier und der Ägypter können als Beispiele aus dem sozialen Bereich die-

nen. Sie blieben durch Jahrtausende stabil, nicht weil sie besonders gut oder wahr oder notwendig gewesen wären, sondern weil sie von entschlossenen Männern und Frauen gepflegt und aufrechterhalten wurden. Außerdem wirkte eine Prise Trägheit, die sich Veränderungen widersetzte. Sie gelangten niemals über eine bestimmte Stufe hinaus.

Die Leute schätzen und verehren die Form und schätzen daher zunächst die Wirklichkeit der Sufis nicht, obwohl sie vielleicht meinen, sie täten es, weil sie bestimmte äußere Formen fälschlicherweise für die Wirklichkeit der Sufis halten. Aus diesem Grunde sagte der große Sufi-Weise Sahl, der Sohn von Abdullah aus Tustar: ›Vielleicht schätzt du den Sufismus zunächst nicht, aber wenn du ihn erst einmal schätzt, dann solange du lebst.‹

Schwächen der Erwartung

Die Form kann auch die Erwartung von etwas Künftigem einschließen, Menschen in aller Welt schätzen im allgemeinen die Stimmung froher Erwartung und besonders die Hoffnung auf Belohnung. Die Form enthält das Akzeptieren automatischer oder konditionierter Erwartung, und deshalb lehnen die Sufis sie als Lehrmethoden ab. Yahya, der Sohn des Maaz aus Balkh, sagte in diesem Zusammenhang vor über tausend Jahren: ›Asketen entsagen dieser Welt, aber Sufis entsagen sogar der Erwartung des Jenseits. Asketen erstreben die Freuden des Paradieses, aber der Sufi ist selbst im Paradies ein Fremder.‹

Sein Zeitgenosse Sari al-Saqati, der 867 n. Chr. starb, unterstreicht, wie eng die Bindung an die Form und an das Selbst miteinander verknüpft sind: ›Wahre Weisheit ist Nicht-Bindung an das Selbst und Hingabe an die Wahrheit.‹ Und den Sufismus nennt man traditionellerweise ›Wahrheit ohne Form‹.

Der Lehrer hat die Aufgabe, Frage-Antwort-Stunden auf ei-

nen sinnvollen Inhalt und eine angemessene Dauer zu begrenzen.
In seinem ›Tischgespräch‹* sagte der große Meister Jalaluddin Rumi:

> Die Nacht verging, und unser Gespräch war noch nicht zu Ende. Welche Schuld traf die Nacht? Es war unser Gespräch, das zu lang war.

Und vergessen Sie nicht, daß dabei gelegentlich offenkundig wird, was sich in einigen Leuten verbirgt, die man für spirituelle Lehrer hält. Frage-Antwort-Stunden können das ans Licht bringen. In Indien gibt es die alte Wahrheit, daß falsche Gurus sich unerwartet in echte verwandeln können, wenn sie plötzlich ihre eigenen Mängel erkennen. Die Wahrheit wurde in einen Witz verpackt: ›Guru, warum weihst du deinen Sohn nicht in die Lehre ein?‹
›Weil es gegen meine Prinzipien ist, die Söhne der Reichen umsonst zu lehren!‹

Hingabe, Dienst, Aufrichtigkeit

F: Gibt es echte Aufrichtigkeit hinter dem bloßen Gefühl der Aufrichtigkeit, das man anzweifeln muß?

A: Es ist außerordentlich peinlich, wenn man weiß, daß jemand etwas zu seinem eigenen Vergnügen tut, dabei aber überzeugt ist, er täte etwas für einen anderen.

* *Fihi ma Fihi*, hg. von Professor Faruzanfar in Teheran, 1952.

Man schämt sich für so einen Menschen, und ich bin schokkiert von dem kulturellen Defekt, der dazu geführt hat, daß dieser arme Mensch sich einbilden kann, er diene jemand oder etwas, während er sich in Wirklichkeit nur persönliche Befriedigung verschafft.
In unserer Zeit, und wahrscheinlich noch für lange, besteht keinerlei Aussicht, diesen Leuten klarmachen zu können, was sie eigentlich tun und was sie sich selbst und anderen antun.
Nicht weniger traurig ist, daß ein Mensch, der seine eigene Befriedigung sucht und dabei meint, er täte etwas anderes, weder zu einer tiefen Befriedigung findet noch jemals irgend etwas für einen anderen tut. Er hat keinen ehrlichen Grund. Er tut nichts seinem wahren Selbst zuliebe.
Anstatt sich diesem Problem zu stellen, bläst sich der Mensch lieber auf und quakt: ›Schaut, wie weit ich es gebracht habe, seit ich von den Bäumen heruntergestiegen bin.‹
Ist das nicht viel trauriger, als wenn er immer noch auf den Bäumen sitzen würde?
Das ist ein höchst wichtiges technisches Problem. Für einige Menschen ist es sicherlich lösbar, aber man muß es zuerst erkennen. Keine gegenwärtige Kultur bietet irgendeine allgemein anwendbare theoretische oder praktische Methode, die auf das Problem aufmerksam macht, von einem Gegenmittel ganz zu schweigen.
Und doch ist es eines der Haupthindernisse für die Entwicklung des Menschen.
Anstatt zu zeigen, daß eine versteckte Suche nach Befriedigung eine Maskerade ist, die ebenso hinderlich ist wie jede andere Form der Verstellung (solange man damit beschäftigt ist, etwas vorzutäuschen, kann man nichts anderes tun), sanktionieren und nutzen viele Kulturen diese Fehlhaltung.
Anstatt zu sagen: ›Du unterhältst dich nur damit, dieses oder jenes nationale, kulturelle, religiöse oder spirituelle Spiel zu spielen‹, sagen sie vielleicht: ›Das ist kein Spiel, das

ist Ernst. Es ist sogar der Weg in den Himmel.‹ Weil ihr Verständnisniveau nicht hoch genug liegt, operieren geistige Führer auf zu niedriger Ebene.
Das ist so, weil zu irgendeinem Zeitpunkt in der Vergangenheit ein Mangel an ›Technikern‹ bestand, die wissen, was wirklich vorgeht, so daß die Mehrheit von Unwissenden den Platz der Wissenden einnehmen konnte.
Wenn man den Leuten Aufgaben zuteilt oder sie sich selbst aussuchen läßt, verlieren diese Aufgaben oft ihre Wirkung, oder die Leute finden ein sadistisches oder masochistisches Vergnügen an den Übungen, die Dienst, Hingabe oder Leiden verlangen, ohne daß sie dabei neue Einsichten gewinnen.
Die einzige Hoffnung besteht darin, daß es jemanden gibt, der den Menschen von Zeit zu Zeit vorschreibt, was sie tun sollten und was nicht. Dadurch werden ihre wirklichen Anstrengungen unterstützt, und sie werden daran gehindert, zu Papageien oder Maschinen zu werden, und die Scheinheiligkeit kann niemals in ihrem Wesen die Oberhand gewinnen.
Die Behauptung ist unpopulär, daß ein anderer besser wissen könnte, was einem Individuum guttut, welchen Weg es einschlagen und gehen sollte, als das Individuum selbst.
Unpopulär, gewiß. Aber man kann nicht erwarten, daß alles Richtige immer populär ist. Die Leute, die davon phantasieren, daß sie ›etwas opfern müssen‹, sind die letzten, denen man erlauben sollte, irgend etwas zu opfern, und zwar zu ihrem eigenen Besten. Aber was geschieht in Wirklichkeit? Jede Organisation, die Sie kennen, hält Ausschau nach eben diesen Leuten, damit die Organisation sich mit den Opfern solcher Menschen am Leben halten kann.
Das zu verstehen nennen wir, sich selbst und andere zu erkennen.
Man kann Hilfestellung geben, indem man Sie mit Aufgaben beschäftigt, die Ihnen weder schmeicheln, noch Sie ausbeuten. Aber auch Sie müssen etwas dazu beitragen. Dieses

›Etwas‹ besteht darin, daß Sie weder ein Ja-Sager noch ein Nein-Sager oder ein Zweifler werden.
Es liegt bei Ihnen, sich in diese Theorie zu vertiefen und ihre Anwendung in der Praxis zu beobachten. Sie müssen offen bleiben für Arbeit und Studium. Sie müssen handeln und leben, ohne Teil eines unnötig simplifizierten Musters zu werden wie die Mehrheit der Menschen.

Die Schatzhöhle

F: Die Leute behaupten, daß vorzeitige Erkenntnis, die über das normale Verständnis hinausgeht, schlechter ist als gar keine Erkenntnis, weil man sie dann weder nutzen noch sich in ihren Dienst stellen kann. Sie sagen auch, daß jemand sie durch Gier verlieren und doch anderen von Nutzen sein kann. Was bedeutet das alles? Können Sie es in eine leichter verständliche Form bringen?

A: Gier ist die Ursache von Verlusten und führt zu der Unfähigkeit, von dem zu profitieren, was offensichtlich Gewinn bringt. Das gilt für die Metaphysik ebenso wie für das tägliche Leben. Aber die Gier eines Menschen kann anderen zum Wohle gereichen, nur betrifft ihn das nicht, und er hat nichts davon.
Eine alte Geschichte, die noch immer viel erzählt wird, bringt das in eine einprägsame Form:

Die Geschichte vom Dorfbewohner

Es war einmal ein tüchtiger Bauer, der seine Anhänglichkeit an Unwesentliches noch nicht überwunden hatte. Eines Tages ritt er auf seinem Esel über Land und kam gerade in dem Augenblick an einer verzauberten Höhle vorbei, in dem sie für die Menschen sichtbar wurde. Das geschah in regelmä-

ßigen Abständen. Er ging mutig in die Höhle hinein und fand darin Berge von Schätzen. Er trug hinaus, was er tragen konnte, und stopfte es in seine Satteltaschen. Als der Esel vollbeladen war, erinnerte sich der Mann daran, daß er seinen Stock in der Höhle vergessen hatte, rannte hinein und wollte ihn holen. Aber schon war der Augenblick gekommen, in dem die Höhle wieder verschwinden mußte. Kaum war der Mann in der Höhle, als sie sich schloß und mit ihm verschwand.
Der Esel trottete zurück ins Dorf. Von dem Bauern wurde nie mehr eine Spur gefunden. Die Leute warteten eine Weile auf seine Rückkehr. Dann verkauften sie den Esel und seine Last und bereicherten sich daran...

Sufis und Gelehrte

F: Worauf beruht die traditionelle Abneigung der Sufis gegen einen bestimmten Typ von Gelehrten, die Sie ›akademische Pedanten‹ genannt haben?

A: Diese Gelehrten werden oft als Zierde und Mehrer des Nutzens einer Institution angesehen. Man sollte aber ihre dekorativen und nützlichen Seiten genau unter die Lupe nehmen, nach dem Prinzip, daß Mißverständnisse und Verzerrungen immer dort auftreten, wo etwas nicht definiert ist, was definiert werden könnte.
Diese Gelehrten verlangen oft nach Aufmerksamkeit und tun alles nur Erdenkliche, um sie zu bekommen. Es kommt ihnen weniger darauf an, ihre Gedanken bekanntzumachen, als darauf, daß die Leute sie für Gelehrte halten. Berühmte

Gelehrte bitten mich ständig darum, ihre Werke zu zitieren, denn zitiert zu werden bedeutet Ruhm. Diese Aktivität entspringt ihrem Wunsch, beachtet zu werden. Sie streben nach Selbstdarstellung. Auch sind einige von ihnen stolz auf vornehme Kleidung und andere Accessoires sowie auf Rituale aller Art, die dazu beitragen, daß sie auffallen. Ähnliches kann man auch in anderen Kreisen beobachten sowie bei bestimmten Tieren und Vögeln, und man kann dieses Verhalten nicht einfach generell als unerwünscht einstufen. Schließlich haben wir an solchem Putz Freude.
Wie Behälter, in denen Umwandlung, Aufspeicherung und Analyse von Dingen stattfindet, können diese Leute im allgemeinen das erhalten, bewahren und sogar weitergeben, womit sie sich beschäftigen, aber keine wahre Verwandlung daran bewirken. Ein beschränkter Gelehrter, der ein Buch übersetzt, kann z. B. seinen Inhalt an jemanden weitergeben, der ihn aufnehmen kann, wie ein Krug, der Wasser enthält, das letztlich andere trinken werden.
Subalterne Gelehrte, die Menschen und nicht Tiere oder leblose Objekte sind, neigen manchmal dazu, ihre eigenen Wünsche mit ihrer wahren Wirkung und ihrer möglichen Funktion zu verwechseln. Das kann daran liegen, daß sie ihr Selbst nur gepflegt, aber niemals erforscht haben. Einer von ihnen sagte vor kurzem hier in diesem Raum zu einigen von uns: ›Wir können das einfach nicht ändern!‹ Man kann es vielleicht nicht erforschen, aber man kann es beobachten. Aus Oxford, nicht von den Sufis, kommt der Witz: ›Ich bin der Rektor des Balliol-College, und was ich nicht weiß, kann keine Wissenschaft sein!‹
Gelehrte können auch nicht so leicht von anderen Gelehrten unter die Lupe genommen werden, denn da sie selbst betroffen sind, bringen sie wohl kaum die nötige Objektivität auf.
Gelehrte können jedoch von Sufis unter die Lupe genommen werden. Es gibt zahllose Sufis, die einmal Gelehrte waren, aber es gibt keinen einzigen Sufi, der uns bekannt ist

oder von dem die Geschichte berichtet, der zuerst Sufi war und später ein Gelehrter wurde. Gelehrtentum kann daher ein Stadium sein, nach dem man *vielleicht* ein Sufi wird. Sufis waren niemals die Anhänger von Gelehrten, obwohl sie den Gelehrten an Wissen oft gleich waren oder sie sogar übertrafen.

Sufis sind dazu in der Lage, weil sie Gelehrsamkeit nicht als ein Ziel in sich selbst, sondern als etwas Nützliches betrachten: mit den Vorteilen und den Grenzen, die ihrer Funktion entsprechen. Gelehrte zeigen oft keinerlei Verständnis dafür, daß es noch etwas jenseits der Gelehrsamkeit gibt, und daher können sie – solange sie auf dieser Stufe stehenbleiben – kein höheres Ziel haben. Man muß, wenn man weiterkommen will, immer über den gegenwärtigen Stand hinausstreben, selbst innerhalb eines begrenzten Feldes.

Solche Gelehrten können aber nicht über ihre Vorstellung von der Gelehrsamkeit hinauskommen und glauben und praktizieren daher zwei Dinge:

1. Sie wollen sich selbst glauben machen, daß Gelehrsamkeit zu den höchsten Dingen gehört und daß Gelehrte ganz besondere Geschöpfe sind und eine Art Eigentumsanspruch auf die Wahrheit haben sowie die einzigartige Fähigkeit, sie zu erkennen. Historische Aufzeichnungen oder gar die persönliche Erfahrung, daß die Tatsachen sie widerlegen, beeindrucken solche Gelehrte wenig.
2. Da sie im Innersten wissen, daß diese Haltung nicht der Wahrheit entspricht, flüchten sich diejenigen von ihnen, die auf geeigneten Gebieten arbeiten, in die Werke ihrer Gegner (der Sufis). Das ist der Grund, aus dem die Gelehrten die Werke der Sufis studieren, aber die Sufis brauchen nicht die Werke der Gelehrten zu studieren, wie ein Sufi treffend bemerkte.

Diese Neigung der Subalternen, dem Höheren trotz gravierender Hindernisse nachzueifern, zeigt sich schon im Verhalten von Kindern, Tieren oder anderen weniger weit entwickelten Individuen. Kleine Jungen tun so, als wären sie erwachsen, oder beschäftigen sich damit, was Erwachsene ihrer Vorstellung nach tun oder sagen. Solange sie damit beschäftigt sind, verschließen sie natürlich ihre Augen gegenüber der Tatsache, daß die Erwachsenen sagen, Kinder seien eben Kinder.

Man muß hier darauf hinweisen, daß ein Kind ja noch erwachsen wird, ein Mann aber nicht wieder ein unreifer Junge werden kann. Der Gelehrte ist zu naiv (im Wissen, wenn nicht in der Streitsucht), als daß ein Sufi je einer von der Sorte werden könnte, die wir hier beschreiben. Diese Stufe hat der Sufi bereits hinter sich, wenn sie überhaupt auf seinem Weg lag.

Wenn ein Kind nicht richtig erwachsen wird, wird es entweder ein unreifer, kindischer Erwachsener, oder es stirbt. Das ist die Alternative zum Fortschritt. Was man sich über sich selbst einredet oder was man anderen über sich einreden kann, berührt natürlich nicht die reale Situation, auch wenn es einen Einfluß auf die Meinung über die Wirklichkeit hat.

Wenige Leute werden bestreiten, daß es einen Unterschied gibt zwischen der Realität, der beobachteten Tatsache, und den Tatsachen, die nur Annahmen sind, die durch Meinungen geschaffen und durch ständige Wiederholungen aufrechterhalten werden.

Jede sorgfältige Studie akademischer Arbeiten wird enthüllen, wie überraschend häufig z. B. der Unterschied zwischen Polemik und sachlicher Auseinandersetzung nicht beachtet wird.

Die Opposition des Sufis gegen Gelehrte ist in keiner Weise Opposition gegen die Gelehrsamkeit. Sie wendet sich nur dagegen, Gelehrsamkeit als etwas zu betrachten, was sie nicht ist. Wenn man z. B. davon überzeugt wäre, daß Brot und Milch die einzig guten und gesunden Nahrungsmittel seien, könnte das bedeuten, daß diejenigen, die Brot und Milch zu sich nähmen, der Meinung wären, sie hätten das Nonplusultra an Ernährung gefunden und praktizierten es.

Wenn andererseits auch sonstige Nahrungsmittel zur Verfügung stehen, und wenn diese in mancher oder vieler Hinsicht denjenigen überlegen sind, von denen man nur meint, sie seien die einzigen oder die besten, dann wird die Lage kritisch.

Ein weiterer Einwand, den die Sufis traditionellerweise erheben, dient dem Interesse der Gelehrten und ihrer Anhänger selbst. Jedermann weiß, daß ein Irrglauben über die eigene Person, besonders die Vorstellung, man sei wichtiger, als man in Wirklichkeit ist, unangenehme und zerstörerische Wirkungen sowohl auf ein Individuum haben kann, als auch auf die, die von ihm abhängen. Solche Hirngespinste der Gelehrten zu ignorieren, wenn man in der Lage ist, sie in heilsamer Weise zu kommentieren, ist gleichbedeutend damit, einer Person zu gestatten, sich selbst und anderen Schaden zuzufügen. Dabei kommt es nicht darauf an, ob der Schaden durch Bosheit oder durch Unwissenheit angerichtet wird. Alle sozialen Einrichtungen in fast allen Gemeinschaften sind sich darüber einig, daß man eine solche Situation nicht ignorieren darf, wenn man sie erst einmal festgestellt hat.

Wenn die Mittel, die notwendig wären, um die Leute von diesem Kurs der Unverantwortlichkeit abzubringen, entweder nicht da sind oder nicht eingesetzt werden können, ist es die Aufgabe des Sufis, die Information zur Verfügung zu stellen, mit deren Hilfe die anderen sich davor schützen können, durch Verbreitung von dieser Krankheit angesteckt zu werden. Ebenso kann der Sufi dazu beitragen, das Gleichgewicht wieder herzustellen.

Schutz und Führung sind Aufgaben der Sufis, die Vorrang haben vor jeder psychotherapeutischen Rolle. Trotzdem ist es für den Sufi leichter, seine Aufgabe zu erfüllen, als für den Betroffenen, seine eigene Lage zu erkennen. Denn das Opfer kann seine Krankheit nur dadurch am Leben erhalten, daß es dogmatisch vorgeschriebene Aktivitäten ausführt, sich ständig anstrengt, auf Propaganda hört etc. Ein solcher

Mensch verstärkt seine eigene morbide Kondition immer weiter, weil er die Tatsache aus den Augen verloren hat, daß die Krankheit in Wirklichkeit gar kein Teil seiner selbst ist. Er fürchtet daher, sie zu verlieren, denn er bildet sich ein, daß ein solcher Verlust einen Verlust der eigenen Person bedeuten würde oder zumindest eines Teils dessen, was er für seine eigene Person hält.

Wenn die Krankheit zusätzlich noch damit verknüpft ist, daß jemand sein soziales oder sonstiges Prestige erhalten möchte oder daß er damit seinen Lebensunterhalt verdient, dann wird die Situation des inadäquaten Akademikers wahrlich tragisch.

Das meinen die Autoren früherer Zeiten, wenn sie – in ihrer eigenen Sprache – sagen, daß Leute vom Dämon besessen sind und denken, sie selbst seien die Dämonen.

Die Opposition zwischen Sufis und Gelehrten hat, ebenso wie die zwischen Theoriegläubigen und Empiristen, die ebenfalls in allen menschlichen Gemeinschaften zu jeder Zeit existierte, noch einen weiteren Aspekt, der sehr interessant ist.

Viele, vielleicht die meisten Gelehrten, die zunächst unsere Bücher über traditionelle Psychologie angegriffen haben, wurden später überzeugte Anhänger der Konzeption zusätzlicher Dimensionen für das Lernen, und viele von ihnen wurden zu guten Freunden von mir. In den letzten 10 Jahren erschienen zahlreiche Bücher und Artikel, in denen Gelehrte diesen Sinneswandel dokumentiert haben. Wie kam es dazu?

Man sollte bedenken, daß es soziologische Beweise dafür gibt, daß die Leute, die später zu den besten Freunden werden, nicht diejenigen sind, die sich sofort stark zueinander oder zu den Ideen des anderen hingezogen fühlen. Es hat sich im Gegenteil gezeigt, daß eine Person, die einem zunächst Widerstand leistet, wahrscheinlich ein zuverlässigerer Freund wird als eine Person, die sich sofort mit einem anfreundet. Das mag seltsam erscheinen, aber Denker und

Empiristen wissen es seit Jahrhunderten, wie ich sogleich zeigen werde.

Auf der Ebene der Empfindung besteht im Gegensatz zur Oberfläche eine Kommunikation, die zur Harmonie zwischen nominell gegensätzlichen Personen oder Einstellungen führt. Wenn das nicht so wäre, könnte auf eine Meinungsverschiedenheit niemals eine Einigung folgen. Aber es gibt noch stärkere Beweise.

Als erstes Beispiel, das dieses Phänomen in Termini beschreibt, die unserem gegenwärtigen Publikum eher vertraut sind, wollen wir einen Ausspruch von Jalaluddin Rumi anführen. Er sagt, daß ›Dinge, die einander zu widersprechen scheinen, in Wirklichkeit zusammenwirken können‹. Die Leute verstehen normalerweise nicht die grundsätzliche Harmonie der Gegensätze, weil sie diese Aussage nur mit ihrem sekundären Selbst bewerten. Weil sie diese Kooperation der Gegensätze nicht wahrnehmen können, schon wenn sie beginnt, halten sie den Gegensatz, den sie sehen, für den zentralen Faktor.

Wenn Sie sich zweitens an das Neue Testament erinnern, in dem Jesus der Satz: »Liebet eure Feinde«* zugeschrieben wird, werden Sie sehen, daß Sie auch von diesem Standpunkt aus mit jemand in Harmonie leben sollen, der zu Ihnen im Gegensatz steht, denn dieser Gegensatz kann sehr wohl der Beginn einer Freundschaft sein, ganz gleich, wie es an der Oberfläche aussieht. ›Liebe deine Feinde‹ ist daher nicht als eine Aufforderung zu einem edlen Gefühl zu verstehen, das Sie zu einem besseren Menschen machen wird, sondern als ein Befehl, der die tieferen Dimensionen beschreibt, die in der Beziehung bereits vorhanden sind.

Wenn das auch denen schwer verständlich zu machen ist, die es nie erfahren haben, ist dieser Parallelismus zwischen paradoxen Sätzen aus einer Predigt und tiefgründiger Wirklichkeit in den Bereichen eines tieferen Verständnisses

* Matthäus 5,43/44, A. d. Ü.

durchaus anzutreffen. Das ist schwer zu veranschaulichen auf der persönlichen Ebene, vor allem dort, wo es individuelle Streitigkeiten betrifft, kann aber in sozialen Kontexten aufgezeigt werden, wo das Oberflächen-Selbst nicht wirksam wird. Versöhnung, die uns allen in persönlichen und gemeinschaftlichen Zusammenhängen bekannt ist, stellt nicht so sehr die Vereinigung der Gegensätze dar, als das Aufdecken der grundlegenden Wahrheit der Situation, die von subjektiven Aspekten verdeckt wird.

Sufis und Gelehrte scheinen im Gegensatz zueinander zu stehen. Aber wenn sie die Positionen und das Wissen der jeweils anderen kennen, verschwindet diese ›Opposition‹.

Die gelehrten Scharfschützen

Die Gelehrten selber wissen recht gut um die stets lauernden Gefahren ihres Berufes, nämlich die der Über-Spezialisierung und des Dogmatismus, der ihnen Scheuklappen anlegt. Hier ist eine Geschichte darüber, die mir ein Gelehrter erzählt hat, der – im Gegensatz zu vielen anderen – wußte, daß er wie eine Person in dieser Geschichte war, aber er dachte, er könnte nichts dagegen unternehmen.

Eine Reihe von Akademikern wurde während des Krieges zur Infanterie eingezogen. Nach einigem Training erwiesen sich alle als Meisterschützen, die viel häufiger ins Schwarze trafen als alle anderen Rekruten.

Es kam der Tag, an dem sie in die Schlacht geschickt wurden. Als der Feind herankam, gab man den Befehl zu feuern. Niemand rührte sich. ›Um Himmels willen‹, schrie der Offizier, ›warum schießt ihr nicht?‹

›Wie können wir denn, du Narr?‹ brüllte einer der Gelehrten zurück. ›Wir haben doch nicht gelernt, auf *Menschen* zu schießen!‹

Ein Unternehmen muß nach seiner Zielsetzung beurteilt werden, nicht nach dem äußeren Anschein

F: Könnten Sie etwas über den Satz ›Der Erfolg eines Unternehmens wird nach seiner Zielsetzung beurteilt, und nicht nach dem äußeren Anschein‹ sagen?

A: Dieser Satz ist leichter zu verstehen, als man meint, obwohl sich einige der Mißverständnisse der Vergangenheit in ihm verbergen.
Wenn jemand versucht, ein Loch zu graben, dann ist seine Absicht, ein Loch zu graben. Sein Erfolg wird daran gemessen, ob am Ende ein Loch gegraben worden ist. Aber es könnte so aussehen, als ob der Mann Gold suche. Wenn der Betrachter meint, die Absicht des Mannes sei, Gold zu finden, dann wird er das ganze Unternehmen als ›Fehlschlag‹ bezeichnen.
Dasselbe gilt für Lehren, Institutionen, Theorien usw. Es waren schon viele erfolgreich, die dem Anschein nach scheiterten. Viele Fehlschläge sahen hingegen nach Erfolgen aus, weil man nicht genug über die Zielsetzungen wußte.
In dieser Situation gibt es zwei Hauptgefahren:

1. Daß selbsternannte Beobachter die Zielsetzungen gründlich mißverstehen.
2. Daß Leute, die ursprünglich Erfolg auf einer bestimmten Ebene suchten, der Versuchung erlagen, einen leichter erreichbaren ›Erfolg‹ auf einer anderen Ebene zu suchen und zu finden.

Es gibt einen psychologischen Mechanismus, mit dessen Hilfe sich ein Mensch einreden kann, daß er etwas ganz anderes vorhatte als das, was er wirklich wollte. Dann kann er noch immer zu einem ›Erfolg‹ kommen. Dasselbe gilt für Gruppen.

Der Fortschritt des Menschen verlangsamt sich oder kommt zum Stillstand, wenn die Menschen nach scheinbarem Erfolg streben (Erfolg, der sich daran mißt, was man leichthin als ›Erfolg‹ bezeichnen kann) und den Antrieb zum beabsichtigten Erfolg verlieren.

Beispiel: ›Falscher Erfolg‹
Mulla Nasrudin fiel einmal von seinem Esel und wurde dafür von Schulkindern verspottet. Er aber sagte: ›Ich *wollte* ja herunterfallen!‹

Beispiel: ›Wahrer Erfolg‹
Wenn es einem Team von Ärzten gelingt, die ganze Bevölkerung eines Gebietes gegen eine endemische Krankheit zu impfen, ob die Leute nun denken, sie vollzögen ein magisches Ritual oder nicht.

Beispiel: ›Mögliche Begleiterscheinungen des Erfolges, die ihn aber nicht beeinflussen.‹

Wenn einige oder sogar alle Geimpften etwas über die Wirkung und den Sinn der Impfung lernen.

Sufi-Organisationen

F: Können Sie etwas über frühere und heutige Sufi-Organisationen sagen?

A: Sufi-Organisationen entstehen immer wieder. Zu ihren Zwecken gehört es, bestimmte Erkenntnisse zu gewinnen und weiterzugeben.

Diese Organisationen können für das Auge der konventionellen Gesellschaften einen ›esoterischen‹ Anstrich haben oder auch nicht.
Dieser oberflächliche Aspekt ist nicht unbedingt wichtig.
Als wesentliches Ziel von Sufi-Aktivitäten wird gelegentlich genannt, daß sie einen Beitrag zu menschlichen Wandlungsprozessen leisten wollen.
Dieser Prozeß kann nur dann stattfinden, wenn die Organisation sichtbar oder sonst irgendwie nachweislich auf die Menschen bezogen ist.
Diese ›Beziehung‹ auf die Menschen kann bei einer Organisation zu unpassend erscheinenden äußeren Merkmalen führen.
Alle solche Gruppen sind vorübergehende Erscheinungen. Wenn das Ende ihrer fruchtbaren Lebensspanne gekommen ist, treten andere an ihren Platz.
Die äußere Form oder Hülse kann jedoch bestehen bleiben und soziale oder andere weniger wichtige Funktionen übernehmen. Die Erben solcher Formen erkennen selten, wenn überhaupt je, daß sie es mit einem ›toten Organismus‹ zu tun haben. So kommt es, daß scheinbar wohletablierte, traditionsreiche Körperschaften so ungefähr der letzte Ort sind, an dem man nach einer kontinuierlichen Weitergabe lebendiger Lehre suchen sollte, von der hier die Rede ist. Man sollte lieber diese Institutionen als archäologische Überbleibsel beschreiben, die für diejenigen leicht erkennbar sind, die von ihrer ursprünglichen Ausdehnung, ihrer Vitalität und ihrem Zweck wissen.
Diese Organisationen entwickeln eine Art Pseudo-Anpassungsfähigkeit oder eine starre Haltung oder eine Mischung aus beidem. Die Folge dieser Eigenschaften ist, daß sie entweder Unterstützung suchen bei neuen Gruppierungen oder sie bekämpfen. Es fehlt ihnen jedoch immer an wirklicher Flexibilität, wenn man die aktuellen Bedürfnisse berücksichtigt.
Diese Besonderheit entsteht, wenn man archaische und ana-

chronistische Formen bewahren will. Wenn man ein Interesse an wirksamen höheren Lehren hat, wählt man dagegen jede Form, die einem die Erfüllung seiner Mission zu versprechen scheint.

Ursache und Wirkung

Wenn man Sufi-Organisationen verstehen will, muß man wissen, was sich hinter den Erscheinungen verbirgt. Rumi sagt in seinem *Fihi ma Fihi* (Darin ist, was darin ist):

> Wenn sich ein Ärmel bewegt, hat eine Hand ihn bewegt. Aber wenn sich die Hand bewegt, muß sich der Ärmel nicht unbedingt auch bewegen. Wenn du also die Wirkung betrachtest und die Ursache nicht kennst, dann denkst du, der ›Ärmel‹ sei etwas mit einem Eigenleben!

Nicht einmal ein König ist davor sicher, daß er wie andere Leute von der Oberfläche ausgeht und voreilige Schlüsse zieht. Das kann in der wissenschaftsorientierten westlichen Welt leicht mit der Technologie passieren.

> Der englische König Eduard VII. sah einmal ein fauchendes Ungetüm auf sich zukommen. »Was zum Teufel ist das?« rief er aus und stieß dann hervor: »Mein Gott! Es ist der Teufel!«
> Es war aber nur ein Automobil...*

* J. W. Day, *King's Lynn and Sandringham Through the Ages*, Ipswich, 1977.

8

Sufi-Studien

Zusammenkommen

F: Welche Art von Harmonie entsteht in einer Gemeinschaft, die die sogenannte Methode des ›Zusammenkommens‹ praktiziert?

A: Der Hauptgedanke der sichtbaren Seite der ›Sufismus‹ genannten Lehre ist der Mensch als grundlegende Einheit. Menschen kommen zusammen und widmen sich gemeinsam den Studien, die ihnen ein moderner Lehrer aufgibt. Das ist notwendig für den Durchbruch zur Wahrheit, den man erfährt, wenn man ein Sufi ist. Man kann es Gemeinschaft, Zusammenkunft, Begegnung nennen. Es ist nicht wichtig, wie man es nennt, wichtig ist, daß man sieht, daß jede Form menschlichen Suchens, die zu einem System wurde, zu einer ›Religion‹ oder einer Organisation irgendeiner Art, ursprünglich von diesem Zusammenkommen von Menschen ausging. Man nennt es oft *Jam* – Zusammenkommen – was ›Dscham‹ ausgesprochen wird.

Wenn man sich zum Gottesdienst trifft, zusammen arbeitet, gemeinsam lernt usw., dann sind das alles verwässerte Formen dieses grundlegenden Faktors des Zusammenkommens.

Die wirklichen Sufis haben die ursprünglichen Methoden der Arbeit in diesem *Jam* bewahrt. In gewöhnlichen Gemeinschaften ohne besondere Schutzvorkehrungen gegen den Verfall wird die Wirkung dieses Zusammenkommens mit der Zeit immer schwächer, immer standardisierter oder oberflächlicher, bis von *Jam* nichts mehr zu spüren ist. Was dann noch stattfindet, ist gesellschaftliches ›Zusammensein‹ oder das gefühlsmäßige Echo bzw. die antrainierte Reaktion darauf, daß man sich in einer Gruppe befindet.

Der Mensch kommt einem höheren Ziel nur dann näher, wenn die Umstände für ein Zusammenkommen stimmen, wenn die Gemeinschaft aus den richtigen Leuten besteht und zur rechten Zeit am rechten Ort zusammenkommt. Ungeduld, Unwissenheit, Sentimentalität und Intellektualismus führen häufig dazu, daß die wahre *Jam*-Situation so sehr verzerrt wird, daß etwas anderes daraus wird.

Dieses tiefe Wissen haben die Menschen stets gehabt und haben es noch immer. Aber oberflächliches und verallgemeinerndes Denken haben die wahre Wirkungskraft dieses Zusammenkommens verdunkelt, so daß die Leute jetzt nur noch zahllose abgeschwächte Formen von *Jam* kennen, die sie annehmen oder ablehnen, je nachdem, ob sie ihnen attraktiv, plausibel oder ›wahr‹ vorkommen.

Es ist häufig unmöglich, eine degenerierte Gruppe, die das Zusammenkommen pflegt, wieder neu zu beleben. Wenn überhaupt, dann geht es nur, wenn man alte Gewohnheitsmuster aufbricht und die Leute neu gruppiert, so daß sie wirklich zusammenpassen. Dadurch kann die ganze Angelegenheit einen anderen und vielleicht für diejenigen einen unannehmbaren Anstrich bekommen, die sich an die falschen Situationen gewöhnt hatten. Die Auswahl der Teilnehmer nach ihrer Eignung und nicht danach, welche Bedeutung sie sich selbst zumessen, wird immer diejenigen unzufrieden machen, die ihre Anpassungsfähigkeit verloren haben. Dieser Mangel an Flexibilität ist andererseits eine unvermeidliche Eigenschaft von Menschen und Gruppen, die nach automatisierten Mustern gehandelt haben. Sie müssen dringend neu belebt werden.

Es ist eine wohlbekannte Tatsache, daß Gemeinschaften und

Organisationen ›verkommen‹ und Merkmale entwickeln, die ursprünglich nicht vorhanden waren. Das kann darauf zurückzuführen sein, daß unerwünschte Eigenschaften der Mitglieder zum Tragen kommen. Manchmal rührt es daher, daß es bei Menschen und Gruppen die weitverbreitete Neigung gibt, sich dadurch zu stabilisieren, daß man die erstbeste Form von Organisation annimmt, die greifbar ist. Dabei denkt niemand daran, ob diese Art der Stabilisierung vielleicht mehr Verlust als Gewinn bringt.

Das ist der Hauptgrund dafür, daß periodisch immer neue Lehrer auftreten und gebraucht werden. Sie allein können in Gruppen und Individuen, die auf der Suche nach Kontinuität und Sicherheit die wesentlichen Dinge geopfert haben, weil sie Stabilität brauchten, Harmonie und Balance wiederherstellen.

Wäre es möglich, das Ziel auf eine systematische Weise zu erreichen, hätte man Mittel und Wege dazu schon vor Tausenden von Jahren gefunden und aufgezeichnet, geradeso, wie man in der Physik oder im Kunstgewerbe die Gesetze der gewöhnlichen materiellen Stabilität und Verwendbarkeit aufgeschrieben und angewendet hat.

Es ist immer vorhersagbar, wie die Mitglieder einer Organisation auf den Versuch eines echten Lehrers reagieren, die Balance wiederherzustellen. Die Reaktionen werden von Verzweiflung, Verwirrung, Sucht nach Reizen, Angst vor Verlusten und Ablehnung bis zu dem Wunsch reichen, die Veränderungen anzunehmen und von der ›neuen Phase‹ zu profitieren.

Das Schiff im Sturm

Mulla Nasrudin wollte einst einen Schiffskapitän daran hindern, die Segel einzuholen, und sagte: ›Siehst du denn nicht, daß das Problem auf der Meeresoberfläche liegt?‹

So leid es dem Lehrer vielleicht tut, er muß doch stets darauf

bestehen, daß *er* es ist, der das technische Wissen hat, daß er entscheidet, ob man sich um die Segel oder den Rumpf des Schiffes kümmern muß.
Wenn er den Mulla dadurch ›beruhigt‹, daß er Stricke um den Schiffsrumpf binden läßt, erreicht das Schiff vielleicht niemals den nächsten Hafen. Allerdings stirbt der Mulla vielleicht in tiefer Ruhe in dem Sturm, geborgen in dem Wissen, daß seine Wünsche erfüllt wurden.
Es gibt zwei Arten von Gemeinschaft: die Gemeinschaft, die dadurch entsteht und sich aufrechterhält, daß sie – wie man es heute nennt – indoktriniert wird; die andere, die sich bildet und harmonisch ist, weil sie mit den richtigen Materialien und dem richtigen Wissen umgeht.
Was das Verständnis für das subtilere Potential einer Gruppe und ihre tiefere Einstellung betrifft, so kann man dafür Rumis Erläuterung der Unterschiede zwischen verschiedenen Stufen der religiösen Erfahrung heranziehen. Im *Fihi ma Fihi* sagt er:

Einige sind auf dem Pfad die reinsten Kinder. Sie trinken die Milch des Korans, seine buchstäbliche Bedeutung. Und diejenigen, die zur Reife gelangt sind, haben eine andere Wahrnehmung und ein anderes Verständnis, denn sie sehen die innere Bedeutung des Korans.

Das Verschweigen von Schwächen

F: Ich habe in der englischen Übersetzung des Sufi-Buches AWARIF EL MAARIF einen Satz gelesen, der besagt, daß ein Schüler nicht von den Schwächen seines Lehrers sprechen sollte. Wie kann ein Mensch Lehrer sein, wenn er Schwächen hat?

A: Man kann die Frage beinahe umdrehen: wie kann ein Lehrer ein Mensch sein, wenn er *keine* Schwächen hat? Aber Ihre Frage ist wohl besser und angemessener beantwortet, wenn ich Ihnen folgendes erkläre: Die Tatsache, daß jemand Schüler ist, bedeutet, daß er wahrscheinlich einige Verhaltensweisen seines Lehrers, die er nicht versteht, als Schwächen auslegt. Es ist eine Frage des Verstehens.

Wenn der Schüler meint, etwas, das sein Lehrer gesagt oder getan hat, enthülle eine Schwäche, obwohl es in Wirklichkeit nicht so ist, und wenn der Schüler dann öffentlich behauptet, sein Lehrer habe Schwächen, dann wird für niemanden etwas Gutes dabei herauskommen.

Mark Twain soll einmal gesagt haben, daß er als junger Mann seinen Vater für unwissend hielt. Als er älter wurde, wunderte er sich, wieviel der alte Mann in den wenigen Jahren gelernt hatte! Nehmen Sie einmal an, er hätte in den Jahren zwischen der ersten und der zweiten Beurteilung die ›Tatsache‹ veröffentlicht, daß sein Vater völlig unwissend sei, was wären die Folgen gewesen?

Aber die von Ihnen erwähnte Aussage erinnert vor allem daran, wie ungeheuer notwendig das rechte Verständnis ist.

Außerdem sollten Sie wissen, daß die Sufis immer der Meinung waren, daß alles, was an diesen ›Ort des Verfalls‹, in die Welt kommt, auch an ihrer Unvollkommenheit teilhat.

Ghazzali, einer der größten Sufis, sagte im 12. Jahrhundert: ›Der Schüler sollte wissen, daß er mehr aus den Fehlern seines Lehrers lernt, wenn der Lehrer Fehler macht, als davon, daß er selbst recht hat, wenn er recht hat.‹ Jeder, der am Sufismus interessiert ist, sollte über diesen Ausspruch gründlich nachdenken.

Helden und Heilige

F: Sie sprechen von ›Helden‹ und ›Heiligen‹. Wie sind diese Begriffe zu verstehen?

A: Ein Held ist jemand, der sich anstrengt, um jeden Preis Werte zu verwirklichen, die in der Gesellschaft, in der er lebt, als wesentlich betrachtet werden. Sie werden deshalb als lebensnotwendig erachtet, weil sie in irgendeiner Form festgelegt wurden oder weil eine Art offizielle Anerkennung sie in den Köpfen der Leute verankert hat. Sie sind, um es kurz zu sagen, nicht unbedingt wahre, aber auf jeden Fall einmütig anerkannte Prinzipien.

Ein Heiliger ist dagegen jemand, der sich für das anstrengt, was getan werden muß, nicht für das, wovon man nur meint, es müsse getan werden. Die Quelle seines Wissens von dieser Notwendigkeit enthüllt Tatsachen (wahres Wissen, keine Annahmen).

Jene religiösen Menschen, die sich aufopfern, weil sie gefühlsmäßig an eine Doktrin gebunden sind, mögen vielleicht Helden sein – aber Heilige sind sie nicht. Die Helden, die sich opfern um des wahren Wissens willen, das vielleicht nach logischem oder intellektuellem Wissen aussieht, sind in Wirklichkeit Heilige (im Sinne der Sufis).

Die Leute neigen dazu, die ›heroischen‹ Züge bei Helden und Heiligen gleichermaßen hervorzuheben, denn da sie konditioniert und emotional leicht ansprechbar sind, kann die Öffentlichkeit sogenannte ›soziale Opfer‹ leicht erkennen, die zur Gruppe der Helden gehören. Unempfänglich ist sie dagegen für ›essentielle Opfer‹, die in den Bereich des Heiligmäßigen gehören. ›Heiligkeit‹ bezeichnet im Sprachgebrauch der Sufis objektives Wissen, nicht einfach Wunder oder den Nimbus des Heiligen.

Drücken wir das einmal so aus: Wenn ein Mann stirbt, weil

er dadurch andere rettet, und die Situation eindeutig ist (der Feind steht vor den Toren), wird er als Held oder sogar als Heiliger verehrt werden oder als beides. Aber wenn er stirbt oder auch nicht stirbt, und ein Opfer bringt, das seine Mitmenschen nicht verstehen, aus einem Grund, den zu erkennen sie nicht aufmerksam genug sind, ist er vielleicht ein Heiliger. Vielleicht wird er kanonisiert, vielleicht auch nicht. Das hängt nicht von seiner Heiligkeit ab, sondern davon, was die anderen als heiligmäßig oder heldenhaft betrachten, und das ist etwas ganz anderes.
Mulla Nasrudin erlebte bei einem seiner Abenteuer, wie Leute versuchen, Dinge auf eine ›heroische‹ Weise zu tun, und nichts dabei lernen. Dagegen rationalisieren sie ihre Lage, so daß ihr Bedürfnis, als Sieger daraus hervorzugehen, befriedigt wird. Das Ergebnis ist für einen außenstehenden Beobachter vielleicht lächerlich, kann aber trotzdem für denjenigen ›logisch‹ bleiben, der sich den Bedingungen anschließt, die zu der Tat geführt haben.
Mulla Nasrudin war einmal am Hof eines Fürsten zu Gast, und man bot ihm ein Reitpferd an.

Pferde und Tricks

Sobald man ihm das Pferd brachte, setzte Nasrudin den rechten Fuß in den linken Steigbügel, stieg hinauf und landete mit dem Gesicht zum Schwanz auf dem Rücken des Pferdes.
›Vielleicht bist du nicht an einen Herrensattel gewöhnt‹, sagte der adlige Herr höhnisch.
›Vielleicht nicht‹, antwortete Nasrudin. ›Aber ich glaube lieber daran, daß ich die Tricks von Leuten durchschauen kann, die mir Pferde andrehen wollen, bei denen der Schwanz vorn und der Kopf hinten ist.‹

Die Ebenen des Dienens

F: Ich habe von den ›Drei Ebenen des Dienens‹ gehört. Was bedeutet das? Was hat es mit Weisheit zu tun, und wie hängt die Reue mit beidem zusammen?

A:

1. *Strukturelle Ebene:* Ein Mensch arbeitet, verdient Geld, und sein Arbeitgeber profitiert davon, weil er das Produkt mit Gewinn verkauft.
2. *Psychologische Ebene:* Die Person A dient; das Dienen macht sie glücklich. Person B und/oder eine Organisation ziehen aus As Dienst einen materiellen oder emotionalen Nutzen.
3. *Höhere Ebene:* A dient, erwirbt sich Verdienste, verschwendet sie aber nicht für die Befriedigung des eigenen Selbst oder um Beachtung zu finden. B (oder eine Organisation) zieht Nutzen aus As Fortschritt und leitet den Nutzen zurück in die Lehre.

F: Aber wie kann ein Mensch ein solches inneres Gleichgewicht finden, daß er gerade soviel Befriedigung aus dem Dienst zieht, wie er braucht und nicht mehr, so daß er konstruktiven Dienst ›aufspart‹ und ihn später zu seiner Verfügung hat?

A: Fünf Voraussetzungen machen das möglich:

1. Der Mensch muß zugestehen, daß die vorangegangene Analyse korrekt ist.
2. Er muß sich mit dieser Darstellung vertraut machen und daran denken, daß oberflächliche Behauptungen über die Analyse von Situationen und über die Natur von Dienstleistungen schon in seinem Kopf verankert sind.
3. Er muß sich klarmachen, daß die einfache Annahme, er

verstünde die Sache bereits, oft nur dazu führt, daß er sie wieder vergißt.

4. Er muß sich speziellen Übungen unterziehen, die sein Gehirn dazu bringen, auch in einer bisher ungewohnten Weise folgerichtig zu denken, die neben der bereits vertrauten Denkweise existiert.
5. Er muß sich selbst prüfen und nachsehen, ob er von seinem Leben oder seinen Studien zu viel an sofortiger Belohnung erwartet, so daß er gezwungen ist, wertvolle Nahrung für die Erfahrung einfach als emotionale Stimuli einzusetzen, um die Spannungen zu mildern, die von diesen unrealistischen Erwartungen ausgelöst werden.

Was die Frage nach Weisheit und Reue betrifft, so muß man sich klarmachen, daß im theologischen Denken die Auffassung vertreten wird, religiöse Menschen würden bereuen, um göttliche Weisheit zu erlangen oder um sich von Gott angenommen zu fühlen.

Beachten Sie, daß viele bedeutende Sufis darauf hinweisen, daß der Sufismus ein ewiges oder zeitloses Phänomen ist, und Sie werden sehen, daß es auch eine Ebene gibt, die außerhalb des derzeit üblichen religiösen Rahmens liegt. Mit anderen Worten behaupten die Sufis, daß vor der Religion erst Vernunft und Verständnis kommen müssen. Alles andere ist mechanisch oder emotional gefärbt und entbehrt wahrscheinlich des tiefen Verständnisses.

Es gibt viele Texte, die darauf hinweisen, so daß wir ein zentrales Beispiel auswählen müssen. Abu-Nasr Sarraj erklärt in seinem wichtigen *Kitab al-Luma,* daß der Sufismus vor der Entwicklung des Islam entstanden ist. Er zeigt, daß Weisheit zum Teil aus der Reue entspringt. Reue ist für den Erwählten, den Mystiker, die Reue darüber, Gott vergessen zu haben. Aber für Schüler, die noch lernen, kommt Weisheit aus der Reue über die eigenen Fehler. Bevor religiöses Leben und Verständnis erwachen können, müssen die psychologischen Hemmnisse, die so zahlreich sind und die Fehler verursachen, bearbeitet werden. Auf den Ebenen des Dienens, nach denen Sie gefragt haben, finden Aktivitäten statt, die diese Blockierungen durchbrechen, von denen viele in einer übermäßigen Fixierung auf das Selbst bestehen.

Die Frage nach der Balance des Maßes an persönlicher Stimulierung, die erlaubt ist, behandelt Saadi in seinem *Bostan* im sechsten Buch in einer denkwürdigen Passage, die sich einem leicht einprägt. Es war einmal ein erleuchteter Mann, dem gab der König von Khotan ein seidenes Halstuch. Er blühte vor Freude auf wie eine Blume, küßte dem König die Hand und sagte dann: ›Wie wohl tut mir die Ehrung durch den Schah von Khotan – aber um wieviel besser ist der eigene (Sufi-)Umhang!‹

Ich finde, daß das ein bemerkenswertes Beispiel ist, weil es einem das Recht auf ein notwendiges Maß an emotionaler Stimulierung zugesteht, dabei aber die angemessene Bedeutung des übrigen Lebens im Auge behält. Dieses Prinzip ist in theologischer Literatur selten zu finden. Dort werden sehr oft alle Dinge dieser Welt verdammt, ohne Rücksicht auf das Bedürfnis nach einem Mindestmaß an Reizen aus der Umwelt.

Ritual und Praxis

F: Man hat mir gesagt, daß es Ihrer Meinung nach nicht immer sinnvoll ist, mit Fragestellern über den Status und den Wert von Ritualen und Praktiken in Kulten zu sprechen. Warum sind Sie dieser Ansicht?

A: Es lohnt sich nur, mit Leuten darüber zu sprechen, die bereits die notwendigen Grundinformationen über Kultverhalten und menschliche Gruppen haben. Diese sind natürlich aus allgemeinverständlichen Büchern über soziologische und psychologische Fragen leicht zu bekommen.
Es ist Zeitverschwendung, wenn man Leuten elementares Wissen beibringen muß, die eigentlich gekommen sind, um ein weiter fortgeschrittenes Wissen zu bekommen.
Man kann hilfreiche Informationen nur an diejenigen weitergeben, die sich schon die Mühe gemacht haben, sich mit dem vertraut zu machen, was man z. B. über den sozialen Charakter von kultischen Gemeinschaften weiß.
Es gibt so viele Leute, die sich diese Mühe gemacht haben und die nun darauf aufbauende Informationen und Diskussionen möchten, daß es ihnen gegenüber unfair ist, auf ihre Kosten zuerst den Unwissenden eine elementare Einführung zu geben, die man ebensogut aus weitverbreiteten Büchern bekommen kann.
Es zeugt von Trägheit und mangelnder Ehrfurcht, wenn Leute elementare Informationen von denjenigen wollen, die sich mit fortgeschrittenem Wissen beschäftigen. Es zeigt die bodenlose Ignoranz von Leuten, die Lehrer sein wollen und sich einbilden und anderen einreden wollen, daß sie jeden belehren können.
Wenn diese Ratsuchenden nicht gelernt haben, die ersten Schritte selbst zu machen, was sehr einfach ist in Anbetracht der leicht zugänglichen Literatur über Kult-Gemeinschaften und die mit ihnen verbundenen Vorstellungen und Gefahren, welcher Grund besteht dann zu der Annahme, daß diese Leute willens und imstande sein werden, die folgenden Schritte zu lernen? Solche Einstellungen sind auch in anderen Bereichen des Lernens fehl am Platze, und ich habe keinerlei Anhaltspunkte dafür gefunden, daß sie in unserem Bereich angebracht wären.
Menschen, die gewillt sind, sich die Anfangsgründe allein zu erarbeiten, beweisen uns dadurch, daß sie auch bereit

sind, mehr zu lernen. Wenn man uns jedoch das Gegenteil beweist, wären wir dann nicht Narren, wenn wir versuchen würden, sie trotzdem etwas zu lehren?

Der Preis für die erste Lektion

Man sollte sich an die Geschichte erinnern, in der erzählt wird, wie Nasrudin lernen wollte, ein Instrument zu spielen. Der Preis waren fünf Silberstücke für die erste Lektion, drei für die zweite und die folgenden Lektionen. ›Also gut‹, sagte der Mulla, ›ich beginne mit der zweiten Lektion.‹

Die Leute denken viel darüber nach und sprechen auch viel darüber, was Rituale und andere Praktiken ihnen bringen können und was nicht. Aber welche Qualifikationen haben sie, um diese Dinge beurteilen zu können?

Rumis *Fihi ma Fihi* enthält eine eindrucksvolle Passage, in der der Autor schildert, wie jemand im Dunkeln eine Säule umarmt, weil er sie für die Geliebte hält. Er denkt einen Augenblick lang, daß er gerade ein Liebeserlebnis hat. Aber was ist es in Wirklichkeit?

Rumi beschreibt weiter, daß ein Mensch in einem Traum eine ganze Reihe von eindringlich erlebten Erfahrungen machen kann, die ihn in große Angst versetzen. Wenn er erwacht, erkennt er, daß er geträumt hat, und alle seine Ängste verschwinden augenblicklich, obwohl sie noch wenige Sekunden zuvor sehr real für ihn waren. Doch er kann genau denselben Traum noch einmal haben, und all die alten Ängste werden wiederkehren. Solange der Mensch schläft, weiß er nicht, daß er träumt. Der Traum wird, solange er dauert, ›Wirklichkeit‹ für den Schläfer.

Über die Präsenz

Wenn Sie der Ansicht sind, daß mechanische Gleichmäßigkeit im Lernen oder körperliche Anwesenheit für ein höheres Wissen notwendig sind, dann verwechseln Sie etwas. Entweder gehen Sie dabei von jener Zeit des Lernens durch Wiederholung in der Schule aus, oder Sie machen gedankenlos Annahmen, die Sie von Ihren Erfahrungen mit Nachahmern her auf andere übertragen.
Sie müssen entweder *das* erkennen und Ihre Bedürfnisse nach Zuwendung und Trost außerhalb Ihrer Studien befriedigen oder aber akzeptieren und verstehen, was immer die Lehre Ihnen dazu zu sagen hat.
Im zweiten Fall werden Sie einen Weg einschlagen müssen, dessen Form und Bedingungen von der Effektivität geleitet werden und nicht von Gefühlen.

> Es ist das Unterscheidungsvermögen zwischen Zeitvertreib und wahrem Streben, das normalerweise der Entwicklung der Lernfähigkeit vorangeht.
> Körperliche Anwesenheit ist nicht immer wahre Präsenz.

Viele Leute führen Handlungen mechanisch aus, verlassen sich auf totemistische Objekte und Propagandasprüche. Dabei meinen sie, sie folgten einer Lehre, aber sie sind nur Anhänger von Gegenständen oder etwas Äquivalentem. Natürlich ist das wahre Streben nur schwer aufrechtzuerhalten. In Fariduddin Attars klassischem Werk *Mantiq al-Tair*, (Das Parlament der Vögel) werden die Menschen mit Vögeln verglichen. Die Menschen stürzen am Wegrand nieder, weil sie nach festen Anhaltspunkten suchen.
Attar erinnert uns in diesem Buch daran, daß uns auch der Intellekt nicht helfen kann, sondern nur das, was die Sufis Liebe nennen. Aber das ist die Liebe zu etwas, an das man

sich nicht wie an eine Person oder selbst an ein vertrautes Konzept anhängen kann. Viele Sufi-Praktiken, die in Übereinstimmung mit geeigneten Anleitungen durchgeführt werden, haben das Ziel, diese Neigung zum Mechanischen zu besiegen und die Fähigkeit zu wecken, eine Ausrichtung auf das Wirkliche zu erreichen.
Körperliche Anwesenheit ohne geistige, die Suche nach einem System und einer bestimmten Art von vertrauter Regelmäßigkeit im Lernen sind die Folgen automatisierten Denkens. Das zu verlangen, einfach weil man eine Vorliebe dafür hat, ist wenig konstruktiv.

F: Aber (sagte jemand) in allen Formen des Lernens, die mir bekannt sind, gibt es Regelmäßigkeit und Organisation, also ein System von Regeln, die man befolgen muß. Es ist daher sicherlich nicht überraschend, daß die Leute nach einem System suchen, und auch kein Wunder, daß ihr Interesse erlischt, wenn sie keines finden.

A: Darf ich Ihnen eine Frage stellen, damit ich Sie besser verstehe, und Ihnen dennoch antworten? Die Frage lautet: Wenn es eine Formel dafür gäbe, wie man an ein Studium herangehen soll, die vor etwa 700 Jahren aufgeschrieben wurde und in vielen Büchern zu finden ist, die seit damals immer wieder veröffentlicht wurden, und wenn diese Formel von Millionen von Menschen als Leitfaden benützt würde, wäre es dann eine Folge Ihrer Nachlässigkeit, wenn Sie nichts von ihr wüßten und fragen würden, wie man diese Formel finden kann, oder wären eher die Leute verantwortlich, die mit diesem Studium zu tun haben? (Der Frager antwortete:) Wenn die Antwort auf die Frage, die ich soeben gestellt habe, derzeit in einer mir verständlichen Sprache, in einem allgemein zugänglichen Buch über das Thema behandelt wäre (und ich habe alle diese Bücher gelesen), dann wäre ich nachlässig, und nicht Sie oder andere Sufis.

Gut. Sie haben die Übersetzung von Rumis *Fihi ma Fihi* aus dem 13. Jahrhundert gelesen, die Professor Arberry 1961 nach der Rumi-Ausgabe von Professor Faruzanfar aus dem Jahre 1952 gemacht hat und die in England veröffentlicht wurde?

F: Ja.

A: Lassen Sie uns kurz bei diesem Buch verweilen. Auf S. 60 vergleicht Rumi die Etappen einer Reise zu Lande mit denen einer Seereise und weist auf die Unterschiede hin. Er sagt uns, daß die Orientierungspunkte, z. B. Berge, die ich hier das ›vertraute System‹ nenne, sichtbar sind, wenn man zu Lande reist. Wenn Sie den Seeweg nehmen, sind die entsprechenden Etappen Ihrer Reise nicht in derselben Weise sichtbar. Sie sind nicht durch Bojen markiert. Aber der Kapitän kennt sie. Der Kapitän zeigt sie jedoch den ›Landratten‹ nicht, weil sie nichts davon verstehen. Kann man deshalb sagen, daß es kein System gibt und daß man ihm nicht folgt? Doch ganz gewiß nicht. Verstehen Sie jetzt, daß Sie nach einem Rezept für das Einkochen von Marmelade mit der Methode des Weizenanbaus fragten?

F: Ja. Ich muß zugeben, daß ich es nicht gewöhnt bin, auf diese Weise zu denken und mit dieser Methode an die Dinge heranzugehen... Offensichtlich muß ich mir eine flexiblere Interpretation für diese Texte aneignen.

Der Weg zum Sufismus

F: Könnten Sie etwas darüber sagen, wie Sie die gegenwärtige Aufgeschlossenheit der Menschen gegenüber dem Sufismus einschätzen?

A: Metaphysiker beobachten genau wie Marktforscher die geistige Verfassung und die Aufgeschlossenheit der Menschen, mit denen sie in Kontakt kommen möchten.
Der Hauptunterschied zwischen beispielsweise dem Soziologen und demjenigen, der im spirituellen Bereich arbeitet, besteht darin, daß die Ergebnisse des letzteren nicht verbreitet, veröffentlicht und in akademischen Abhandlungen zitiert werden. Man gebraucht sie dafür, Anschauungsmaterial für Schüler zu erstellen, die sonst unmöglich die Tatsachen über die Menschheit glauben könnten.
Was für Tatsachen? Zum Beispiel die folgenden:
Es kann sein, daß Sie etwas zu lehren haben und doch nichts lehren können, weil die Leute, die ›lernen wollen‹ sich selbst sehr effektiv daran hindern, zu lernen. Gleichzeitig beteuern sie, daß sie ›lernen wollen‹ oder ›nicht verstehen‹. Solche Leute gehen unbewußt davon aus, daß diese Beteuerungen dazu führen, daß man ihnen Aufmerksamkeit schenkt. Auf diesem Wege gewinnen sie Ihre Aufmerksamkeit oder hoffen, sie zu gewinnen. Auf jedem anderen Weg könnten sie sie vielleicht verlieren. Wenn man darauf hinweisen will, wird man natürlich feststellen, daß die Antwort, die wiederum den Fortschritt verhindert, schon bereitliegt: ›Dieser Mann will sich nur entschuldigen‹, oder ›er irrt sich‹.
Aus diesen Gründen entstand die Tradition, eher eine kleine als eine große Gruppe zu lehren: nämlich nur diejenigen, die auch bereit sind, zu lernen. Wenn Sie Dinge dieser Art sagen oder schreiben, wird ein bestimmter Anteil von

Möchtegern-Auserwählten zetern, daß Sie gefühllos seien oder daß Sie keine Metaphysik lehrten. Das kommt daher, daß sie an die Überzeugung gewöhnt sind, daß wahre Lehre etwas sei, was sie auf der Stelle erkennen können.
Nun kann man sich aber im echten Esoterikunterricht täglich neu davon überzeugen, daß es sehr leicht ist, sich in den Augen der selbsternannten Schüler der höheren Wahrheit als anerkannter Metaphysiker zu etablieren. Was muß man tun? Nicht mehr und nicht weniger, als ihre Gefühle in Aufruhr versetzen. Man muß lediglich eine Terminologie verwenden, die sie zuverlässig als ›spirituell‹ empfinden.
Aber sagen Sie das öffentlich, oder schreiben Sie es in Büchern, und Sie werden höchstwahrscheinlich sofort der Oberflächlichkeit bezichtigt. Man wird Sie anklagen, Sie hätten keine Ahnung von den ›wahren Werten‹ usw.
Es ist kein Wunder, daß viele vernünftige Leute ganz und gar nichts mit denjenigen zu tun haben möchten, die man gewöhnlich ›spirituell‹ nennt.
Nur wenige organisierte Gemeinschaften und doktrinär ausgerichtete Bewegungen erkennen, daß sie in einer Art Ghetto leben, und es wurde auch nie weithin bekannt. Es gibt dort ein starr beschränktes System von Gedanken, das häufig ein ›systematisches‹ Herangehen an eine höhere Entwicklung des Menschen charakterisiert und das es unmöglich macht, den Menschen weiterzubringen. Seit Tausenden von Jahren hat man Methoden erfunden und verwendet, die das verhindern sollen. Diese Methoden sind aber äußerlich so weit von der vertrauten Atmosphäre, Phrasendrescherei, dem Ritual und der Form der Metaphysik entfernt, daß sie von zwanzig ›Wahrheitssuchern‹ keiner erkennen wird.
Aber sagen Sie das laut, schreiben Sie es, oder versuchen Sie es zu vermitteln, und Sie werden oft einfach verspottet. Sie werden der unnötigen Mystifizierung beschuldigt, oder man wirft Ihnen vor, Sie nähmen das ›wesentliche Mysterium‹ weg – kurz, Sie bekommen all das zu hören, was einer frustrierten Person gerade einfällt.

Wenn Sie versuchen, die Sache richtigzustellen, indem Sie die Schwierigkeiten, Gefahren, Mißverständnisse und die hindernden Faktoren beschreiben, wird man Sie zumindest als notorischen Nörgler hinstellen.
Das sind nur einige Merkmale der aktuellen Situation, die zeigen, daß hier ein Fortschritt äußerst schwer zu erreichen ist.
Die Schuld liegt teilweise an der kulturellen Infrastruktur. Der Mangel an wirklicher höherer Erfahrung im Gegensatz zu vermeintlicher Erfahrung ist allgegenwärtig. Außerdem gibt es einen erschreckenden Mangel an geeigneter Information über diejenigen Gebiete des höheren Wissens, die nicht allgemein bekannt oder in Büchern dargestellt sind.
Deshalb kann jeder Lehrer in unserer gegenwärtigen Welt feststellen, daß es ihm geht wie dem Universitätsprofessor, den man in einen Hörsaal komplimentiert, wo er einen Vortrag über Kernphysik halten soll, und der dann feststellt, daß die Studenten nicht einmal mit einfachen Gleichungen vertraut sind.
Erwähnen Sie das, und man wird Ihnen zuverlässig vorwerfen, daß Sie sich aufspielen.
Versuchen Sie, diesen Ruf durch Ihren Lebenswandel zu widerlegen, und Sie werden es sehr schwer haben.
Es kann sein, daß es buchstäblich Jahre dauert, bis die Menschen um Sie herum langsam begreifen, daß Sie weder ein Monstrum noch ein Mahatma sind, sondern einfach ein Mann, der zunächst einmal versucht, ihnen für ihren eigenen Lernprozeß die wichtigsten Instrumente in die Hand zu geben, die Sie schon längst besitzen sollten. Gerade diese Werkzeuge sollten von zweitrangigen Lehrern vermittelt werden, die traditionelles Wissen weitergeben.
Nehmen wir ein anderes Beispiel. Primitives Denken arbeitet vorwiegend mit Regelmäßigkeit, Rhythmus, Bestätigung. Das wird in unseren Tagen durch die Wiederaufnahme der veralteten Vorstellung verewigt, die Leute zu dem Glauben bringt, daß sie zu einer bestimmten Zeit

(möglichst jeden Tag und jede Woche um die gleiche) in der gleichen Umgebung in der gleichen Weise belehrt werden müßten. Sag ihnen, daß das nur für Kinder gilt, und sie werden es ein Stück weit annehmen, aber sie werden trotzdem leicht in Verwirrung geraten und eine andere Beobachtungsweise ablehnen.

Aber tun Sie das Gegenteil: Geben Sie ihnen Autoritätspersonen, kanonische Bücher, Autoritätshierarchien, Symbole, Rezitationen und besondere Kleidung, und sie werden Sie vergöttern und glauben, daß Sie ›auf dem rechten Weg‹ sind, selbst wenn die Jünger es noch nicht sind. Das funktioniert sogar, wenn Sie den Kult erst am Tag vorher erfunden haben.

Auch das mußten wahre Lehrer erst experimentell beweisen, ehe die Leute es glauben wollten.

Wenn Sie das vorherige Lernen der Leute nicht vernunftmäßig mit Ihrer Lehre zusammenbringen können, werden Sie es schwer haben. Es wird Ihnen ergehen wie dem Mann, der einem Kind eine Gute-Nacht-Geschichte erzählt hat, das nicht glauben will, daß der Wolf in Wirklichkeit Rotkäppchens Großmutter doch nicht gefressen hat.

Primitive Totems zerstören Sie auf eigenes Risiko. Es ist gefährlich. Es ist eine Ironie des Schicksals, daß Sie dem Schüler schaden, wenn Sie in seinen Augen Ihre Glaubwürdigkeit verlieren, denn häufig nimmt er dann seine Zuflucht dazu, sich einem anderen System anzuschließen. Dieses System wird ihm dann seine innere Sicherheit wiedergeben und seinen geistigen Fortschritt verhindern.

Es gibt noch eine andere Kategorie von Leuten. Sie finden, die Ausführungen, die ich soeben gemacht habe, seien ganz richtig. Dieses Gefühl bringt sie zu der Überzeugung, sie seien sicherlich hervorragend für die Sache geeignet. In Wahrheit können nur die Leute ein höheres Wissen erreichen, die es in der richtigen Weise empfinden, und nicht diejenigen, die einfach beschließen, sie seien die ›richtigen Leute‹.

In den modernen Kulturen wird kaum jemals ernstlich bedacht, daß Leute, die starke Gefühle bezüglich einer Sache haben, diese Gefühle möglicherweise in einer irrigen und unkonstruktiven Weise pflegen, von Selbsttäuschungen einmal abgesehen. Ebensowenig gibt es ein Wort oder Wörter, mit denen man die verschiedenen Arten beschreiben könnte, auf die sich ein konditioniertes Bewußtsein äußern kann.

Es ist bittere Wahrheit, daß man hauptsächlich Leute aussuchen muß, die vielleicht in ihrem Leben noch nie etwas von ›höherem‹ Bewußtsein oder ›Selbstverwirklichung‹ gehört haben, wenn man einen metaphysischen Pfad einschlagen und beschreiten will. Der Assoziationsmechanismus, der dem Menschen so viel Schaden zufügt, hat längst den größten Teil des mentalen Apparates der Möchtegern-Erleuchteten im Griff. Sie neigen dazu, ausgerechnet die Menschen geringzuschätzen oder gar zu verachten, die sie retten könnten. Sie verhalten sich so gegenüber Menschen, die oft jünger sind als sie selbst und weniger Lebenserfahrung haben.

Esoterische Studien, wie man sie heute von außen her sieht, sind eine Welt der alten Leute, sie schmecken nach der Bitterkeit und den Dummheiten der unverständigen Alten. Ist das selbst ein bitterer Gedanke? Gewiß, wenn man selbst verbittert ist. – Wenn man die Dinge ein wenig objektiver betrachtet, sind diese Aussagen Tatsachen und bergen daher ein konstruktives Potential.

Erstaunlich ist es nur, daß die Leute so leichtfertig eine Verheißung für ein ganzes Leben wegwerfen, um, wie Rumi sagt, die ›Rosinen, Nüsse und Spiele‹ weniger tiefer Befriedigung zu genießen.

Kein Wunder lachen die reiferen esoterischen Gemüter und zucken die Schultern.

Machen *Sie* sich nicht der oberflächlichen Plauderei und Rationalisierung schuldig und nehmen mit kleineren Befriedigungen vorlieb? Nennen Sie nicht auch das Nachgeben den

eigenen Gelüsten gegenüber ›höheres Tun‹? Unterdrücken Sie nicht andere im Namen Ihres Altersvorsprungs und erfreuen sich einer törichten Autorität? Schieben Sie nicht dunkle Vorahnungen beseite, und lieben Sie nicht die Maskerade?
Auch wenn ich eine unliebsame Sprache sprechen muß, so kann ich doch nicht verschweigen, daß Sie für diese und viele andere Arten, zu denken, fühlen und handeln, irgendwann einmal bezahlen müssen.
Die Frage nach der Aufgeschlossenheit gegenüber dem Sufi-Denken hat ihre Aktualität nicht eingebüßt seit Hujwiri vor tausend Jahren in seinem Buch *Revelation of the Veiled* (Die Offenbarung des Verhüllten) eine kleine Geschichte erzählte, die zeigt, daß man nichts empfangen kann, wenn der Geist von verworrenen Wünschen blockiert wird.

Gefälligkeiten und Sklaven

Ein Derwisch begegnete einmal einem König. Der König folgte einem Brauch, der im Osten üblich ist, wenn ein Herrscher einen Untertan trifft und sagte: ›Erbitte dir eine Gefälligkeit.‹
Der Derwisch antwortete: ›Ich werde doch nicht einen meiner Sklaven um eine Gefälligkeit bitten!‹
Der König fragte ihn, wie er dazu käme, ihn als Sklaven zu bezeichnen.
Der Derwisch erwiderte: ›Ich habe zwei Sklaven, deren Sklave du wiederum bist: Gier und Hoffnungen.‹
Die Aufgeschlossenheit der Menschen gegenüber den Sufi-Gedanken, nach der Sie fragten, wird manchmal getrübt durch das Verlangen, ›etwas zu bekommen‹. Ich sagte ›getrübt‹, weil es drei Bedingungen gibt, die man beachten muß. Da ist erstens das Potential des Menschen: die Ausstattung, die er bereits hat. Zweitens ist da die Erfindung der Lehrerfunktion und drittens die Anstrengung, die der

Mensch auf sich nimmt, um die Lehre zu akzeptieren und um die Ausstattung zu erhalten.

Der letzte Punkt ist derjenige, von dem die Menschen anscheinend am wenigsten wissen. Das menschliche Potential ist eine Art Mitgift: man kann sie erhalten, vermehren oder aufzehren. Wie wäre es also, statt immer nur etwas gewinnen zu wollen, der Frage Aufmerksamkeit zu schenken, wie man es vermeidet, etwas zu verlieren? Ich gebe zu, daß dieser Punkt leichter zu verstehen ist, wenn man darauf achtet, wie achtlos die Leute mit ihren Gaben umgehen, aber zumindest kann man auf die Frage hinweisen.

Gedankenlosigkeit

Es gibt zu diesem Thema ein Gleichnis, das Jesus zugeschrieben wird, das aber nur in den apokryphen Evangelien erscheint. Das macht aber die Analogie selbst nicht weniger wahr. Die Geschichte steht im sogenannten Thomas-Evangelium, das man 1945 in Ägypten fand.

Die Geschichte handelt von einer Frau, die ein Gefäß mit Mehl bei sich trug und einen weiten Weg zurücklegte. Ohne daß sie es bemerkte, rieselte das Mehl hinter ihrem Rücken heraus. Als sie zu Hause ankam, stellte sie das Gefäß ab und sah, daß es leer war. Diese Parabel bezieht sich auf das ›Königreich des Vaters‹ und illustriert in treffender Weise unsere Behauptung, man müsse sich vor dem unbemerkten Verlust seines Potentials durch Gedankenlosigkeit schützen. Die Sufis nennen das ›Unachtsamkeit‹.

Das halbe Haus verkaufen

Noch einmal etwas zum Thema ›geben und nehmen‹: Nasrudin suchte eines Tages einen Makler auf und sagte: ›Ich möchte die Hälfte des Hauses verkaufen, in dem ich wohne.‹

›Aber, Mulla, ich kenne dein Haus – dir gehört doch nur die Hälfte davon.‹

›Das ist es ja gerade. Ich will meine Hälfte verkaufen, damit ich mit dem Erlös die andere Hälfte kaufen kann.‹

Wohltätigkeit

F: Haben Sie irgend etwas über die Wohltätigkeit von Sufis zu sagen?

A: Ein wichtiges und bindendes Gebot für alle Sufis ist die Wohltätigkeit im Verborgenen. Die Wohltätigkeit hat viele Formen. Was Geldspenden betrifft, so ist dazu folgendes zu sagen: Wenn man das Geld mit einem Gefühl der Freude gibt, dann ist diese Freude die Belohnung für die Wohltätigkeit, und das Gute, das für den Geber dabei herauskommt, ist auf eben diese Freude beschränkt. Obwohl diese Form der Wohltätigkeit den meisten Menschen vertraut ist, bleibt sie doch eine sekundäre Form. Von dieser Art Wohltätigkeit gibt es noch eine zweite Form: man gibt, damit ein anderer Mensch sich selbst helfen kann. So kann z. B. jemand ein Werkzeug für einen Tischler kaufen, damit dieser seinen Lebensunterhalt verdienen kann. Das ist vielleicht weniger gefühlsgeleitet, kann aber noch immer ›kalkulierte‹ Wohltätigkeit sein. Sie ist begrenzter als echte Wohltätigkeit. Geld oder Wertgegenstände werden von Sufis oder von solchen, die gerne als solche gelten wollen, nach dem Grundsatz verteilt: ›Laß deine Linke nicht wissen, was deine Rechte tut.‹

Gibt, ehe er gebeten wird;
Gibt alles, was er hat, ohne zu zählen;
Gibt, wenn er gebeten wird;
Gibt keine Spenden, weder nach Gefühl noch nach Plan, wenn er damit nicht wahre Wohltätigkeit erweisen kann.

Es ist verdienstvoll, einem Sufi Geld zu geben, damit er es verteilen kann. Er wird es, in großen oder in kleinen Summen, denjenigen geben, die es verdienen, und zwar nicht immer in Übereinstimmung mit der äußerlich sichtbaren Bedürftigkeit. Ein Bettler oder ein armer Mann bekommt dadurch manchmal tausend Goldstücke, und nicht nur eine Kupfermünze.
Wohltätigkeit bedeutet nicht immer, daß man Geld gibt, wie Sie wissen. Wohltätigkeit wird nicht einfach erwiesen, wie Sie das nennen. Sie wird gelebt und vollzogen, denn das heißt ›sein und tun‹.
Saadi, der große Derwisch, sagt in seinem *Gulistan:*
›Du, den das Leiden der anderen nicht rührt, verdienst es nicht, ein Mensch genannt zu werden.‹ Wohltätigkeit wurde nur deshalb zu einer hohen Tugend erhoben, weil es so wenig menschlichen Anstand gibt.
Wenn Sie immer noch der Meinung sind, Wohltätigkeit sei eine hohe Tugend und nicht eine Notwendigkeit, dann wissen Sie nicht einmal, was Ihre Zeitgenossen in Ihrer eigenen Zivilisation entdeckt haben. Es wurde in Zeitungen mit hohen Auflagenzahlen veröffentlicht. Hier gebe ich Ihnen ein Beispiel für die Barmherzigkeit von Tieren:

Dr. J. T. Greene von der Universität Georgia* machte einen Versuch mit 10 weißen Ratten. Er brachte ihnen bei, einen von zwei Hebeln in ihrem Käfig zu drücken, um an Futter zu kommen. Ein Hebel war schwerer zu drücken und gab weniger Körner frei. Die Ratten fanden das bald heraus und benutzten nur noch den anderen Hebel. Nun verband der Versuchsleiter die Hebel mit einer elektrischen Leitung. Wenn der Hebel, der leicht Futter freigab, gedrückt wurde, bekam eine Ratte in einem Nachbarkäfig einen Elektroschock. Was taten die hungrigen Ratten? Zuerst bemerkten sie, daß das, was sie taten, ihrem Artgenossen Schmerzen bereitete. Daraufhin benutzten sage und schreibe 8 von 10 den anderen Hebel, der viel schwerer zu drücken war. Sie ersparten ihrem Artgenossen dadurch weitere Schmerzen.

Wie oft man ein Buch lesen soll

F: Wenn ich Sie recht verstehe, halten Sie das Lesen von Büchern für sehr wichtig. Können Sie etwas darüber sagen, was die Sufis vom Lesen halten und wie oft man ein Buch lesen sollte?

A: Ein Sufi-Buch muß man mehrmals in der üblichen Weise lesen. Wenn der Geist des Lesers nicht richtig vorbereitet ist, wird er das Buch ablehnen, selektiv lesen oder sich vom Inhalt indoktrinieren lassen. Alle diese Dinge sind unerwünscht.

* *Sunday Express* (London), 7. September 1969, S. 21.

Diese Tatsachen erklären aber die Wirkung von Literatur auf den Geist mancher Leute. Der menschliche Geist ist so beschaffen, daß dem einen nützt, was dem anderen schadet. Das liegt mehr am Geist des Lesers als an dem Buch, das er liest.
Und doch meinen die Leute hartnäckig, die mögliche Wirkung eines Buches auf die Menschen sei bei allen gleich. Diese Dummheit ist das unerfreulichste Erbe einer mechanischen Scholastik, die in der Tat normalerweise eine standardisierte Geisteshaltung *verlangte*, mit der man an alles heranging.
Viele Leute sind stolz darauf, ein Buch immer wieder gelesen zu haben. Sie zeigen einem abgegriffene Exemplare, um auf ihren Eifer hinzuweisen. In manchen Kreisen gilt eine völlig ›zerlesene Bibel‹ noch immer als Zeichen von Frömmigkeit.
Und doch weiß kaum jemand, daß der Zustand eines Buches, die Behandlung, die es durch die Hände des Lesers erfahren hat, Spuren daran hinterlassen wird. Auch sie haben eine Wirkung, ebenso wie der gedruckte Inhalt, lange nachdem das Buch gedruckt worden ist. Geliehene Bücher tragen einen Stempel. Bücher, die man zu lange Zeit benutzt hat, tragen diesen Stempel ebenfalls, den ›Geruch der Untreue‹, wie man das auf persisch nennt, und sie reichen ihn jedesmal weiter, wenn sie von neuem gelesen werden.
Aus diesem Grunde werden Leute häufig gebeten, viele Male verschiedene Exemplare desselben Buches zu lesen, auch wenn das bedeutet, daß man nach jedem zweiten Durchgang ein neues Exemplar kaufen muß. Das ist allgemein wenig bekannt, aber es ist trotzdem wirksam. Die raffinierten Barbaren unserer Zeit bringen diesem Verfahren nur den Verdacht entgegen, daß es ein Trick sei, um ihnen mehrere Exemplare eines Buches zu verkaufen!
Aus dem bisher Gesagten geht ja bereits hervor, daß unsere Studienmethoden ebensogut wenig bekannte Tatsachen verwerten wie psychologische Daten, die den Leuten zwar

bekannt sind, die sie aber nicht nutzen. Deshalb muß der Unterrichtsablauf in einer Stunde die Anforderungen der Lehre, des Lehrmaterials, der Schüler und der Lehrer gleichermaßen berücksichtigen.
Rumi belehrt uns über den Umgang mit Büchern in seinem Buch *The Diwan of Shams-i-Tabriz.* Dort verurteilt er Bücher als Quelle der Weisheit. Sie sind instrumentell, so wie das, an dem er selbst gerade schreibt:

> Der Gottesmann ist ein Weiser durch die Wahrheit: Der Gottesmann ist kein Rechtsgelehrter durch die Buchweisheit...

Abschnitte aus der Literatur, die Lehrinstrumente sind, brauchen vielleicht viel Zeit und viel Erfahrung, bis sie ihre wahre potentielle Wirkung auf den Menschen voll entfalten können. Ibn Arabi erzählt uns in seinem Buch *Ruh al-Quds* (Der Geist des Heiligen), wie ihn ein Koranzitat belehrte. Abu-Abdullah aus Ronda in Spanien hatte es ihm aufgegeben. Dieser große Sufi, der viele außersinnliche Fähigkeiten hatte, wählte einen Abschnitt aus und fragte Arabi dann, was das bedeute. Dieser konnte nicht gleich antworten, aber als er die Bedeutung verstanden hatte, suchte er Abu-Abdullah wieder auf und antwortete ihm. Das war vier Jahre später. Für unser übliches Zeitverständnis hatte diese Lektion also vier Jahre gedauert. Seit wir begonnen haben, Bücher mit Sufi-Geschichten und Begebenheiten zu veröffentlichen, häufen sich zunehmend Reaktionen dieser Art von seiten der Leser; das heißt, von denen, die nicht so ungeduldig sind, daß sie die Arbeit aufgeben, sobald sie merken, daß sie keine sofortigen Ergebnisse der Art erhalten werden, wie sie vielleicht wünschen. Kalabadhi sagt in seinem *Taaruf:*

> Geduld haben heißt, mit der Geduld geduldig sein.

F: Sollten wir uns nicht mit dem Gesamtwerk Rumis vertraut machen, da jetzt so große Teile davon ins Englische und in andere westliche Sprachen übersetzt wurden?

A: Sie sollten daran denken, daß Rumi sich an ein ganz bestimmtes Publikum wendet. Woher wollen Sie wissen, welche der Dinge, die er sagt, für SIE von Bedeutung sind? An den Koranauszügen, die er so häufig benutzt, können Sie sehen, daß er sie als ›gegeben‹ betrachtet, etwa in der Art, in der Sie eine mathematische Formel benützen würden. Das heißt, er wendet sich an ein Publikum, das diese Koranauszüge wörtlich und im übertragenen Sinne für wahr hält. Das macht es ihm möglich, bestimmte Punkte hervorzuheben und andere zu klären. Wenn wir es mit einem zeitgenössischen Publikum zu tun haben, das diese Passagen entweder ablehnt oder sie zur Diskussion stellen und sie analysieren möchte, können wir sie nicht als ›Gegebenes‹ behandeln. Wir müssen statt dessen zu psychologischen Daten greifen, die von unserer Gesellschaft akzeptiert werden, und genau das tun wir. Alles andere würde den Wert von Rumis Werk insgesamt beeinträchtigen. Er hat es mit den Materialien, die er in seine Schriften eingebaut hat, genauso gemacht.

Der schwindende Einfluß der Religion

F: Wenn man die Schriften der klassischen Sufi-Autoren liest, gewinnt man den Eindruck, daß sie klar zwischen Religion und fixen Ideen unterscheiden. Verliert die Religion gegenwärtig an Einfluß, weil sie diesen Unterschied nicht beachtet?

A: Daß der Einfluß der Religion schwindet, ist im wesentlichen nicht die Schuld der Religion selbst, sondern kommt von der Oberflächlichkeit derer, die sie ausüben. Indoktrinierte Menschen, die ihnen eingepflanzte fixe Ideen für Glauben halten, zerstören eigenhändig das, zu dessen Bewahrung und Erhaltung sie sich berufen fühlen.
Tatsächlich haben sie natürlich keine solche Berufung, und ihr Versuch, etwas zu beschützen, was ihrer Vorstellung gar nicht entspricht, schafft eine komische Situation.
Was viele Menschen ›Religion‹ nennen, ist stark vermischt mit Selbsttäuschung, bis sie den Unterschied zwischen dem Glauben, den man ihnen eingetrichtert hat, und dem, was man wahren Glauben nennen könnte, begriffen haben. Solche ›Religion‹ bleibt auf einer primitiven Stufe stehen, und man kann nicht erwarten, daß sich Leute damit abgeben, die daran gewöhnt sind, in anderen Termini zu denken, die längst von den gröberen Elementen gereinigt wurden. Wissen Sie, hochgestochene Argumentationen und die Fähigkeit, mit Worten zu jonglieren, ergeben zusammen nicht eine fortschrittliche, sondern nur eine raffinierte Form des Denkens.
Leidenschaftliche Anhänger einer Religion, wie wir sie häufig finden können, sind natürlich nicht religiöser als Atheisten. Sie sind einfach sehr emotionale Menschen, die zufällig die Religion zu ihrem Operationsgebiet erkoren haben. Religion ist ihr Medium des Handelns und des Ausdrucks, und nicht die Grundlage ihres Verhaltens.
In dieser Hinsicht ähneln sie in hohem Maße den politischen, wirtschaftlichen oder sonstigen Kult-Enthusiasten, die kein religiöses, sondern ein psychologisches und soziologisches Phänomen sind.
Jedermann, der ein tieferes Wissen hat und mit solchen Leuten über ›Religion‹ diskutiert, wäre mit einem Astronomen zu vergleichen, der mit einem Sterndeuter über Astrologie reden würde.
Aus diesem Grunde wäre eine Neubelebung der Religion

eher von Menschen zu erwarten, die wir nicht ohne weiteres mit ›Religion‹, so wie wir sie kennen, in Verbindung bringen würden. Dieses Prinzip ist auch in anderen Bereichen wohlbekannt: große Erfindungen stammen oft von Nicht-Technikern. Der Berufstechniker und Wissenschaftler ist oft zu tief in sein Fachgebiet und seine Dogmen verstrickt. Die Dogmen von gestern sind die Fesseln von morgen.
In den Termini unserer Tradition ist das die Neigung, die Puppe anzuschauen, wenn man auf den Schmetterling achten sollte, und das immer so fort, entlang der ganzen Kette der Entwicklung vom Ei zur Raupe, von der Puppe zum Schmetterling.
Ich glaube, ja ich hoffe es sogar, daß die Behauptung vieler Menschen, das Christentum habe nicht versagt, sondern sei gar nie ernstlich praktiziert worden, bedeuten soll, daß bisher nur die fixen Ideen und die Scholastik praktiziert und angewendet worden sind. Wenn man es allerdings noch nicht praktiziert hat, dann frage ich mich: Wann fangen wir damit an?
Bedenken Sie, daß im ersten persischen Buch über den Sufismus von Hujwiri steht:
›Der schlimmste Mensch ist derjenige, von dem man meint, er diene Gott, und in Wirklichkeit tut er das gar nicht; der edelste Mensch ist derjenige, den man nicht für einen Diener Gottes hält und der es dennoch ist.‹
Die Ursache für den schwindenden Einfluß der Religion ist, daß so wenige Menschen die Gelegenheit haben, die Alternative zu eingepflanzten fixen Ideen kennenzulernen. Diese ist etwas sehr Zerbrechliches, nämlich der Glaube, der durch Erfahrung entsteht. Der Sufi Muhammad Ibn Khafif sagte: ›Glauben heißt, im innersten Herzen dem Wissen zu vertrauen, das aus dem Unsichtbaren kommt.‹ Er sagte nicht, es bedeute, daß man etwas glauben müsse, was einem gesagt wurde, einem eingetrichtert wurde oder was in Augenblikken der Erregung erscheine und daher Teil einer Fixierung werde.

Warum ist er noch normal?

Es gibt einen bösen Witze im Orient, der zeigen soll, daß der Verfall der Religion der Dummheit derjenigen zuzuschreiben ist, die sie praktizieren, oder sogar noch schlimmeren Übeln, die vor allem auf den sogenannten ›höheren Ebenen‹ der Praxis auftreten. Wie eine Karikatur ist er um der Pointe willen absichtlich übertrieben.

Ein spiritueller Lehrer sagt:

›Mein erster Schüler war so schwach, daß er an den Übungen starb. Mein zweiter trieb sich selbst in den Wahnsinn, weil er zu konzentriert meditierte. Mein dritter Schüler wurde durch die Kontemplation stumpfsinnig. Aber der vierte ist immer noch völlig normal.‹

Jemand fragte ihn: ›Wie kommt das?‹

›Vielleicht‹, antwortete der Guru, ›weil er sich weigert, die Übungen zu machen...‹

Warum gibt es kein britisches Karakulschaf?

Das Karakulschaf, ›Persianerlamm‹ genannt, liefert einen begehrten Pelz und wird seit Jahrhunderten in Zentralasien, vor allem in Afghanistan, gezüchtet. In neuerer Zeit hat man versucht, das Karakulschaf auch in Südwestafrika zu züchten und die Pelze mit dem Etikett ›Südwestafrikanisches Karakul‹ versehen.

Aufgrund der anderen Nahrung und der veränderten Umweltbedingungen gibt es aber Unterschiede im Fell.

Fachleute, und manchmal sogar Laien, können den Unterschied zwischen den beiden Pelzarten erkennen.

Es gibt viele Gründe dafür, daß man in Großbritannien keine Karakulschafe züchten kann, obwohl eine rege Nachfrage nach den Pelzen besteht.
Die Tatsache, daß sie vom Ausland in dieses Land gebracht werden müssen, verringert die Nachfrage keineswegs. Es steigert sie vielleicht sogar und treibt die Preise in die Höhe.
Wenn nun irgend jemand fragen würde: ›Warum können wir kein *britisches* Karakulfell bekommen?‹, dann würde man ihm wohl die soeben angeführten Fakten als Erklärung nennen.
Nehmen wir dieses Beispiel einmal dazu, wenigstens annähernd meine Äußerungen darüber zu illustrieren, daß man etwas, das in der einen Kultur zu Hause ist – in der metaphysischen Sphäre –, nicht in eine andere importieren soll. *Importiere* ich nicht etwas aus einer fremden Kultur oder sogar aus mehreren Kulturen?
Der entscheidende Faktor dabei ist, ob das importierte Gut ausschließlich in die Kultur gehört, aus der es eingeführt wird oder nicht.
Wenn ich eine *Gewohnheit*, zum Beispiel das Sandalentragen, aus dem heißen Griechenland in das kalte Grönland importiere, dann ist das die falsche Sorte von Import. Wenn ich dagegen etwas Nützliches einführe, z. B. Wolle, die ich von dort, wo sie ›wächst‹, dahin bringe, wo man sie gebrauchen kann, dann tue ich sehr wohl etwas Sinnvolles.
Es ist ein trauriger Beweis für den primitiven Zustand des Urteilens über diese Dinge, daß die Leute altbekannte Gewohnheiten schützen wollen und deswegen Dinge ausschließen, die nützlich wären, und solche aufnehmen, die sinnlos sind.
Die Schwierigkeiten, die der einfache Mensch damit hat, zu erkennen, was nützlich ist und was nur sekundär, kultureller Ballast, sind teilweise auf seine Ungeduld und auf seine Gier zurückzuführen. Er will einfach alles haben, was nützlich sein *könnte* oder attraktiv *ist*. Außerdem erkennt er

nicht, daß einige Dinge nicht nur nützliche, sondern lebensnotwendige Güter sind, denn niemand hat ihm diese einfachen Fakten mitgeteilt. Zum dritten fürchtet er, daß etwas, das von außen her in sein Leben oder sein Denken gebracht wird, für ihn nicht gut sein könnte.

Aus dieser Sicht ist er also, was die Metaphysik betrifft, auf einem sehr niedrigen Stand der Entwicklung, der z. B. im technologischen Bereich einer primitiven Gesellschaft nicht lange anhalten könnte, wenn sie erst einmal mit einer technologisch weiter entwickelten Gesellschaft in Berührung gekommen wäre.

Natürlich gibt es alterprobte Verfahren dafür, wie man etwas in eine Gesellschaft einführt, was diese zwar braucht, aber nicht akzeptieren will.

Viele von ihnen sind noch immer im Umlauf. König Abdul-Aziz Ibn Saud wollte ›beweisen‹, daß das Radio kein Teufelswerk ist. Also ließ er Koranverse im Radio rezitieren, damit islamische Geistliche bezeugen konnten, es sei eine gute Sache. Man glaubte nämlich im Volke, daß der Teufel den Koran nicht zitieren könne.

Dann gab es da den Fall des heiligen Franziskus, der dem Papst in einer berühmt gewordenen Geschichte erklärte, daß seine Ideen und seine Organisationsform im Grunde altes kirchliches Gut seien, das nur in Vergessenheit geraten wäre, die sich irgendwo anders aber weiterentwickelt hätten und jetzt den ihnen gebührenden Platz einnähmen.

In manchen Ländern ist es heute noch Sitte, daß jemand, der ein Medikament bekommen hat, das ihm ein moderner Arzt verschrieben hat, damit zum ortsansässigen Zauberer geht. Dieser soll es dann mit Hilfe eines Zauberspruches ›wirklich heilkräftig‹ machen.

In unserem Operationsbereich können Sie den beinahe magischen Effekt der Rationalisierung beobachten, der dann eintritt, wenn die Zuhörer aufgrund einer Erklärung ihre Vorurteile in einer scheinbar geordneten Weise neu organisieren können. Sie sagen zum Beispiel: ›Ich sage Ihnen nur

dasselbe, was auch XY gepredigt hat, und hier haben Sie den entsprechenden Gedanken.‹ Der Zuhörer wird sich gleich viel besser fühlen. Er will nicht in erster Linie Wahrheit, sondern Sicherheit, Systematik, Geborgenheit.
Sie können es auch anders machen. Sie können sagen: ›Es sieht nicht so aus, als sei es dasselbe, aber es wirkt Wunder!‹ Sie werden sehen, daß es funktioniert. Es reizt seine Gier und ermöglicht ihm, seine Vorurteile zu überwinden, denn er hat ja das ›höhere Interesse‹, möglicherweise etwas Neues für sich zu gewinnen.
Warum beschreibe ich diese Mechanismen und warum mißbillige ich sie? Einzig aus dem Grund, weil sie den leichten, den oberflächlichen Weg darstellen. Sie sagen vielleicht: ›Was ich Ihnen sage, ist dasselbe, was Sie schon von XY gelernt haben‹, und möglicherweise sagen Sie sogar die Wahrheit. Es kann wichtig sein, daß es wahr ist, und wenn man es in der richtigen Weise aufnimmt, kann es auch eine wichtige Wirkung haben. Aber wenn Sie diese Wahrheit aussprechen, müssen Sie davon ausgehen, daß der Zuhörer sie zum Zweck der Rationalisierung *benützt*. Statt die zugrundeliegende Wahrheit frei in sein Bewußtsein einströmen zu lassen, nimmt er ihrer Wirkung die Kraft und investiert seine Energie in den Versuch, dem oberflächlichen Denken Dinge annehmbar zu machen, an denen der zweifelt.
Dieser primitive und sinnlose Umgang mit wichtigen Tatsachen ist im Bereich der Metaphysik das Zeichen der Unreife eines Menschen.
Das ist ein wichtiger Gesichtspunkt, denn an dieser Stelle trennt sich unser Weg von dem der eher konventionellen Psychologen. Sie haben nämlich gegen den ›Mechanismus der Rationalisierung‹ gar nichts einzuwenden, sondern betrachten ihn eher als nützlich (z. B. für Zwecke der Integration), ausgenommen in den Bereichen, wo der Mechanismus der Rationalisierung eine geistige Haltung hervorruft, die mit den sozialen Normen und besonders mit ihren eigenen in Konflikt steht.

Aber der Psychologe, mit dem wir heutzutage im allgemeinen zu tun haben, kümmert sich auch um das, was *wir* als die falsche Persönlichkeit des Menschen bezeichnen: das oberflächliche (wenn auch notwendige) intellektuell-emotionale System, mit dem er arbeitet. Wir versuchen, die tieferliegende Individualität des Menschen zu erreichen und zu bilden.

Was hat das mit unserem Karakulschaf zu tun? Das ist ganz einfach: Die Leute, die meinen, daß wir etwas importieren (selbst wenn wir eher der Ansicht sind, daß wir es nur wiedereinführen), sind dann, wenn unsere Erklärungen sie ›zufriedenstellen‹, weil sie sie aufgrund von Gier oder aus anderen Motiven heraus rationalisieren, ebenso unzugänglich für das, was wir zu sagen haben und tun, wie die Leute, die sich von vornherein gar nicht um unsere Erklärungen kümmern.

Vom Grund wegbleiben

Im Grunde reagieren diese Leute wie Mulla Nasrudin in der folgenden Anekdote, wenn auch in einer etwas differenzierteren Form. Das Muster ist jedoch dasselbe:

›Dieser See ist sehr gefährlich, Mulla‹, sagte ein einheimischer Fischer, ›Leute, die es wagen, in ihm zu schwimmen, werden immer wieder tot am Grund des Sees gefunden.‹

›Sei unbesorgt, mein Freund‹, sagte Nasrudin, ›ich werde gebührenden Abstand vom Grund des Sees halten...‹

Wenn man den Grundsatz, von dem wir hier sprechen, in ein anderes Gebiet außerhalb des Metaphysik überträgt, dann verstehen uns auch die Leute erstaunlich gut, die *ablehnen,* was wir zu sagen haben, solange wir es in metaphysischer Sprache vortragen. Erinnern Sie sich daran, daß nur ein oberflächlich Denkender annimmt, daß unsere Lehre, falls sie ernstzunehmen ist, nur in den Grenzen eines metaphysischen Sprachgebrauchs operieren kann. Sie kann in jeder Weise vermittelt werden. Aber sogenannte Metaphysiker können sie nur in dem Jargon akzeptieren, den sie schon kennen oder in einem, der ihm ähnlich ist, weil sie so konditioniert wurden.

Es ist wichtig, diese Gedanken aufzunehmen, weil viele Leute, die psychologische, religiöse, philosophische oder metaphysische Gedanken verstehen wollen, leider einen allzu einseitigen Standpunkt vertreten.

Abdulkarim Jili, der Autor des wichtigen Sufi-Werkes *Insan-i-Kamil*, (Vollendetes menschliches Sein), der im 15. Jahrhundert der christlichen Zeitrechnung starb, betonte, daß *Sein* (existieren) Denken heißt, und der äußere Aspekt des Seins die Welt ist. Die Sufi-Lehre behauptet natürlich, daß durch die Mannigfaltigkeit der Erscheinungen und Gedanken hindurch das wahre Sein wahrgenommen werden kann. Das ist der Sinn der Lehre, daß ›die Phänomene die Brücke zur Wirklichkeit sind‹, aber nur eine instrumentelle Funktion haben. Das bedeutet, daß die Dinge dieser Welt, die zur höheren Wahrnehmung führen, in sich selbst wenig Gewicht haben, aber dafür einen großen potentiellen Nutzen haben können. Die Leute suchen nach einer Bedeutung und wissen nichts vom Nutzen. Daher schätzen sie sekundäre, weltliche Gedanken, anstatt sie nur als Instrumente zu gebrauchen.

Lehrmethoden und Voraussetzungen

F: Ist nach Meinung der Sufis etwas bekannt über den Unterschied zwischen Lehre und Konditionierung, und wissen die Leute, was sie wollen, wenn sie zu lernen beginnen?

A: Die Leute werden nicht nur durch absichtliche Indoktrinierung konditioniert, sondern auch durch Systeme, deren Vertreter selbst nichts von der Notwendigkeit ahnen, daß Schutzmaßnahmen vonnöten sind, um eine Konditionierung zu verhindern. Die Menschen werden außerdem durch bestimmte Erfahrungsmuster konditioniert. In den meisten menschlichen Gesellschaften wurde ein einheitliches Denken durch unerkannte Konditionierungsprozesse herbeigeführt. Dabei können praktisch alle Institutionen der Gesellschaft diesen Prozeß unterstützen.

Diese Information ist weder neu noch besonders aufregend. Aber sie ist wichtig. Neu daran ist, daß sie präzise und effektiv aus Studien hervorgeht, die im Westen gemacht wurden, vor allem seit dem Ende des Koreakrieges. Wenn Sie das nicht wissen oder nicht glauben, müssen Sie es entweder als Arbeitshypothese hinnehmen oder alle Versuche, andere Dinge zu studieren, zurückstellen, bis Sie sich diese Informationen aus den allgemein zugänglichen Quellen zu diesem Thema angeeignet haben. In diesem Fall ist Ihre Grundinformation lückenhaft, und Ihre Aussichten auf Fortschritt in einem höheren Sinne sind ebenso begrenzt, als wollten Sie Akademiker werden, obwohl Sie noch Analphabet sind.

Bestimmte traditionelle Lehr-Systeme haben den Faktor der ›Konditionierung durch die Umwelt‹ niemals aus den Augen verloren. Der Kern dieser Systeme bestand aus zwei Dingen: Erstens betonte man die Tatsache der Konditionierung, so daß man das Ungleichgewicht austarieren konnte, das durch sie entstand. Zweitens wählte man Studien-Methoden sowie Formen menschlichen Zusammenkommens, bei denen eine Konditionierung nicht so leicht möglich ist.

Kein solches System leugnet den Wert der Konditionierung für bestimmte Zwecke, aber sie selbst machen keinen Gebrauch von ihr. Sie versuchen nicht, den Konditionierungsmechanismus zu zerstören, von dem schließlich viel in unserem Leben abhängt.

Das ist die erste Lektion: Leute, denen man zum ersten Mal zeigt, daß ihre Ansichten das Ergebnis von Konditionierung sind, neigen zu der undifferenzierten Annahme, daß derjenige, der ihnen das gesagt hat, selbst gegen Konditionierung ist oder möchte, daß sie etwas dagegen tun. Ein vernünftiges System weist jedoch darauf hin, daß Konditionierung ein Teil der Sozialisation ist und nur dann mit ›höheren‹ Dingen verwechselt wird, wenn eine Lehre schon im Niedergang ist und ihre Anhänger ›trainieren‹ muß.

Die zweite Lektion ist, daß der größte Teil jeder Gruppe von Menschen konditioniert werden kann, wenn die Gruppe nach dem Zufallsprinzip entstanden ist. Gruppen, die immun gegen Konditionierung sind, können nur dann zustande kommen, wenn Leute ausgewählt werden, die so zusammenpassen, daß sie diese Tendenz besiegen können.

Menschen, die das hören, meinen vielleicht automatisch, das sei eine elitäre Doktrin. Aber zu dieser Annahme kommen sie nur, weil sie nichts über den Prozeß und seine Grundlagen wissen. Das primäre Ziel ist, Leute zusammenzubringen, die der Konditionierung widerstehen, so daß bei diesen Leuten eine Entwicklung stattfinden kann, die sie dann wieder an eine größere Zahl von Menschen weitergeben können. Man kann dabei niemals viele Menschen auf einmal erreichen.

Viele, die zum erstenmal hören, daß Konditionierung ein mächtiger, verborgener und spirituell hinderlicher Prozeß ist, reagieren auf eine andere Weise, die gleichermaßen sinnlos ist. Sie denken, daß Konditionierung, die ja offensichtlich in allen Institutionen wirkt, die sie kennen (und die sie zum Teil sehr schätzen), wohl doch etwas sehr Wesentliches sei. Das können sie nur deshalb glauben, weil sie der Tatsache nicht ins Auge schauen wollen, daß in jeder Institution Tendenzen entstehen können, die ihr gefährlich sind. Das ist nicht dasselbe, wie die Aussage, daß die Institution auf ihnen beruhe.

Wenn man Leute zusammenbringt und sie mit Lernstoff

konfrontiert, der Konditionierung erschwert oder unmöglich macht, fühlen sie sich in der Regel unwohl. Ihr Unbehagen kommt daher, daß sie durch diese Materialien nicht die Stimuli empfangen, an die sie als konditionierte Menschen gewöhnt sind. Da den Leuten aber in der Regel nicht recht klar wird, was in den Materialien *ist* (besonders, weil es ein Merkmal der konditionierenden Materialien ist, daß ihre Ergebnisse rein sachlich erscheinen), wissen die Leute nicht, was sie tun sollen. Die Lösung des Problems, für die sie sich wahrscheinlich entscheiden, ist irgendeine Form der Rationalisierung. Wenn sie keine emotionalen Stimuli der gewohnten Sorte erhalten, werden sie den neuen und sorgfältig ausgewählten Stoff als ›fade‹ empfinden.

Das ist eine weitere Lektion. Jederman muß erkennen, daß der Teufelskreis irgendwann und irgendwie durchbrochen werden muß. Eine Konditionierung durch eine andere zu ersetzen, ist lächerlich. Den Leuten Reize zu bieten, an die sie bereits gewöhnt sind, kann dem allgemeinen oder sozialen Interesse dienen: es ist niemals eine Lehre der höheren Art.

Leider wurden die Leute zu dem Glauben erzogen, etwas schwer Verständliches oder etwas, was ihnen in einem undifferenzierten Sinne zu tun schwer fällt, sei eine wahre Übung. Daher sind die Leute oft bereit, Geld, körperliche Anstrengung, Zeit und Bequemlichkeit zu opfern. Wenn man aber verlangt, daß sie nicht zusammenkommen oder auf die Aufmerksamkeit des Lehrers verzichten sollen, dann finden sie das beinahe unerträglich, weil sie so erzogen wurden, daß sie sich wie Süchtige benehmen. Sie wollen vielleicht Opfer bringen oder sich anstrengen, aber nur in der Form, die man ihnen immer als Opfer oder Anstrengung hingestellt hat. ›Stilisierte Anstrengung‹ ist aber einfach überhaupt keine Anstrengung.

Bedauerlicherweise wissen sie nicht, daß das System, zu dem man sie erzogen hat, und für das sie vielleicht eine Vorliebe der eben beschriebenen Art entwickelt haben, seine

bestmögliche Entwicklungsleistung zu einer Zeit erbracht hat, in der sie wahrscheinlich noch gar nicht auf der Welt waren. Inzwischen ist es nur noch ein Laster, ein Ritual und eine Gewohnheit, die sie nicht als solche erkennen können.
Die Voraussetzung für eine fortgeschrittene Art der Lehre ist, daß die Schüler bereit sind, sich ihr auszusetzen und nicht nur eine Art Karikatur davon zu akzeptieren, die ihnen eine minderwertige ›Nahrung‹ gibt, mit der sie schon vertraut sind.
Schon das allein ist eine höhere Stufe als jede Wiederholung, jeder Drill, jedes Wiederkäuen von Worten, Übungen und Theorien. Und es ist eine Herausforderung ganz eigener Art. Können die Teilnehmer wirklich ein Gebiet betreten, in dem ihren gröberen Wünschen und ihren automatischen Reaktionen kein Vorschub geleistet wird, oder können sie es nicht?
Wenn sie es nicht können, haben sie sich selbst von der Lehre ausgeschlossen.
Um Schüler werden zu können, müssen die Aspiranten sich selber ›in Ordnung bringen‹. Sie müssen sich fragen, ob sie ihre Studien nur dazu benützt haben, um gesellschaftliche Bedürfnisse und persönliche psychische Ziele zu erreichen, oder ob sie sich konditioniert haben. Sie sollten auch mit der simplen Tatsache vertraut gemacht werden, daß man dann, wenn man oft genug ›Ich muß aufwachen‹ ruft, einfach dabei einschläft. Wenn sie z. B. ihren Machthunger dadurch stillen, daß sie denken, sie würden etwas studieren, das andere nicht wissen, werden sie keinen Schritt vorankommen. Wenn sie irgendeine persönliche Befriedigung oder ein Vergnügen daran finden, andere zu ›lehren‹, werden sie nichts mehr dazulernen. Wenn sie von ihrer Studiengruppe als solcher abhängen oder dort vor allem Freunde suchen oder froh sind, daß sie ein- oder zweimal in der Woche oder im Monat irgendwo gehen können, werden sie stehenbleiben.
Man hat oft die Lehre mit sozialen oder menschlichen Funktionen verwechselt. Jemandem zu helfen oder ihn zu unter-

halten, ist eine soziale und keine esoterische Aufgabe. Als Mensch haben sie stets soziale und menschliche Pflichten. Aber sie haben nicht unbedingt therapeutische Pflichten. Vielleicht sind sie dafür viel weniger qualifiziert, als jeder konventionelle Berufstherapeut.

Wenn man eine gewisse Zeit mit irgendeiner religiösen, philosophischen oder esoterischen Gruppe verbringt oder auch nur ihre Literatur liest, muß man fast immer feststellen, daß eine große Zahl der daran beteiligten Menschen (vielleicht ohne eigenes Verschulden und aus reiner Unwissenheit) diese Formen für soziologische oder psychologische Zwecke im engeren Sinne benützt. Nicht ihr spirituelles Leben kommt in diesen Gruppen zur Geltung. Ihr soziales Leben ist unbefriedigend.

›Wie oben, so unten.‹ Wie im gewöhnlichen weltlichen Leben Ineffizienz und Verwirrung hinsichtlich bestimmter Ziele herrschen können, so auch bei der Annäherung an ein höheres Wissen. Sie können diesen Zielen am Anfang vielleicht auf dem Weg über einfachere Mechanismen und Theorien näherkommen, aber Sie können ihnen nicht näherkommen, indem Sie kurzlebigen persönlichen Interessen nachgehen.

Sie müssen Ihre persönlichen Interessen irgendwo anders pflegen. In einer hochentwickelten Gesellschaft gibt es mehr Institutionen, die für solche Dinge sorgen, als ein einzelner überhaupt brauchen kann. Sorgen Sie dafür, daß Ihre beruflichen, wirtschaftlichen, sozialen, psychologischen und familiären Bedürfnisse in der Gesellschaft verwirklicht werden, zu der Sie gehören. Mit dem Teil von Ihnen, der dann noch frei bleibt, kann man mit Hilfe spezieller Techniken kommunizieren, die denen zur Verfügung stehen, die ein umfassendes und legitimiertes traditionelles Wissen haben und denen die Mittel bekannt sind, es zu bewahren.

Das müssen Sie zuallererst zur Kenntnis nehmen. Die meisten Leute wollen etwas anderes, ganz gleich, was sie selbst

glauben zu tun. Zum Glück ist es nicht schwer, das zu erkennen, wenn man sich ernsthaft genug darum bemüht.
Wenn Sie im gewöhnlichen Leben denken, daß Ihre Familie weitgehend eine geschäftliche Angelegenheit ist, werden die Leute Sie darauf hinweisen, daß Sie sich irren. Wenn Sie glauben, Ihr Beruf befriedige vorwiegend Ihre sozialen Bedürfnisse, werden andere Sie bald korrigieren. Es ist Zeit, daß Sie auch in unserem Bereich richtig informiert werden. Sie müssen den Unterschied zwischen Zusammenkünften, bei denen Sie etwas erfahren und etwas lernen und solchen, bei denen Sie emotional stimuliert, intellektuell geprüft oder gesellschaftlich bestätigt werden, entweder erkennen oder erkennen lernen.
Eine soziale Komponente in menschlichen Beziehungen schadet überhaupt nichts, ganz im Gegenteil. Aber wenn diese Komponente das Übergewicht bekommt und ein privater Kontakt zum Vorwand für einen gesellschaftlichen Kontakt wird, werden Sie nichts lernen, ganz gleich, mit welchen Materialien Sie arbeiten. ›Die rechte Balance‹ zu halten, ist die stille Kunst eines Lehrers.
Daß immer wieder augenscheinlich unterschiedliche Schulen für höhere Studien in verschiedenen Epochen und Kulturen auftauchen, muß man vor allem darauf zurückführen, daß man echte, traditionelle Lehren vor den Automatismen und den sozialen, psychologischen und unterhaltenden Funktionen schützen muß, die die Lehre so zuverlässig und nachhaltig beeinträchtigen und sie schließlich sogar ganz in ihren Bann ziehen.
Bestimmte körperliche und geistige Übungen sind z. B. von höchster Bedeutung für die Entwicklung höherer menschlicher Fähigkeiten. Wenn sie von Menschen durchgeführt werden, die sie zu emotionalen, sozialen oder gymnastischen Zwecken nutzen, werden sie bei diesen Menschen nicht auf einer höheren Ebene wirken. Sie werden nur zu Möglichkeiten, überschüssige Energie loszuwerden und das Gefühl der Frustration zu mildern. Die Übenden verwech-

seln ihre subjektiven Erfahrungen regelmäßig und fast unvermeidlich mit ›etwas Höherem‹.
Aus diesem Grunde gehen legitime höhere Lehren traditionell sparsam mit ihren Materialien und Übungen um. Niemand, der eine Aufgabe bekommt, kann sie (wenn er von der Aufgabe weiß) so ausführen, daß sie nicht auf der angemessenen Ebene für ihn wirksam wird.
Diese Informationen sollten so gründlich wie möglich gelesen, studiert und verstanden werden. Ohne sie kann man kaum einer Gruppe von Menschen zu etwas anderem dienen als zu sozialen oder oberflächlichen psychologischen Zwekken, ganz gleich, was für Theorien, Systeme oder Übungen eingesetzt werden. Wo es Ideologie, Konditionierung und Indoktrination gibt, wirkt ein mechanisches Element, das den Faktor der übersinnlichen Wahrnehmung der Wirklichkeit vertreibt. Diese Wahrnehmung verbindet aber die höheren Funktionen des Geistes mit der höheren Wirklichkeit.
Sufi-Erfahrungen sind dazu gedacht, eine Harmonie mit und eine Nähe zu dieser Wirklichkeit aufrechtzuerhalten, während mechanische Systeme die Menschen wirkungsvoll von ihr entfernen.

Wer bewacht den Mantel?

Attar erzählt in seinem Buch *Recitals of the Saints* (Berichte über die Heiligen) eine Geschichte über den großen Sufi Habib Ajami. Dieser ging einmal zu einem Fluß, um sich zu waschen, und ließ seinen Mantel am Ufer liegen. Hasan aus Basra kam gerade vorbei und sah das. Er dachte, daß jemand auf den Mantel aufpassen sollte und bewachte den Mantel, bis Habib zurückkam.
Hasan fragte dann Habib, wem er aufgetragen habe, seinen Mantel zu bewachen.
›Demjenigen‹, sagte Habib, ›der dir auftrug, auf ihn aufzupassen.‹

Diese Anekdote soll illustrieren, wie die Dinge für Sufis funktionieren. Gedankenlose Nachahmer meinen oft, sie müßten es genauso machen, sie stellen das Schicksal auf die Probe und lassen Dinge liegen oder vernachlässigen ihre Pflichten. Das führt dann zu Ergebnissen, die genau dem Stand ihrer Unwissenheit entsprechen.

Leiden in ›spirituellen Unternehmungen‹

F: Wie kommt es, daß die Beschäftigung mit spirituellen Dingen manchen Leuten so viel Leiden und Kummer verursacht? Manche werden davon verstört, und ihr Charakter wird schlechter als jemals zuvor...

A: Erstens: Sie sollten bedenken, daß diese Tendenz bei allen religiösen und sonstigen Systemen beobachtet und kommentiert wurde. Die Leute werden immer von irgend etwas um den Verstand gebracht, ganz gleich, wie respektabel ein Glauben ist, und niemand hat bisher Mittel und Wege gefunden, das zu verhindern. Die Menschen leiden und werden verrückt, wo immer sie leben und was immer sie anpakken.

Zweitens: Alle, die sich dieser psychologischen Schwierigkeit ernstlich bewußt sind, werden immer versuchen, schädliche Auswirkungen zu bekämpfen, wobei sich nicht der geistige Prozeß, sondern der Geisteszustand des Leidenden, dem bestimmte Aufgaben zugeteilt werden, schädlich auswirkt.

Aus diesem Grunde wollten Sufi-Lehrer verhindern, daß manche ihrer Schüler bestimmte Übungen machen. Einige

bestehen sogar darauf, daß diese Schüler z. B. nicht einmal die Pilgerreise nach Mekka machen, zu der alle Moslems verpflichtet sind. Man hat den Sufis daher vorgeworfen, ›sogar gegen das zu sein, was erlaubt oder vorgeschrieben ist‹. Die Leute, die das tun, sind zu dumm, um zu begreifen, daß den Kranken im Islam nicht zugemutet wird, Dinge zu tun, die ihren Zustand verschlechtern, auch wenn sie vorgeschrieben sind.
Das ›Leid und der Kummer‹, von dem Sie sprechen, sind Teile einer inneren Krankheit. Diese Krankheit verschlimmert sich durch alles, was in ihre Nähe kommt, sogar durch spirituelle Dinge. Wenn spirituelle Elemente mit bestimmten Krankheiten in Berührung kommen, verzerrt die Krankheit diese Elemente und mißbraucht sie. Sie können das selbst überprüfen. Schauen Sie sich an, wie etwas an sich Gesundes, das man in der falschen Weise, am falschen Ort und mit falschen Leuten benützt, Schaden stiften kann.

Aus dem 14. Stock springen

Vor kurzem gab es in den britischen Zeitungen zwei interessante Pressemeldungen. In einer war die Rede von einem Mann, der im 14. Stock eines Hochhauses ›um seines Glaubens willen‹ über den Rand eines Balkons hinaustrat. Er war davon überzeugt, daß ›Gott ihn retten würde‹. Er starb.
In der anderen Meldung wurde von einem Fall berichtet, bei dem spirituell orientierte Leute zu der Meinung kamen, ein Mann sei vom Teufel besessen. Man versuchte, die Dämonen durch Exorzismus zu vertreiben, also mit einem Ritual der Kirche. Der versuchten Teufelsaustreibung durch einen Priester der Anglikanischen Kirche von England folgte wenige Stunden nach der Zeremonie ein Mord. Der Mann brachte seine Frau dadurch um, daß er ihr Augen und Zunge herausriß.
Solche Dinge geschehen, wenn die Leute spirituelle und me-

dizinische Dinge verwechseln. Und das wiederum passiert dann, wenn die Leute glauben, ihre Doktrinen und nicht ihre Erfahrungen ließen sie ›spirituelle‹ Dinge erkennen. Das Dogma hat Grenzen. In den Zeitungen findet man häufig Berichte über solche Tragödien, in denen ›Leiden an spirituellen Dingen‹ auf diese Gründe zurückgehen.

Sufis haben oft beobachtet, daß Leute, die sich auf spirituelle Wege begeben, ohne zuerst als Vorübung zu lernen ihren Stolz abzulegen, häufig Leiden und noch Schlimmeres auf sich ziehen.

›Menschen, die den Übeln der Welt Tür und Tor öffnen, sind verloren‹, sagte Hasan von Basra*. Für die Sufis gehört dazu auch die Umstrukturierung der eigenen Persönlichkeit ohne korrekte Reihenfolge.

Die Leute verlieren den Verstand, weil sie dem folgen, was sie selbst für spirituelle Pfade halten, und weil sie nicht nur das Unmögliche, sondern das Absurde tun wollen.

Zu den zwei Hauptquellen des Leidens und des Kummers, von denen Sie sprechen, würde ich erstens das stete Herumreiten auf der Angst vor dem Tode rechnen, die die Bedeutung des Todes als wichtiges Übergangsphänomen völlig außer acht läßt. Zweitens die irregeleitete Suche nach der ›Sicherheit‹ zuvor eingetrichterter fixer Ideen, die häufig für wahren Glauben gehalten werden, in Wirklichkeit aber nur Dogmen sind.

Es gibt zwei persische Vierzeiler von dem berühmten Ustad Kahlilullah Khalili, einem großen zeitgenössischen Sufi, zu diesem Thema. Vergleichen Sie einfach die Art, wie er die Schwerpunkte setzt, mit dem zusammenhanglosen Zeug, das so viele Leute mit Spiritualität verwechseln.

* Zitiert in Attars *Tadhkirat al-Awliyya.*

Im ersten* Vierzeiler heißt es:

»Ich fürchte den Tod nicht, denn er ist mein Helfer...
Er führte meine Vorfahren zu ihrer Bestimmung:
Dieses mein elegantes und bequemes Transportmittel!«

Im anderen Vierzeiler** spricht er von der Konditionierung, die zu verblüffender, aber nutzloser Starre geronnen ist wie ein Berg, und der Beweglichkeit eines verständigen Suchers, der einem Vogel gleicht. Der Vogel sagt zum Berg:

»O Berg! Hoch und mächtig ragst du auf in den Himmel.
Wie scheinst du in Selbstbetrachtung versunken zu sein.
Doch obwohl ich nur ein kleiner Vogel bin, bin ich frei,
Zu tanzen auf Blumen, während deine Füße in Ketten liegen...«

Das Lehren durch Schock

F: Können Sie uns etwas über die Techniken der Sufis sagen, mit Schocks zu lehren?

A: Unter den Lehrtechniken der Sufis nehmen provozierende und irritierende Behauptungen, die eine vielschichtige Reaktion bei den Hörern auslösen sollen, einen besonderen Platz ein.

* *Quatrains* (Persisch) Bagdad: Al-Maarif Press, 1975, S. 70/71.
** ebd. S. 32/33.

Mansur Hallaj sagte unbeirrbar immer wieder aus eben diesem Grunde: ›Ich bin Gott‹.

Wenn jemand im Westen in einer etwas zeitgemäßeren Sprache sagt: ›Hitler war ein großer Mann‹, dann wird der Zuhörer so schockiert sein, daß er sofort reagiert*. Manche Leute werden zum erstenmal erleben, was es bedeutet, so eine Aussage zu hören. Sie werden erkennen, wie die Leute, die so etwas wirklich behauptet haben, gewesen sein müssen. Manche werden vielleicht auch erkennen, daß die Frage nach der Größe Hitlers für ihre eigene Situation völlig irrelevant ist. Andere werden merken, daß sie von der Frage der ›Größe‹ ganz besessen sind. Sie verraten nebenbei, wie leicht man sie dazu provozieren kann, ihre Ansichten automatisch herauszusprudeln, wenn man nur eine Phrase vorgibt. Bei einigen wird sich zeigen, daß fast jede Wortsequenz dazu benutzt werden kann, Leute zu ›programmieren‹ und ›Glauben‹ bzw. ›Opposition‹ auszulösen.

Auch Omar Khayyam und seine Schule machten von dieser Technik gelegentlich Gebrauch.

Wenn man das nicht versteht, kann man natürlich Khayyam nicht verstehen, denn manche Akademiker begnügen sich mit der wörtlichen Bedeutung seiner Aussagen. Wenn er sagt: ›Jedes Veilchen ist ein Schönheitsfleck einer ehemaligen Geliebten‹, müssen diese Akademiker glauben, das sei ein poetisches Bild oder handle von der Reinkarnation, während es tatsächlich um ›Schock‹ geht. Die Theorie der Reinkarnation galt nämlich in Khayyams Kultur als Ketzerei.

Die Sufi-Literatur enthält solche Materialien in Fülle. Sie filtern alles Oberflächliche und Flache zuverlässig heraus.

Die Leute sind dazu konditioniert, bestimmte Dinge gern,

* Obwohl Hitler erst 1945 starb und beinahe weltweit als ein Monster betrachtet wurde, löst die Aussage ›Er war ein großer Mann‹ nach einer Generation bei vielen Menschen keinen Schock mehr aus. 1977 fand ein deutscher Lehrer heraus, daß viele seiner jungen Landsleute wenig über den ›Führer‹ wußten. Viele von ihnen dachten auch, er sei tatsächlich ein großer Mann gewesen. (*Time*, New York), 18. April 1977, S. 13.

andere ungern zu hören. Das ist fast immer nützlich, bis man an den Punkt kommt, an dem scheinheilig die herrschenden Vorstellungen benützt und den Leuten die Möglichkeiten gegeben werden, die Situation zu manipulieren und dadurch der Wirklichkeit aus dem Weg zu gehen. Es gibt in jeder Kultur Beispiele dafür, daß Leute aufgrund von Konventionen bestimmte Dinge nicht sagen dürfen, die wahr sind, denn wenn sie sie sagen, hält man sie für unbescheiden, prahlerisch oder aggressiv gegenüber anderen. Diese Art, den Status quo zu erhalten, kann gut oder schlecht sein. Manchmal produziert sie eine ›Tunnelvision‹.
Um solche Situationen oder die Zwänge herrschender Bräuche anzuprangern, schreckten einige der größten Sufis nicht davor zurück, äußerste Schmach und Schande zu riskieren. Ich glaube nicht, daß ihre Leistungen in dieser Hinsicht je irgendwo ihresgleichen gefunden haben.

Schweigen und Reden

Ein gutes Beispiel dafür findet sich in Hujwiris *Revelation of the Veiled* (aus der Übersetzung ins Englische von Nicholson, 1911):
»Ich habe in den Anekdoten gelesen, daß Abu-Bakr Shibli (einer der größten frühen Sufis) im Karkh-Viertel von Bagdad unterwegs war und hörte, wie ein Hochstapler sagte: ›Schweigen ist besser als reden.‹
Shibli antwortete: ›Dein Schweigen ist besser als dein Reden, aber mein Reden ist besser als mein Schweigen, denn deine Rede ist eitel, und dein Schweigen ist eine hohle Geste, während mein Schweigen Bescheidenheit ist und mein Reden Schweigen.‹«
Jeder, der meint, Shibli hätte sich so verhalten, weil er schlechte Laune gehabt hätte, oder daß er unduldsam und unbescheiden gewesen wäre, hat solche Schock-Lehren der Sufis dringend nötig. Solch ein Mensch hat nämlich noch

nicht gelernt, daß es immerhin möglich ist, daß jemand, dessen Verhalten er (aufgrund der Konditionierung) für ungehörig hält, in Wirklichkeit schlicht eine exakte Beschreibung der herrschenden Umstände gibt.

Der Hauptgrund gegen unbescheidene Worte besteht darin, daß sie eine nachteilige Wirkung auf die Person ausüben können, die sie ausspricht, und daß sie Beobachter dazu bringen können, ebenfalls ›unbescheiden‹ zu sein anstatt demütig. Im Falle von Shibli war (und ist) sein Status so hoch, daß die erste Gefahr nicht gegeben und die zweite Interpretation ausgeschlossen war: Man wußte überall, daß Shibli zutiefst aufrichtig war.

Diese Einstellung mag Leuten fremd erscheinen, die nicht daran gewöhnt sind. Aber das Sprichwort sagt: ›Wenn es auch komisch aussieht, so heißt das doch nicht, daß es nicht wahr ist.‹

Konditionierung sorgt ebenso wie Unwissenheit dafür, daß die Ignoranz der Menschheit verewigt wird, von der auch Khalili* spricht. Er sagt über die Welt und den Platz des Menschen darin:

»Schauspieler und Zuschauer sind wir in der Arena,
Verwirrt von unserem Werk und vom Werk der Welt,
Kleine Spielzeuge sind wir in den Händen der Zeit:
Wir müssen tanzen, wann immer sie aufspielt!«

* Khalilullah Khalili: (Persisch) *Quatrains*, Bagdad: Al-Maarif Press, 1975, S. 47/48.

Emotionale Erwartungen

F: Warum besteht eine Sufi-Gruppe manchmal jahrelang, man liest Bücher und trifft sich, ohne daß anscheinend irgend etwas passiert, ohne daß ein Fortschritt feststellbar wäre und ohne einen Anhaltspunkt dafür, wie die Dinge stehen?

A: Eine solche Gruppe muß emotionale Erwartungen ›erschöpfen‹. Sie muß Umstände schaffen, in denen die unwichtigen, aber allgemein üblichen Assoziationen, die Merkmale, die aus anderen Systemen hereingebracht wurden, sich zeigen und beobachtbar werden, so daß jeder sehen kann, was zentral ist und was nicht. Wenn die Teilnehmer dieser Gruppe diese Dinge nicht sehen, ist sie gar keine Sufi-Gruppe. Einen Großteil der nach außen hin sichtbaren Arbeit leistet die ›Vorbereitungsgruppe‹. Das heißt nicht, daß sie nicht außerordentlich wichtig sein kann, denn wo sonst werden sie die Gelegenheit erhalten, ihre eigenen Reaktionen und die anderer zu erleben und zu beobachten? Sonst gibt es doch nur soziale Gruppierungen, in denen die Lektionen entweder verschleiert oder verzerrt werden, so daß sie oberflächliche Ergebnisse liefern, die nur irgendwelchen Interessen-Klans dienen.
Wenn Sie auf die Geschichten zurückgreifen, die schon veröffentlicht wurden und die Zusammenkünfte von Leuten beschreiben, die Wirkung von Begegnungen, die unwürdiges oder sinnloses Verhalten oder die Nutzlosigkeit flacher Interpretationen zeigen, dann werden Sie dort eine Richtschnur für das Verhalten der Leute einer solchen Gruppe finden, wenn Sie einer solchen Gruppe angehören.
Das Hauptkennzeichen des Fragestellers ist, daß er eine Person ist, die etwas möchte (›Fortschritt‹ oder ›ein Gefühl für den Stand der Dinge‹), ohne die Erfahrungen in der Gruppe

aktiv zu beobachten und zu verarbeiten. In der traditionellen Terminologie, die den Menschen in allen Kulturen geläufig ist (und die hier nicht zum Tadeln, sondern als Technik gebraucht wird), haben wir hier zuviel Gier, die vor der Fähigkeit steht, zuviel Unzufriedenheit, die auf Begierden und falschen Versprechungen beruht, zuviel Bequemlichkeit, die dazu führen kann, daß ein Mensch das potentielle Opfer eines Ausbeuters wird, der unvermittelt auftaucht und automatischen Fortschritt ohne Mühe oder rechte Ausrichtung verspricht.

Jeder, der den moralischen Forderungen seiner ererbten Kultur ausweichen will, sollte nicht meinen, daß sie keine *Funktion* als Übung hätten. Er muß die anderen möglichen Funktionen von traditionellen Prinzipien wieder neu lernen, und er kann das dadurch tun, daß er illustrative Erzählungen gründlicher studiert oder daß er an vorbereitender Gruppenarbeit teilnimmt, also durch mehr solche Aktivitäten, von denen wir hier sprechen, und nicht weniger.

Schließlich sei noch angemerkt, daß der Fortschritt von einzelnen oder einer Gruppe nicht immer allen Teilnehmern sichtbar ist, bloß weil sie ihn sehen möchten.

Von der Welt gefangen

Stellen Sie diesen Ansatz dem der mechanischen Religionsverfechter gegenüber, die nur fixe Ideen kultivieren. Fariduddin Attar erzählt uns eine Geschichte über die große Sufi-Frau Rabia. Sie war einmal krank, und ein bekannter Gelehrter kam sie besuchen. Er saß an ihrem Bett und ließ sich ohne Unterlaß über die Übel der Welt aus.

Aber Rabia durchschaute ihn und sagte zu ihm, daß er offensichtlich die Welt sehr liebe. Die Menschen reden immerzu von den Dingen, die sie lieben, ob im Guten oder im Bösen. Einer Sache anzuhängen, mit Wohlwollen oder mit Abscheu, ist das Grundmuster. ›Wenn du nicht in der Welt gefangen wärest‹, ermahnte Rabia den Mann, ›dann würdest du nichts über sie sagen, weder Gutes noch Böses.‹

Voreilige Schlüsse

Falsche Annahmen können sich zwischen den Schüler und das schieben, was er lernen könnte, wenn diese vorgefaßten Meinungen nicht richtig oder zweckmäßig sind.
Die Annahme, daß spirituelle Pfade diese oder jene Form haben müßten, für diese oder jene Art von Person gedacht seien, einer bestimmten Sorte sichtbarer Institutionen angehören sollten usw., blockieren nicht nur das Lernen. Oft genug verwandeln sie es in eine Suche nach den erwarteten Vergnügungen, und sorgen dafür, daß das Lernen in Wirklichkeit, wenn auch nicht unbedingt dem Anschein nach, zu einem Zweig der Unterhaltungsindustrie wird.
Um mit Leuten in Kontakt zu kommen, die sich sozusagen am äußeren Rand aufhalten, haben östliche Weise sich lange Bärte wachsen lassen und Turbane getragen; um auf das Syndrom der voreiligen Schlüsse hinzuweisen, haben andere sich wie Verrückte aufgeführt; um diejenigen aufzuwecken, die am lernfähigsten sind, haben wieder andere keine größeren Kompromisse mit den Erwartungen anderer geschlossen. Und Abenteurer und Betrüger, die die allzu offensichtlichen Vorurteile der Leute ausnutzen wollten, haben nie gezögert, sie ihnen eilfertig zu bestätigen und den Leuten das zu erzählen, was sie hören wollten.
Wenn Sie Ihre Annahmen nicht in Frage stellen können, dann müssen Sie sich zu den Leuten rechnen, von denen vielleicht einige recht haben mögen, von denen jedoch eine

große Zahl zur Bigotterie erzogen wurde, und die daher unrecht haben *müssen*.

Der Test, den man kürzlich über zweihundert Leuten vorlegte, die sich zu einer bestimmten Art von spiritueller Lehre hingezogen fühlten, gibt zu denken. Man legte ihnen mehrere Aussagen und Auszüge aus literarischen Werken vor und fragte sie, welche davon echt seien und welche nicht. Über 85% der Testpersonen hielten die falschen Aussagen für die echten.

Daraus ergeben sich zumindest zwei Dinge:

1. daß die Leute zum Großteil nicht dadurch zu dieser Lehre gekommen waren, daß sie ihre Legitimation feststellen konnten,
2. daß sie fast alle die echten Materialien zurückgewiesen hatten und so wahrscheinlich auch Lehrmaterial und Verfahren der echten Schule zurückweisen würden, da sie eine hohe Wertschätzung für die ›authentischen‹ Fälschungen zeigten.

Eines der meistverbreiteten Vorurteile von Leuten, die sich nur zusammenreimen, was eine echte Lehre sein soll, betrifft die ›Initiation‹.

Aber die Initiation, die bei den Sufis immer noch praktiziert wird, das Treuegelöbnis, das einem Lehrer gegeben wird, findet erst ›mehrere Jahre nach der Zulassung zum Derwisch-Orden statt‹. Das ist deshalb so, weil ein Schüler erst dann, wenn er genug weiß und etwas dazugelernt hat, sich ernsthaft tiefgreifenden Studien widmen kann. Wenn man ihn dazu verpflichten wollte, sich einem Pfad zu verschreiben, solange er dazu noch nicht reif ist, wäre das ein Zeichen von Ignoranz und Hochstapelei.

Der Christ in Mekka

Andererseits kann jemand bereit sein, zu lernen und zu verstehen, der nach äußerlichen Maßstäben ganz ungeeignet erscheint. Der große Shibli stellte das einmal in einer Geschichte klar heraus, die mehrere interessante Aspekte hat.
Shibli verkündete eines Tages in Bagdad, daß er 1000 *dirham* brauche, um für die Armen Schuhe zu kaufen, damit sie nach Mekka pilgern könnten. Ein Christ wollte das Geld spenden, vorausgesetzt, er dürfte die Karawane begleiten.
Shibli sagte ihm, daß nur Moslems diese Reise machen dürften. Daraufhin erbot sich der Christ, als Packesel mitzugehen, denn von diesen verlangte man kein Glaubensbekenntnis. Sie brachen also auf, mit dem Christen als Zugtier im Geschirr. Bei jedem Aufenthalt reinigte er den Boden für die Pilger.
Als sie an der Großen Moschee ankamen, sagte Shibli dem Christen, daß es ihm nicht erlaubt sei, den Bezirk der Kaaba zu betreten. Der Christ bat, man möge ihn doch hineinlassen. Da ertönte eine Stimme, die den Christen einlud, einzutreten...
Voreilige Schlüsse zu ziehen ist eines der größten Hindernisse für das Lernen, hingegen nicht für Taten, die Leute bloß glauben machen, sie hätten etwas überprüft oder entdeckt.

Wie man die Geschwindigkeit erhöht

Mulla Nasrudin kam eines Tages zu einer Werft. Zu seiner Überraschung sah er dort ein Feuer, das er in der Umgebung der See nicht erwartet hatte, und fragte einen Arbeiter, wozu es da sei.
›Wir kochen Teer‹, erklärte der Mann, ›und verpichen damit die Ritzen zwischen den Planken des Schiffes, damit es kein Wasser nimmt. Da fährt das Schiff schneller.‹

Der Mulla ging schnurstracks nach Hause und entfachte ein großes Feuer. Dann band er einen Esel fest und erhitzte Teer in einem Kessel. Sobald er den rauchenden Teer in die Nähe des Tieres brachte, riß es sich los und lief wie der Wind davon.
›Es funktioniert prächtig‹, sagte Mulla Nasrudin.

Der Rosenkranz und die Robe

F: Woher kommt die Meinung, ein ›heiliger Mann‹ müßte fortwährend asketische Übungen machen, ärmlich gekleidet sein, und alles Unreine peinlichst meiden, usw.?

A: Diese Frage ist sehr leicht zu beantworten. Sie hätten das sicher selbst bemerkt, wenn Sie sie anders formuliert hätten. Aber denjenigen zuliebe, die nicht selbst antworten können, will ich es tun.
Die Meinung geht auf die Beobachtung der Initiationsriten zurück, die von den Frommen praktiziert werden. Da die Leute keine Informationen über den Zweck dieser Dinge haben, nicht den Entwicklungsstand oder die Natur dieses Verhaltens erkennen, glauben außenstehende Beobachter, das sei einfach das typische und essentielle Verhalten der ›Erleuchteten‹ (und zufälliger Gaffer, die einen Trieb zur Nachahmung haben).
Das ist geradeso, als sähe ein gedankenloser Mensch, wie ein Streckenwärter bei der Eisenbahn, der gerade ausgebildet wird, mit den Armen Zeichen gibt, und zöge daraus den Schluß, daß
1. alle Eisenbahner zu allen Zeiten und besonders dann,

wenn sie Experten werden wollen, Handzeichen geben müßten;
2. auch der Eisenbahnpräsident Handzeichen geben müsse, wo es doch schon dieser einfache Mann tut, und daß der Präsident dabei reich sein müsse.

Mangelhafte Beobachtung, leichtfertige Annahmen, mechanische Nachahmung von Aktivitäten auf ungeklärten Grundlagen führen auf allen Gebieten menschlichen Tuns oder Lernens nur zum Mißerfolg. Wenn Sie das bezweifeln, dann überprüfen Sie es. Viele Organisationen haben diese Merkmale.

Um also grundlegende Fehler korrigieren zu können, müssen wir erst einmal damit rechnen, daß es Fehlerquellen geben könnte. Wenn das geschehen ist, kann man vielleicht weitere Fehler und nutzlose Unternehmungen vermeiden.

Anstatt nur auf emotionale Stimuli zu reagieren und sich gleichzeitig einzubilden, jetzt erfahre er Spiritualität, muß der Schüler bereit sein, die Dinge zu tun, die man ihm vorschreibt. Denn sowohl die Praxis als auch die Tests der Sufis beruhen auf der *Realität*. Diejenigen, die das Hauptwerk auf die äußere Erscheinung und irgendwelche Schrullen legen, sind falsche Sufis. Deshalb kann es für Menschen, die eine Vorliebe für das Absurde haben, sogar eine Prüfung sein, ein normales Leben zu führen und durchzuhalten.

Gott war tot

Unter den Sufis kursiert eine Geschichte, die uns Attar erzählt hat, und die von einem Derwisch handelt, der in Schwarz gekleidet um Aufnahme in ein Kloster bat. Er wurde von Ibn Khafif, der vor etwa 1000 Jahren starb, gefragt, warum er denn Trauer trage und antwortete, sein Gott sei ›tot‹. Er wurde vierzigmal abgewiesen, bis die Leute begriffen, daß sein ›Gott‹, dem er gedient hatte, sein sekun-

däres Selbst gewesen war, die konditionierte Persönlichkeit.
Husein ibn Mansur wurde einmal gefragt: ›Wer ist ein Sufi?‹
Er antwortete: ›Derjenige, dessen innerstes Wesen Eines ist.‹

Übungen aufs Geratewohl

F: Einige Sufi-Gruppen und andere führen häufig und regelmäßig Übungen durch, wie z. B. ›Tänze‹ und sonstige Aktivitäten, an denen alle teilnehmen. Warum sagen Sie, daß man nicht Dinge tun sollte, die andere in den Zustand der Verzückung versetzt haben?

A: Erstens: Bitte denken Sie daran, daß es immer viele Leute gibt, die mechanische Übungen durchführen, und daß sie immer froh sind, wenn sie andere dazu bringen können, es ihnen gleichzutun. Wenn Sie eine solche Gruppe kennen und Lust haben, ihr beizutreten, werden Sie es wahrscheinlich tun. Wenn Sie es tun, können Sie selbst überprüfen, ob das der beste Weg ist, an die Dinge heranzugehen. Mit anderen Worten: Warum sind Sie hier, wenn Sie diese Dinge anderswo finden können?
Zweitens: Falls Sie hier sind, weil Sie zuerst einmal das, was wir sagen, mit dem vergleichen wollen, was andere sagen, dann kann ich nur wiederholen, daß das, was für eine Person zu einer bestimmten Zeit richtig ist, *nicht* unbedingt für eine andere gilt.

Es gibt eine Geschichte, die das in einem Gleichnis veranschaulicht. Ein Mann, der einer solchen Gnade würdig war, betete einmal darum, daß er die Sprache der Vögel verstehen lernen möge. Eines Tages, als er still unter einem Baum saß, in dem ein Vogelnest war, stellte er fest, daß er die Bedeutung ihres Gezwitschers verstehen konnte. Ein Vogel erzählte dem anderen, daß der Sohn des Königs krank sei und daß die Menschen so dumm seien, daß niemand wisse, daß er durch Zitronenwasser wieder gesund werden könne. Der Mann ging sofort zum Hof des Königs, hörte, daß der Sohn des Königs wirklich krank war und daß man sein Leben aufgegeben hatte. Er verordnete Zitronenwasser, und der Prinz wurde wieder gesund. Der König ließ dem ›Arzt‹ zur Belohnung soviel Gold geben, wie er nur wollte.

Nun hatte aber dieser ehrwürdige Mann einen Freund, der gänzlich unwürdig war, und diesem vertraute er an, wie er zu seinem Reichtum gekommen war. So betete nun auch der unwürdige Mann darum, die Sprache der Vögel verstehen zu dürfen. Denn er wollte sehr gerne so reich werden wie sein Freund. Schließlich erhielt er die erwünschte Gabe. Er saß unter einem Baum und hörte die Vögel miteinander reden. Sie sagten: ›Unter diesem Baum sitzt ein unwürdiger Mann, der unsere Geheimnisse wissen will. Wir werden ihm eines verraten. In diesem Augenblick nähert sich ihm ein wilder Tiger, den wir aus dem Dschungel gerufen haben, damit er ihn frißt.‹

Als der unwürdige Mann aufstand, um wegzulaufen, wurde er von dem Tiger gepackt und zerrissen.

Der Fragesteller fragt, warum wir nicht Dinge tun sollten, die andere in den Zustand der Verzückung versetzt haben. Wenn die Menschen Maschinen wären und wenn alle gleich wären und alle Situationen ebenfalls gleich wären, wenn die Menschen Holzklötze wären, die man behauen muß, dann natürlich könnte man all die vielfältigen Begleitumstände

vernachlässigen und die Übungen aufs Geratewohl machen...
Diese Frage impliziert, daß alles immer dasselbe ist. Ein wenig Nachdenken hätte unseren Frager leicht zu einer anderen Ansicht bringen können. Er hätte die Frage nur umdrehen und seine eigene Denkfähigkeit nutzen müssen. Wenn man die Sache im Geiste umdreht, dann kommt folgende Frage dabei heraus: ›Unter welchen Umständen sollte man zufällige Übungen nicht durchführen und mechanische Nachahmungen meiden?‹
Übungen zu ›stehlen‹ und sie willkürlich anzuwenden (also ohne Einsicht und Wissen), kann auf seine eigene Weise die gleiche Art von Auswirkungen haben wie andere, vertrautere Formen von ›Diebstahl‹. Manchmal zieht das – wie in dem Beispiel, das ich Ihnen gleich geben werde – seine eigene Strafe nach sich.
Hier ist eine Analogie, und wenn sie auch aus einem bestimmten Blickwinkel heraus lustig ist (Sie sollten darüber lachen und dann nach den weiteren Dimensionen der Lehre suchen), ist sie doch ein gutes Beispiel dafür, was Leuten passieren kann, die mit metaphysischen Dingen Schindluder treiben und sich dann über das wundern, was ihnen geschieht, oder auch darüber, daß nichts geschieht.

Was er gestohlen hatte

Eine Zeitung (der Londoner *Daily Telegraph*, 27. Oktober 1976, S. 17, Spalte 4) berichtete, daß ein Einbrecher einem Gemeinderatsmitglied Scheckbuch und Scheckkarte gestohlen hatte und damit einkaufen ging.
Er wollte Geld und Waren. Aber was bekam er?
Sein Verteidiger erklärte das vor Gericht. In jedem der neun Geschäfte, die er aufsuchte, und in denen er sich als der Gemeinderat ausgab, wurde er mit Klagen über die öffentlichen Dienstleistungsbetriebe überhäuft. In einem Geschäft

mußte er einer Verkäuferin sogar seine Telefonnummer hinterlassen, um wieder aus dem Geschäft hinauszukommen, damit sie ihn wegen eines Hauskaufes konsultieren konnte.
Man verurteilte ihn wegen Einbruchs und Fälschung. Die Diskrepanz zwischen seiner Erwartung und der Wirklichkeit entstand dadurch, daß er falsche Annahmen darüber gemacht hatte, was wohl passieren würde, wenn er bestimmte Dinge täte. Seine Unwissenheit war sein Unglück.
Wenn die Leute um die Wirkungen dieser Übungen wissen, brauchen sie solche Fragen, wie die vorliegenden, nicht mehr zu stellen. Wenn sie nicht darum wissen, kann man es ihnen am besten durch so ein Gleichnis aus dem Alltagsleben erklären.
Mir gefiel die Überschrift zu diesem Bericht. Sie lautete: ›Der Dieb, der die Last eines anderen stahl!‹

Im Zweifel: heraus damit

Zufällige Übungen haben leicht die Wirkung, die der Rat des Mulla Nasrudin gehabt hätte, wenn jemand dem Rat des Weisen im folgenden Fall gefolgt wäre:
›Nasrudin, du bist ein erfahrener Mann‹, sagte ein Philosoph. ›Weißt du ein Mittel gegen Augenschmerzen? Ich lese viel, und die Augen tun mir weh.‹
›Ich weiß nur‹, antwortete Mulla, ›daß ich einmal Schmerzen in zwei Zähnen hatte. Ich bekam keine Ruhe, bis ich sie mir ziehen ließ.‹

Nach den Richtlinien einer Schule

F: Wann ist ein Schüler wirklich in einer Schule und wann ›arbeitet er nur nach den Richtlinien einer Schule‹?

A: Wenn Sie in einer Schule sind und nicht nach den Richtlinien der Schule arbeiten, dann sind Sie gar nicht wirklich an einer Schule. Wenn Sie in einem Seminar sind und fest schlafen, dann sind Sie tatsächlich in einem Schlafzimmer. Wenn Sie ›nach den Richtlinien einer Schule arbeiten‹, dann sind Sie in einer Schule. Die einzige Art von ›arbeiten‹, von der man sagen könnte, Sie ›arbeiteten *nur* nach Richtlinien‹, wäre nach meinem Verständnis, wenn Sie einfach etwas nachahmen. Soweit ich den Ausdruck ›nach Richtlinien arbeiten‹ verstehe, würde ich ihn interpretieren als ›vorgeben, etwas zu tun‹. Ein Beispiel wäre, daß man sich amüsiert und gleichzeitig meint, man täte etwas Nützlicheres oder Wichtigeres. Aber ich würde nicht Ihren Ausdruck benützen, um dieses Verhalten zu beschreiben, da das Wort ›arbeiten‹ für mich den Status eines Terminus technikus hat.
›Arbeiten‹ bedeutet für mich: ›Tun, was eine Schule tut, und nicht vorgeben, es zu tun oder Gründe und Interpretationen dafür zu finden.‹ Bei dieser Art von Arbeit ist es die Beziehung zwischen den Menschen und der Aktivität, die ›die Arbeit‹ ausmacht, und solche Arbeit kann überhaupt nur nach den richtigen Richtlinien getan werden.
Wenn ich die Frage so betrachten wollte, daß dabei irgendein Nutzen für das Studium herauskommt, müßte ich sie umformulieren und eine Art allgemeine Aussage daraus machen: ›Die Menschen wollen lernen. Am meisten hindert sie daran das Festhalten an blockierenden Tendenzen. Es führt bestenfalls zu beträchtlichen Verzögerungen, schlimmstenfalls zu einer verzerrten Art von Aktivität zur Unterhaltung einzelner oder von Gruppen. Dazu gehören

übertriebener Lerneifer, mangelhafte Selbstbeobachtung, das Verlangen nach gesellschaftlicher Anerkennung über ein vernünftiges Maß hinaus, ein Widerstand gegen das Lernen, der zugleich den Wunsch nach Phantasien hervorbringt, Selbstüberschätzungen oder Ungeduld, die dazu führen, daß nebensächliche oder noch unerreichbare Ziele angestrebt werden...

Sufi-Studien müssen echt sein, keine Imitation. ›Nach Richtlinien arbeiten‹ ist Imitation.

Wenn ein Schüler ernsthaft in einer Schule arbeiten möchte, muß er sich weitgehend die folgende Definition des Zieles, die von Abu'l-Hasan Nuri stammt, zu eigen machen: angestrebt wird ›Freiheit und Weitherzigkeit, das Ablegen (überflüssiger) Bürden, geistiger Schwächen und Offenheit gegenüber der Welt‹.

Hujwiri erklärt, wenn man wirklich zum Sufi werden wolle, schließe das Freiheit ein. Man müsse sich frei machen von Einflüssen und inneren Abhängigkeiten. Man muß also das hinter sich lassen, was wir als die Auswirkungen von Konditionierung und niedriger Gesinnung ansehen. Die Dinge, die in den Bereich der weltlichen Wertschätzung gehören, sollten ›großzügig‹ denen überlassen werden, die sie schätzen.

Das ist die ›Wirklichkeit ohne Namen‹, die wir aus Abu'l-Hasan Fushanjis denkwürdigem Ausruf von vor über tausend Jahren kennen: ›Das Sufi-Dasein ist heute ein Name ohne Wirklichkeit; früher war es eine Wirklichkeit ohne Namen.‹

Die Leute meinen häufig, weil Information und Wissen über Sufi-Prinzipien und Sufi-Praktiken überall verbreitet seien, müsse man sie nur noch in die Tat umsetzen.

Und doch kann man fast täglich beobachten, daß das wirklich Traurige am angeblich ernsthaften Menschen ist, daß sie es hochnäsig verachten, aus Dingen zu lernen, die sie für trivial halten, die ihnen aber wichtige Lektionen erteilen würden, wenn sie nur die Augen aufmachen würden. Aber

sie machen die Augen eben nicht auf, und deswegen braucht man eine richtige Schule, in der man die Gewähr hat, daß alle wesentlichen Aktivitäten und Lehren beachtet werden.
Das Märchen ›Des Kaisers neue Kleider‹ sollte einen natürlich lehren, daß man aus allem etwas lernen kann und daß man etwas nicht deswegen ablehnen sollte, weil es nicht interessant genug aussieht oder weil es nicht von einem Millionär kommt, oder nicht durch einen Doktortitel legitimiert wird, oder keine mächtigen Waffen hinter sich hat, oder keinen Ruf eines spirituellen Meisters...
Es ist charakteristisch für die Menschen (zu der auch die Leute gehören, die ›nach den Richtlinien einer Schule arbeiten‹), daß zwar oft alles notwendige Wissen und alle Informationen da sind, aber die Leute entweder keine Notiz davon nehmen oder nur die Teile herauspicken, die ihnen zusagen.

Information und Handeln

Ein Beispiel aus der Gegenwart (*The Times*, London, 18. November 1976, S. 8, Spalten 2–4) bringt die Sache auf den Punkt.
Aber wie viele Leute werden die Parallele begreifen, da es sich nur um das Essen handelt und nicht um andere Formen von ›Nahrung‹?
Die Deutsche Gesellschaft für Ernährungswissenschaften überprüfte in 50000 Haushalten die Eßgewohnheiten der Leute. Obwohl das Niveau der öffentlichen Information über falsche Ernährung und Überernährung hoch ist, stellte man fest, daß die Gesundheitsschäden, die durch falsche Ernährung entstehen, jedes Jahr 17 Milliarden DM kosten. Die Schäden, die durch Rauchen und Alkoholkonsum entstehen, belaufen sich im Gegensatz dazu nur auf 3 Milliarden DM. Jeder zweite Deutsche hat Übergewicht. Alle Schichten der Bevölkerung machen Fehler bei der Bemes-

sung der Kalorienzufuhr und bei der Schätzung des Eiweißbedarfs. Nur 10% der Bevölkerung hat das richtige Gewicht. Fast jeder leidet an Vitaminmangel.
Wie bei allen anderen Parallelen, die man heranzieht, soll damit nicht eine spezifische Gemeinschaft gebrandmarkt werden, in diesem Falle die Deutschen, denn ähnliche Ergebnisse und Daten lassen sich überall finden.

Lehren durch persönliches Vorbild

F: Wir lesen von Menschen, die ihre Zeit mit Sufi-Lehrern verbringen, und wir wissen, daß Sufis manchmal jahrelang mit denjenigen Kontakt halten, die von ihnen lernen wollen. Viele Berichte über das Leben und den Umgang von Sufi-Lehrern mit Schülern und anderen Menschen werden laufend veröffentlicht, ursprünglich nur im Osten, neuerdings auch vielfach im Westen. Welchen Sinn hat dieses ›Lernen durch vorgelebtes Leben‹ bei den Sufis, verglichen mit dem Zweck spiritueller Übungen oder Erklärungen und Ermahnungen?

A: Das Lehren durch die Interaktion zwischen Lehrer und Schüler hat viele Aspekte. Einer, der relativ leicht verständlich ist, wird dennoch im Verständnis der Schüler eher vernachlässigt. Die Maßnahmen, die Stimuli und Aktivitäten, die ein Sufi plant, sind dazu gedacht, Verhaltensweisen zu veranschaulichen und subjektive Reaktionen aufzuzeigen. Große Sufis ›schockierten‹ die Menschen, um ihnen ihre engstirnige Denkweise zu demonstrieren. Sufis schockieren auch weiterhin engstirnige Leute, obwohl es natürlich keinerlei Garantie dafür gibt, daß solche Leute aus dieser Erfahrung irgendwelchen Nutzen ziehen. Manchmal profitieren statt dessen Zuschauer davon. Bedenken Sie, daß Schüler ist, wer lernt, und nicht wer bloß denkt, er sei ein Schüler.

Wie der Sufi an diese Aufgabe herangeht, was er sagt oder tut, was er verschweigt oder unterläßt, wird von den örtlichen Gegebenheiten abhängen. Sie können das der traditionellen Literatur entnehmen. Einer der alten Scheichs sagte einmal: ›Sufismus wurde früher allein durch Zeichen vermittelt.‹

Das verlangt einen Schüler, der Zeichen deuten kann. Durch die Einführung in die Literatur konnte man Erfahrungen verschiedener Art vermitteln und veranschaulichen. Das geschieht sowohl mit Hilfe der Literatur, als auch durch das geschriebene oder gesprochene Wort oder durch das persönliche Vorbild. Ob der Schüler davon einen Nutzen hat, wird davon abhängen, wie weit er sich auf das Material einstimmen kann. Im allgemeinen kann er das nicht, weil er zu sehr nach ›Wahrheit‹ und ›Fortschritt‹ giert, um die notwendige Ruhe und Bescheidenheit aufzubringen. Dann ›konsumiert‹ er die Materialien nur und nimmt sie als emotionale Stimuli, was er mit allen anderen Dingen ebenfalls hätte tun können.

Scheich Ibrahim Gazur-Ilahi hat von allen Sufi-Meistern am eindringlichsten darauf hingewiesen, daß ein Lehrer, der seine eigene Reise beendet hat, diese Reise mit jedem Schüler aufs neue wiederholt. Das kann man mit dem Gleichnis ausdrücken, daß der Samen in der Pflanze ist und die Pflanze im Samen.

Das ›Lehren durch persönliches Vorbild‹ muß bei den Sufis auf die Schüler zugeschnitten sein. Es darf nichts Mechanisches sein, das bei allen Menschen in der gleichen Weise angewendet wird.

F: Diese Information ist so leicht zugänglich und findet sich in den Werken aller großen Sufi-Lehrer. Warum nehmen sie nicht mehr Menschen auf?

A: Das ist schon immer so gewesen. Ich kann heute nur ebenso antworten wie früher:
›Die Weisen wissen, weil sie für ihr Wissen bezahlt haben. Man nimmt ihren Rat nicht an, weil sie ihn um einen viel niedrigeren Preis hergeben, als sie selbst dafür bezahlt haben.‹
Das Lehren durch persönliches Vorbild hat viele andere Dimensionen, nachdem die Phase, in der die Leute zu sich selbst geführt werden, abgeschlossen ist. Man könnte die Situation mit einer anderen vergleichen, von der Blackett sagt: ›Ein erstklassiges Labor bietet auch mittelmäßigen Wissenschaftlern die Möglichkeit, hervorragende Arbeiten zu leisten.‹ Die Beispiel-Situation ermöglicht Leuten, die ein gewisses Potential mitbringen, über sich selbst hinauszuwachsen. In dieser Situation werden die Leute dazu ermutigt, in der Weise zu lernen, in der das Lernen wirklich möglich ist, und nicht in der Weise, mit der sie selbst an die Sache herangehen. Ziehen wir noch einmal eine wissenschaftliche Parallele. Mackay* schreibt: »Wir werden lernen müssen, Dinge nicht einfach deswegen zu tun, weil wir sie tun können.«
Verhaltens-Lehren sind oft Gegenstand wahrer und erfundener Anekdoten. Mulla Nasrudin-Geschichten beleuchten charakteristischerweise oft sowohl das Verhalten des Weisen als auch das des Dummen, abgesehen von ihren sonstigen, eher verborgenen Dimensionen.
Die Geschichte vom Weinstock ist als Gleichnis für konkrete Lebenssituationen gedacht.

* Alan L. Mackay, *The Harvest of a Quiet Eye*, a Selection of Scientific Quotations, London Institute of Physics, 1977.

…er menschliche Weinstock

… flanzten einmal Weinstöcke, und Nasrudin
… e da täten.
… den Boden, damit sie Frucht tragen.‹
… ich gerne tun‹, sagte der Mullla, ›bitte
… ein, damit ich Frucht tragen kann.‹
… er alle nur denkbaren Einwände dagegen
… ßen sie sich erweichen und taten, worum
… en hatte.
… sahen sie ihn umhergehen. Einer der
… haben dir doch gesagt, daß du keine
… st, wenn wir dich einpflanzen.‹
… wiesen‹, sagte Nasrudin, ›denn ich habe
… Weile entwurzelt, weil ich fror – und
… Frucht tragen kann.‹

Der Lehrplan einer Schule

F: Können Sie uns einen Einblick in den Lehrplan einer Schule gewähren, damit wir sie gleichsam ›von innen‹ betrachten können?

A: In unserer Lehre müssen wir folgende Elemente richtig einordnen: Schüler, Lehrer und die Begleitumstände des Lehrers. Nur wenn unsere Studien zur rechten Zeit am rechten Platz mit dem geeigneten Lehrer und den richtigen Schülern zusammentreffen, können wir eine kontinuierliche Entwicklung gewährleisten.
Klingt das kompliziert oder unvernünftig? Lassen Sie uns

von diesen Voraussetzungen aus eine Parallele zu einer ganz normalen Schule ziehen.

> Wenn wir etwas über Physik lernen wollen, brauchen wir einen Lehrer, der Physik studiert hat, und Schüler, die lernen wollen und Fähigkeiten zum Lernen sowie gewisse Grundkenntnisse mitbringen. Außerdem benötigen wir gut eingerichtete Laboratorien und andere Lernmittel.

Ein Physiklehrer könnte keine wirklichen Fortschritte erzielen, wenn er eine Klasse von Idioten oder Leute, die vor allem Macht oder Ruhm oder Reichtum durch die Physik erwerben wollten, vor sich hätte. Eine Klasse von hochbegabten Schülern, die einen Lehrer vor sich hätte, der von Physik keine Ahnung oder nur ein kümmerliches Halbwissen hätte, würde ebenfalls nichts leisten können. Ein guter Lehrer mit geeigneten Schülern könnte wenig tun, wenn er nicht Instrumente und Laboratorien, Unterrichtsräume usw. zur Verfügung hätte.
Die Lehrer der unvergänglichen Höheren Lehre brauchen gleichfalls unbedingt diese Dinge.
Und doch ist das, was bei dem konventionellen Studium aller Fächer so selbstverständlich ist, in esoterischen Kreisen weitgehend ignoriert und vernachlässigt worden. Warum? Weil sie eine primitive und beschränkte Vorstellung vom Lernen haben. Wie ein Dummkopf, der eben erst von der Physik gehört oder einige Experimente gesehen hat, will der Möchtegern-Schüler alles *sofort.* Er interessiert sich nicht dafür, ob die Anwesenheit anderer Schüler wichtig ist. Er will sich nicht an den Lehrplan halten, und er sieht keine Verbindung zwischen dem Gebäude und dem Fach Physik; deshalb will er auch ohne Labor auskommen.
Sehen Sie sich an, was geschieht, wenn Leute lehren oder lernen wollen ohne die richtige Anordnung der drei essentiellen Elemente:

Möchtegern-Schüler versuchen stets, ihre Studien nur mit einem oder höchstens zwei der drei wesentlichen Faktoren durchzuführen. Lehrer versuchen, ungeeignete Leute zu unterrichten, weil es schwierig ist, genug Schüler zu finden, um eine Klasse bilden zu können. Schüler, die keinen Lehrer haben, wollen autodidaktisch lernen. Übertragen Sie das auf eine Gruppe von Leuten, die Physik studieren wollen, und Sie werden einige ihrer Probleme verstehen können. Andere lesen die Literatur und wenden die Methoden älterer Schulen an. Sie versuchen, mit den Abfallprodukten eines anderen physikalischen Labors zurechtzukommen. Sie führen Rituale ein, sind fixiert auf Prinzipien und Schlagworte, messen Elementen, die nur Werkzeuge sind, eine übertriebene Bedeutung zu, weil sie diese Elemente für das zentrale Erbe halten.

Jedermann kann mehrere Schulen, Kulte, Religionen, psychologische oder philosophische Systeme aufzählen, die in diese Kategorie gehören.

Wir können kategorisch sagen, daß es unmöglich ist, das menschliche Wissen um höhere Dinge mit diesen Methoden zu mehren. Die statistische Möglichkeit, in einer angemessenen Zeit sinnvolle Ziele zu erreichen, ist dabei so verschwindend gering, daß wir sie aus unseren Überlegungen ausschließen können.

Warum stochern die Leute dann unermüdlich in der Asche herum und suchen nach der Wahrheit, wenn ihre Chance, sie zu finden, so gering ist? Ganz einfach: Weil sie sich lieber konditionieren lassen als ihre Fähigkeit zur höheren Wahrnehmung auszubilden, wenn sie versuchen, den Sufi-Pfad zu beschreiten. Es ist reizvoll und stachelt die Neugier an, den Schritt ins Unbekannte zu tun. Wenn der gewöhnliche menschliche Geist Anzeichen für einen höheren Daseinszustand sieht oder wenn er nur die Möglichkeit dazu wahrnimmt, wird er zuverlässig daraus folgern, daß dieser

Geist wachsen kann, ohne der Faktoren Lehre, Lehrer, Schüler, Zeit und Ort zu bedürfen, obwohl sie so wesentlich sind.

Der Mensch hat auf seiner Suche nach Wahrheit wenige Alternativen. Er mag sich auf seinen Intellekt allein verlassen und hoffen, er sei fähig, damit die Wahrheit zu erkennen oder auch nur den Weg zur Wahrheit zu finden. Das ist ein wenig aussichtsreiches, aber reizvolles Vabanquespiel. Er kann auch auf eine Person oder eine Institution vertrauen, die angeblich den Weg kennen. Auch dieses Spiel ist wenig aussichtsreich. Abgesehen von ein paar wenigen, mangelt es den Menschen im allgemeinen an einer so weit entwickelten Wahrnehmung, daß sie wissen:

1. daß sie nicht ihren eigenen Gedanken allein vertrauen dürfen;
2. wem oder was sie trauen dürfen.

Daraus ergeben sich zwei grundlegende Denkansätze. Der eine sagt: ›Folge deinen Eingebungen‹, und der andere sagt: ›Vertraue dieser oder jener Institution.‹ Beide sind im Grunde für den durchschnittlichen Menschen nutzlos. Beide bringen ihn nur dazu, seine Zeit zu verschwenden.

Die bittere Wahrheit ist, daß ein Mensch erst dann seine eigenen Mängel und die Kompetenz eines anderen Menschen oder einer Institution erkennen kann, wenn er etwas gelernt hat, mit dessen Hilfe er beides wahrnehmen kann. Beachten Sie, daß seine Wahrnehmung selbst schon das Ergebnis des rechten Studierens ist und weder darin besteht, sich instinktiv und gefühlsmäßig zu einer Person hingezogen zu fühlen, noch darin, es ›allein schaffen zu wollen‹. Das erst heißt, das Lernen zu lernen.

Alles das bedeutet natürlich, daß wir hier die Notwendigkeit einer vorbereitenden Schulung postulieren, ehe die Arbeit der Schule überhaupt beginnen kann. Wir bestreiten, daß ein Mensch studieren und wirklichen Nutzen aus der Schule ziehen kann, bevor er darauf richtig vorbereitet ist. Kein

Mensch kann Raumfahrttechnik lernen, ohne etwas von Mathematik zu verstehen.
Das soll nicht heißen, daß ein Mann oder eine Frau nicht ein Gefühl für die Wahrheit haben können. Aber der wirre und sprunghafte Geist, den die meisten Menschen geerbt haben, verzerrt leicht die Qualität und die Quantität dieses Gefühls. Deshalb ziehen sie oft völlig falsche Schlüsse darüber, was sie tun sollten oder könnten.
Das soll nicht heißen, daß der Mensch nicht an Studien und Aktivitäten teilnehmen kann, die auf den Teil in ihm einwirken, der empfänglich ist für ein höheres Leben und Wissen. Aber die bloße Anwendung spezieller Techniken wird das Bewußtsein dieses Menschen nicht verändern. Sie wird lediglich in Zentren des Denkens und Fühlens einmünden und sie mehr oder weniger dauerhaft stören, denn dort ist nicht ihr Platz. So wird etwas, was ein Segen sein sollte, zu einem Fluch. Zucker ist z. B. für einen normalen Menschen nahrhaft. Für einen Diabetiker ist er Gift.
Deshalb können die Techniken des Studiums und der Entwicklung einem Schüler erst zugänglich gemacht werden, wenn er gelernt hat, sie auf die Weise zu benützen, für die sie gedacht sind, und nicht zur kurzfristigen Befriedigung.
Deshalb hat unser Lehrplan zwei Teile: Der erste besteht darin, vorbereitende Materialien zur Verfügung zu stellen, damit der einzelne so weit kommt, daß er Schüler werden kann. Der zweite Teil ist die Entwicklung selbst.
Wenn wir oder irgend jemand anders solche Materialien zu früh weitergeben, werden sie auf einer niedrigeren Ebene wirken, als es möglich wäre. Bestenfalls sind die Resultate harmlos. Schlimmstenfalls werden sie den Geist des Individuums dazu konditionieren, in automatischen Mustern zu denken und nach ihnen zu handeln. Auf diesem Wege kann man Leute scheinbar ›bekehren‹ und absichtlich mit ihren Gefühlen spielen, mit ihren niedrigen Begierden und ihrer Neigung zur Konditionierung. Man kann Leute auf diese Weise dazu erziehen, bestimmten Personen gegenüber loyal

zu sein. Man kann Institutionen gründen und weiterführen, die mehr oder weniger ernsthaft und konstruktiv zu sein scheinen. Aber in Wirklichkeit wird kein echter Fortschritt in Richtung auf ein Wissen um den Menschen und die höheren Dimensionen stattfinden, in denen er teilweise lebt.
Die Vorbereitung des Schülers ist ebenso wichtig wie alles andere, was er tut.
Der Sufi-Dichter Hafiz sagt: ›Der Sucher darf nicht ohne Wissen des Weges und der Lage der Stationen sein.‹ Dieses Wissen erwächst daraus, daß man dem Lehrplan folgt. Dazu muß man regelmäßig an den Aktivitäten einer Schule teilnehmen und die Weisungen des Lehrers befolgen.
Wenn ein Schüler in einer Sufi-Schule lernen möchte, wie man lernt, sollte er sich die folgende Ermahnung zu Herzen nehmen: ›Wenn du zu weich bist, wirst du zerschmettert werden, wenn du zu starr bist, wirst du gebrochen werden, wenn du zu hart bist, wirst du Wunden verursachen, wenn du zu scharf bist, wirst du verletzen.‹
Im Unterricht kann man mit sekundären Dingen arbeiten, die instrumentell eingesetzt werden und die man sicherlich nicht mit primären verwechseln wird.
Hujwiri zitierte in seinem über tausend Jahre alten Buch *Revelation of the Veiled* (Die Offenbarung des Verhüllten) die Worte von Scheich Al-Intaki:

> Die Ehre des gewöhnlichen (Menschen) besteht darin, sekundäre Dinge für die wahren Ursachen zu halten, während die Ehre des Derwischs darin besteht, sekundäre Ursachen nicht gelten zu lassen und auf DER URSACHE zu bestehen.

Die Schule arbeitet mit dem, was primär ist. Die (einigen Menschen) zweckmäßig erscheinenden Handlungen derer, die zwar geeignete Materialien benützen, sie jedoch nur im gewöhnlichen begrenzten Sinn anwenden, werden in der folgenden Geschichte über Nasrudin und seine Setzlinge geschildert:

Rechte Gedanken, falsche Anwendungen

Der Mulla verbrachte einmal einen ganzen Tag damit, einige Setzlinge in seinen Garten zu pflanzen.

Als er fertig war und zurücktrat, um sich an seiner Arbeit zu freuen, kam ihm plötzlich ein Gedanke.

Als die Dämmerung hereinbrach, zog er die Pflanzen wieder aus dem Boden und hüllte sie dann beim Licht einer Laterne in Sackleinen ein.

Er ging mit dem Sack über die Felder nach Hause. Ein paar Freunde sahen ihn und riefen ihm zu: ›Was machst du denn da, Nasrudin?‹

›Ich handle nach reiflicher Überlegung. Ich habe nämlich erst spät am Tage, aber nicht zu spät, wie ihr sehen könnt, gemerkt, daß es besser ist, sein Eigentum im Haus zu behalten und es zu bewachen.‹

Das sekundäre (›kommandoführende‹) Selbst, das jeder hat, ist das Selbst, das jedermann für das wahre Selbst hält. Es steht zum wahren Sein des Menschen im selben Verhältnis wie das Gesicht zum ganzen Menschen: es ist eine Art ›persona‹, eine Maske. Rumi sagt in seinem *Fihi ma Fihi*, daß jedermann einen Spiegel gern sähe und verliebt sei in die Widerspiegelung seiner eigenen Eigenschaften und Fertigkeiten, obwohl er die wahre Natur seines Gesichtes nicht kenne.

Er hält den Schleier, das Verhüllte, das er im Spiegel sieht, für sein Gesicht. ›Nimm den Schleier von deinem Gesicht, damit du mich als den Spiegel deines wahren Gesichtes sehen kannst, auf daß du erkennen kannst, daß ich ein Spiegel bin.‹

Der Unterricht einer Schule ›von innen‹ betrachtet, wie Sie sagten, beruht auf der Fähigkeit des Lehrers, Spiegel zu sein. Dadurch kann er die Eigenheiten und Bedürfnisse des Schülers einschätzen. Er imitiert oft den Schüler, damit er sich in einem Spiegel sehen und entsprechend reagieren kann.

Alles über jemanden wissen

F: Genügt es schon, mit einem wissenden Menschen umzugehen, um etwas zu lernen? Braucht der Lehrer den Schüler nicht?

A: Sie erinnern sich doch bestimmt an Gelegenheiten, bei denen Sie nichts oder nicht alles gesagt haben, was Sie gerade dachten?
Haben Sie jemals darüber nachgedacht, daß Leute, die Sie kennen, vielleicht Dinge wissen, über die sie nicht mit Ihnen reden, selbst wenn diese Dinge von größter Bedeutung für Sie wären? Vielleicht gibt es einen Menschen, den Sie ›gut kennen‹, mit dem Sie täglich zusammenkommen, ›mit dem Sie einer Meinung sind‹ und Gedanken austauschen. Gleichzeitig haben Sie vielleicht keine Ahnung, daß er ein bestimmtes Wissen hat und sogar die Fähigkeit, es weiterzugeben, wenn die Umstände es erlauben.
Er muß Ihnen nicht im geringsten rätselhaft erscheinen, aber er kann trotzdem ein tiefes Geheimnis bergen.
Die Vorstellung, daß man alles über einen Menschen weiß, weil man Erfahrungen mit ihm teilt und über Persönliches mit ihm spricht, ist irrig. Sie beruht auf dem Irrglauben, daß Menschen nicht *nicht* kommunizieren können, was immer der Gegenstand ihrer Rede sein möge.
Wissen ›färbt‹ nicht automatisch ›ab‹, ebensowenig, wie es durch Worte allein vermittelt werden kann, und es kann auch nicht durch eine Schulung der gewöhnlichen Art erlangt werden.
Sie können daher nicht wahres Wissen dadurch erlangen, daß Sie mit jemandem Umgang pflegen, der es besitzt, besonders dann nicht, wenn Sie nicht wissen, daß es da ist, und solange Sie nicht in der richtigen Weise auf das Lernen vorbereitet sind.

Jemand oder etwas muß Ihnen zuerst zeigen, wie Sie Vorhandenes wahrnehmen können. Ohne Vorbereitung kann es kein Lehren geben. Was die Bedürfnisse des Lehrers angeht, so sagt der große Meister Jami in seinem *Lawaih* (im 21. Essay): ›Das Absolute braucht nicht das Relative, außer, um sich auszudrücken, aber das Relative braucht das Absolute, um überhaupt existieren zu können.‹
In Übereinstimmung damit muß man einsehen, daß der Lehrer in der Lernsituation wichtiger ist als der Schüler. Vor allem muß der Schüler den Lehrer als wichtiger ansehen. Der Lehrer selbst betrachtet vielleicht den Schüler als wichtiger, aber das ist die Angelegenheit des Lehrers. Seine Haltung tut nichts zu Sache, wenn die Rede vom Lernen und nicht vom Lehren ist.

Bemerkungen zum Derwisch-Pfad

F: Könnten Sie uns ein paar zentrale Punkte nennen, mit denen sich alle beschäftigen sollten, die am Weg des Derwischs, am Sufi-Pfad, interessiert sind? Wie geschehen die Wunder, die man den Sufis zuschreibt?

A:

1. Die menschliche Umwelt führt zu gewissen subtilen Veränderungen beim einzelnen, die sein ganzes Sein durchdringen. Anstatt nur diese Veränderungen zu erfahren, hat der Mensch die Chance, zu einer Form des Selbst Zugang zu gewinnen, die vergleichsweise unendlich viel höher ist. Lassen Sie mich einen Terminus technicus benützen: Der Mensch ist derzeit ›nur halb wach‹.
2. Diese Veränderung läßt den Menschen seine Bestim-

mung genauer erkennen, beeinträchtigt aber seine gewöhnlichen zwischenmenschlichen Beziehungen nicht. Sie bereichert sie sogar.

3. Damit ein solcher Prozeß zustande kommen kann, bedarf es eines Lehrers, der Lehre, der Anwendung der Lehre in einer Weise, die für die Schüler angemessen ist, und geeigneter Rahmenbedingungen. Diese Faktoren müssen alle zusammenkommen.
4. Die hier angesprochene Botschaft kann man so formulieren: Es gibt eine höhere, eine weitere Dimension, in der der Mensch schon teilweise lebt, obwohl er das im allgemeinen nicht wahrnimmt. Es besteht aber Hoffnung, daß er sich ihrer ebenso bewußt werden kann, wie er sich der vertrauten Welt bewußt ist.
5. Die Verwirklichung dieser Dimension erlaubt es einem Menschen, in der uns allen bekannten, leicht wahrnehmbaren Welt und auf anderen Gebieten große Leistungen zu vollbringen. Sie verhindert, daß er ein Werkzeug einer nur konditionierten Existenz mit all ihren Ängsten und ihrer Sinnlosigkeit wird. Der Mensch neigt dazu, unglücklich zu sein, nicht wegen der Dinge, die er weiß, sondern wegen der Dinge, die er nicht weiß.
6. Nur durch die Ausrichtung im Rahmen einer Gruppe von Menschen, von denen jeder einzelne die Möglichkeit dieser Verwirklichung mitbringt, und die in der richtigen Weise zu einer wahren Gemeinschaft harmonisch zusammenwächst (in direktem oder indirektem Kontakt), kann wahres Verständnis entstehen und der nächste Schritt auf den menschlichen Fortschritt hin getan werden.
7. Die Einmütigkeit und Integration dieser Gruppe sind sowohl für den Erfolg des einzelnen als auch für den der Gruppe entscheidend. Im Grunde besteht fast die einzige Chance des Menschen, seine individuelle Bedeutung zu verwirklichen, in der Unterstützung einer Gruppe von geeigneten Leuten.

8. Diese Lehre und ihre Anwendungsmethoden sind seit unvordenklichen Zeiten bekannt. Sie sind zu allen Zeiten verbreitet worden. Sie sind das Ureigentum und die Bestimmung des Menschen. Sie stehen in Verbindung mit einer Vergangenheit, in der man um diese Entwicklung viel allgemeiner wußte, erleben eine Gegenwart, in der sie außer von ein paar Wenigen vergessen wurden, und haben eine Zukunft vor sich, in der ›das große Werk‹ das ganze und legitime Ziel der Menschheit sein wird.
9. ›Der neue Mensch‹, ›der wahre Mensch‹, ›der vollkommene Mensch‹ sind unterschiedliche Ausdrücke, die man jahrehundertelang für dieses Ziel benützt hat. Die Aktivitäten nannte man ›geheim‹ oder ›verborgen‹ oder ›initiierend‹, und zwar aus anderen Gründen, als den Leuten bewußt ist.

Die Leute interessieren sich für Wunder und täten doch besser daran, sich für die Wahrheit zu interessieren. Wunder sind Nebenprodukte oder Teil der besonderen außersinnlichen Aktivität, die einige Menschen entfalten. Diese Entfaltung vollzieht sich dadurch, daß diese Menschen mit jedem Zuwachs an Wissen oder an Fähigkeit zusätzliche Funktionen erhalten, genauso wie in der normalen Erziehung, aber hier eben in einem eigenen Bereich.

Ein Beispiel unter vielen, das für die Aktivität stehen kann, die durch außersinnliche Wahrnehmung eines Sufis in Gang gesetzt wird, zeigt gleichzeitig, wie ›Wunder‹ im Dienste der Pflicht stehen. Ibn Arabi erzählt in seinem *Ruh al-Quds*, wie er eines Abends den Drang verspürte, Abu-Abdullah al-Khayyat (den ›Schneider‹) in Sevilla zu besuchen. Er legte einen weiten Weg zurück, um ihn aufzusuchen. Al-Khayyat sagte: ›Warum kommst du so spät? Du hast etwas bei dir, was ich brauche.‹ Ibn Arabi nahm die fünf *dirhams*, die er bei sich trug, aus der Tasche und gab sie al-Khayyat. Dieser sagte ihm, er brauche sie dringend für einen armen Mann namens Ali al-Salawi.

Zusammenkünfte, Gruppen, Klassen

F: Es besteht ein großes Intersse an Zusammenkünften, Gruppen, und Unterrichtsklassen. Sind sie das eigentliche Ziel der Sufi-Lehre?

A: Leute, die nichts von höheren Lehren verstehen oder die man dazu erzogen hat, in oberflächlicher Weise über sie zu denken, sind natürlich verwirrt, wenn sie schriftliche oder mündliche Aussagen vorfinden, die nicht in ihre Schablonen passen.
Das zeigt sich nirgendwo so deutlich, wie in den Bereichen von Kommunikation und zwischenmenschlichen Beziehungen.
Wenn man von ein paar hundert Leuten gehört hat, wie sie sich fühlen, und wenn man einige Dutzend Briefe von ›Suchern‹ gelesen hat, wird das Muster der oberflächlichen Hypothesen, mit denen selbst die leidenschaftlichsten Sucher dieser Art arbeiten, so glasklar, daß es selbst einer Maschine nicht entgehen könnte.
Leute, die in der gleichen Gegend wohnen, denken, sie könnten einfach willkürlich eine Gruppe bilden. Leute, die keine Lust haben, Bücher zu lesen, machen Propaganda für ›persönliche Kontakte‹. Leute, die weit weg wohnen, lechzen nach Reisen, Besuchen und Materialien, die sie ›verschlingen‹ können. Leute, zu denen Sie den äußeren Kontakt abgebrochen haben, werden unruhig und verbittert und suchen nach einfacheren Mitteln der Befriedigung. Die Leute hätscheln eifrig (aber unbewußt) den ›Kult des Zentrums‹, dessen hervorstechendes Merkmal der Glaube ist, daß ›alles gut wird, wenn ich nur da und da hingehe.‹
Nahezu niemand von diesen Menschen hat wirklich eine Ahnung davon, wie eine echte Gruppe entsteht, wie sie sich entwickelt, wie ihre lokalen Abteilungen arbeiten, wie ihre

Zukunft aussehen könnte und wie sie selbst etwas von dem profitieren können, was sie tun.
Wenn Sie Details über die Organisation und Einrichtungen einer regionalen Gruppe verbreiten, will jedermann in einer regionalen Gruppe oder Unterrrichtsklasse sein. Es ist geradeso, als würde man einem Kind gegenüber von einem Lutscher sprechen: vorher hat es vielleicht an ganz andere Dinge gedacht, aber dieses Schlüsselwort kann sein Gehirn so in Anspruch nehmen, daß daneben nichts anderes mehr Platz hat.
Stellen Sie sich diese Situation einmal kurzfristig in einem anderen Gebiet des Lernens vor, und Sie werden sofort sehen, daß ein solches Verhalten so primitiv und so undifferenziert ist, daß es so verschwenderisch mit Energie, mit Einsicht, ja einfach mit allem umgeht, daß man für diese Leute dringend etwas tun muß. Jedermann, der in solchen Verhaltensmustern gefangen ist, kann vorerst von keiner Art irgendeines höheren Wissens profitieren. Er ist vielmehr eine leichte Beute für Leute oder Organisationen, die ihm die sofortige Lösung von Konflikten versprechen und die, um das zu erreichen, mit den infantilen Verhaltensmustern der Leute kooperieren.
Die wahre höhere Gemeinschaft, zu der Sie gehören könnten, hat ihre eigene Organisationsform, ihre eigene Seinsform und ihre eigenen Kommunikationsstrukturen. Sie arbeitet teils mit regionalen, teils mit anderen Gruppierungen. Ihre Mitglieder studieren, sie empfangen, verarbeiten und verströmen Impulse des Wissens, unabhängig von der Form, die dieses Lernen hat. Für manche Menschen ist es zu gewissen Zeiten wichtig, von den anderen isoliert zu werden. Eine solche ›Isolation‹, die von den Bewohnern abgelegener Gebiete meist als Fluch empfunden wird, ist oft ein unschätzbarer Vorteil, der ihnen zuteil wurde. Wenn die Zeit für einen engeren Kontakt im üblichen Sinne gekommen ist, werden sich auch die Möglichkeiten dazu finden. Aber wenn der einzelne einfach Mitglied einer Herde sein

will, dann leisten Sufis diesem Bedürfnis ganz gewiß keinen Vorschub.
Was die höhere Lehre angeht, so muß der einzelne den Unterschied zwischen ›Wünschen‹ und ›Bedürfnissen‹ kennenlernen. Das kann er frühestens nach einer ersten Einführung. Wenn ein Kind sagt, daß es etwas braucht, dann bedeutet das oft, daß es etwas möchte, weil es diesen Unterschied gelernt hat. ›Ich brauche einen Lutscher‹ ist in keiner Weise eine adäquate Beschreibung der Lage. Nur die Erfahrung kann den Unterschied zwischen Wünschen und Bedürfnissen lehren.
Der Mensch hat ein angeborenes Verlangen nach Gesellschaft. Wer immer das auszunützen versteht, kann leicht reich, berühmt, angesehen usw. werden.
Mit dieser Neigung zu spielen, wäre nicht nur nach allgemeinen Prinzipien falsch, es wäre auch unproduktiv für unsere Arbeit, denn es würde bedeuten, daß wir angeblich die eine Sache machen, in Wirklichkeit aber eine andere.
Diese Art von Arbeit und diese Gemeinschaft funktionieren auf einzigartige Weise, und es gibt daher keine Notwendigkeit, primitive Organisationsformen zu übernehmen oder infantilen und neurotischen Wünschen nachzugeben, die sich als ›Bedürfnisse‹ tarnen.
Sobald wir das klargestellt haben und sobald Gruppen und einzelne begriffen haben, daß sie ihre gesellschaftlichen Maskeraden aufgeben können, ermöglichen die Arbeit und die Gemeinschaft zuverlässig, daß die nötigen Aktivitäten, die Kontakte, die Studien und das Lernen stattfinden können.
Kurz, diese Gemeinschaft ist weder eine Affenherde noch eine militärische Truppe, deren Aktionen von Furcht und Begierde, von Belohnung und Strafe abhängen.
Diese Gemeinschaft arbeitet nach einem Muster, das sie sensibel macht. Dieses Muster ist ihr Schutz und ihre Stärke. Wenn Sie versuchen, sich selbst oder andere nach einem weniger subtilen Muster zu organisieren, stehen Sie

nicht mit unserer Arbeit in Verbindung. Sie haben sich, mit anderen Worten, von einer Weiterentwicklung abgeschnitten und sich dafür entschieden, ihr Leben dadurch zu stabilisieren, daß Sie es einfach mit Zerstreuungen hinbringen, so wie jemand Zeit vergeudet in einem Wartezimmer.
Arbeiten Sie nach der Methode und mit den Materialien, die Ihnen die Lehre vorgibt. Planen Sie ausschließlich, wenn Sie den Plan kennen.
Der Sufi-Meister Abu-Nasr illustriert die Notwendigkeit eines Planes und sinnvoller Prioritäten beim Lernen in seinem Buch *Kitab al-Luma.* Er zitiert die Worte eines sehr berühmten Sufis, Bayazid, der Abu Ali von Sind die formellen Riten des Islams lehrte. Abu Ali lehrte ihn dafür die Erfahrungs-Doktrin des Sufismus.
Doch einer der Schüler Bayazids berichtet, er habe in der ganzen Zeit von dreizehn Jahren, die er mit seinem Meister verbracht habe, kein einziges Wort aus seinem Munde gehört...
Das Mißverständnis, man müsse unbedingt ununterbrochen mit einem Meister in Berühung sein, der eine Art magischen Schlüssel darstellt, geht zumindest teilweise auf den Verfall der zahlreichen Gruppen zurück, die ursprünglich einmal Sufi-Gruppen waren, die aber im Laufe der Jahrhunderte zu oberflächlichen Kulten wurden.
Viele Sufis früherer Zeiten bestanden auf Einsamkeit und Anonymität und lehnten es ab, sich mit anderen zusammenzutun.
Muinuddin Chishti, der den Chishtismus in Indien einführte und der in Ajmer begraben ist, gab ein bemerkenswertes Beispiel dafür. Während einige seiner Verhaltensweisen von späteren Anhängern übernommen wurden, die meinen, sie folgten seiner Lehre, wurde sein Hang zur Einsamkeit ignoriert.
›Im allgemeinen erlaubte er nicht mehr als einem Derwisch auf einmal, ihn auf seinen Reisen zu begleiten‹, sagte Dr. Sharib. ›Er hielt sich bevorzugt in abgelegenen und unwirt-

lichen Gegenden auf. Manchmal verbrachte er viel Zeit auf einem Friedhof. Sobald man ihn irgendwo erkannte, verließ er diesen Ort. Er haßte öffentliches Aufsehen.‹

Die große Gefahr von Studiengruppen ist natürlich, daß sie leicht kleine Stämme oder Familien werden, Kulte oder Rahmen für gesellschaftliche Bedürfnisse und deren Befriedigung, und nicht Stätten des Lernens, geschweige denn, des Verstehens.

Dieses Muster zeigt sich oft ganz unverhohlen in vielen angeblich religiösen Gemeinschaften. Aus diesem Grund sagte Scheich Abdullah Ansari, Fasten sei ›nur ein Verzicht auf Nahrung‹, formales Gebet ›das Werk alter Männer und Frauen‹ und Pilgerreisen seien ›ein weltliches Vergnügen‹.

Leute können aus Gruppen und Zusammenkünften nur Nutzen ziehen, wenn sie nicht in eine der vier Fallen gegangen sind, von denen Ansari spricht:

Undankbarkeit im Glück
Ungeduld im Unglück
Unzufriedenheit mit dem eigenen Los
Zögern beim Dienst an den Mitmenschen.

Verborgene Dimensionen

Es gibt bei allen Materialien, mit denen wir arbeiten, verborgene Dimensionen der Bedeutung. Zu diesen Materialien zähle ich schriftliche und mündliche Überlieferung, Dinge, die man sehen und anfassen kann, aber auch solche, die man durchführen und erfahren muß.

Wie in allen ernstzunehmenden Traditionen müssen diese

inneren Dimensionen dann erschlossen werden, wenn sie wirksam werden *können*. Es geht nicht um Detektivarbeit, Rätselraten oder kaschierte Freizeitgestaltung. Ganz im Gegenteil müssen diese Elemente auf ihren relativ unbedeutenden Platz verwiesen werden.
Die verborgenen Dimensionen sind dazu da, im Augenblick ihrer Enthüllung eine bestimmte Erfahrung zu ermöglichen. Diese Erfahrung bringt ein Element in den Prozeß ein, das der Schüler braucht, um in seiner Entwicklung voranschreiten zu können.
Verborgene Dimensionen zu erschließen, nur damit sie erschlossen sind, ist nicht einfach nur oberflächlich: es nimmt der Erfahrung ihren Wert für die Entwicklung.
Lassen Sie mich das durch ein Beispiel verdeutlichen.
Ich sage: ›Das ist unsere Arbeit (Work).‹ Dieses Wort verbindet sich im Geiste des Hörers mit bestimmten Bedeutungen. ›Arbeit‹ bedeutet Tun. Aber wenn ich Ihnen dann anschließend verrate, daß ›Work‹ auch für »World Organisation for Research into Knowledge« (Weltweite Organisation für die Erforschung des Wissens) steht und aus den Anfangsbuchstaben dieser Wörter zusammengesetzt ist, dann entdecken Sie darin eine neue Reihe von Möglichkeiten. Aber das einfach nur so zu tun, wenn kein konstruktiver Sinn dahinter steht, ist banal.
Deshalb findet die ›Enthüllung von Geheimnissen‹ erst in einem Stadium statt, das *nach* dem Vertrautwerden mit den Materialien und Konzepten liegt. Die ›Enthüllung‹ muß auf einer Ebene liegen und unter Umständen stattfinden, die dem Ziel angemessen sind: der Entwicklung der Menschheit.
Wenn Sie bei diesem Prozeß ungeduldig sind, werden Sie einfach eine triviale Person werden, die mit Worten, mit Gegenständen und Konzeptionen herumspielt. Wenn Sie mit etwas Komplexem spielen und es so behandeln, als sei es etwas Einfaches, dann werden Sie seine wahre Kapazität nicht ausschöpfen. Ein elektronisches Gerät z. B., das hoch-

empfindlich, leistungsfähig und kostspielig ist, kann wie ein ganz einfacher Gegenstand aussehen, mit dem die Kinder spielen. Wenn Sie es zum Spielen benützen, dann spielen Sie eben: Machen Sie sich dann bitte nicht vor, daß es einen wichtigeren Teil Ihrer Persönlichkeit anspricht, nur weil es äußerlich kein Holzspielzeug ist und weil das Spiel damit Sie entweder entzückt oder deprimiert.

Es ist derzeit kaum ein sekundäres Buch über Metaphysik in Umlauf, in dem der Autor dieser Tendenz erfolgreich widerstanden hätte, und es gibt noch weniger Bücher, deren Bedeutung nicht von den Lesern verzerrt wird.

Es ist kein Wunder, daß eher konventionelle Menschen über die Metaphysiker lachen und daß die meisten Mataphysiker lediglich sich selbst und anderen beibringen, wie man unterhaltsame Spiele mit Dingen spielt, die in Wirklichkeit lebenswichtige Kräfte bergen.

Man muß das in immer neuen Formen unermüdlich wiederholen, weil die Leute die ganze Zeit von der Tendenz zum ›Spielerischen‹ umgeben sind, sowohl innerlich als auch äußerlich, der man nur entgegenwirken kann durch massive Konfrontation mit Materialien anderer Qualität und der Beschreibung ihrer Nutzung.

Denken Sie daran, daß schon die Lektüre und die Aufnahme solcher Ermahnungen wie dieser Ihnen eine Art Schutz geben und Ihnen ein Mittel zur Bewahrung der Wahrheit zur Verfügung stellen, das viel wirksamer ist, als Sie meinen.

Verborgene Dimensionen sind das Hilfsreichste, was unsere Materialien bieten, wenn sie richtig genutzt werden. Falsch oder oberflächlich eingesetzt, sind sie völlig nutzlos.

Die Kaaba verbrennen

Sufis greifen manchmal scheinbar das Abgeleitete oder Sekundäre an, um die Aufmerksamkeit auf das Wesentliche zu lenken. Attar erzählt, wie Shibli einmal brennende Kohlen durch die Straßen trug und sagte, er wolle die Kaaba in Brand setzen, die heiligste Stätte des Islams. Dann würden sich die Leute wohl endlich nicht mehr mit der Kaaba, sondern mit dem Herrn der Kaaba beschäftigen.

Erklärung

F: Nachdem ich Ihnen zugehört hatte und Ihre Bücher über die Einstellung der Leute zu ›höherem Wissen‹ gelesen hatte, habe ich das Verhalten der Menschen beobachtet und festgestellt, daß Sie recht haben. Die Leute glauben, daß sie selbst geeignete Kandidaten für dieses Wissen sind, nur weil andere davon gesprochen haben. Sie wollen aber trotzdem denjenigen, die ihnen sagen, wie sie an die Sache herangehen müssen, nicht wirklich zuhören. Sie studieren auch selektiv und erwarten, daß die Bruchstücke, die ihnen Spaß machen, ihnen das geben werden, was sie wollen. Den ganzen Lernprozeß zu durchlaufen, halten sie für überflüssig. Sie konkurrieren miteinander, wenn es um ›Erfahrungen‹, um emotionale Stimuli, persönliches Ansehen und kleinere soziale Vorteile geht. Gleichzeitig behaupten sie, daß sie ›höhere Dinge‹ suchen würden. Welche Erklärung haben Sie für dieses absurde Verhalten, wenn Sie eine haben?

A: Sie brauchen meine ›Erklärung‹ gar nicht, denn Sie müssen sich nur fragen, was diese Art von Verhalten für normale Menschen bedeutet und wo man es findet.
Sie brauchen nur einen Anthropologen oder einen Erziehungswissenschaftler mit historischen Kenntnissen zu fragen und Sie werden erfahren, daß dieses Verhalten für we-

niger weit entwickelte Menschen ebenso charakteristisch ist wie für benachteiligte Minderheiten oder Barbaren, denen man ›etwas Neues‹ anbieten will.
Diese Analyse ist nur denen nicht möglich, die jene Strukturen nicht betrachtet haben und die sich durch die Oberfläche der Dinge blenden ließen, z. B. dadurch, was ein Kult von sich selber behauptet.
Wenn die Leute, von denen Sie hier reden, entweder wissenschaftliche Kenntnisse oder Reichtümer erwerben wollten, würden Sie selbst sofort sagen können, daß sie allenfalls Barbaren oder Neurotiker sind. Schließlich haben sie praktisch keinerlei Grundwissen oder Schulung in dem, mit dessen Hilfe sie das erreichen können, was sie angeblich dringend brauchen. Es ist eine wichtige Aufgabe, diese Grundinformationen zur Verfügung zu stellen, so daß die Leute sozusagen ihre Füße in die Startlöcher setzen können, statt alle viere von sich zu strecken.
Die westliche Kultur ist stolz darauf, daß sie die Dinge auseinanderhalten kann. Damit haben die Leute die Chance, dieses wünschenswerte Talent, diese Fähigkeit und diese Schulung zu entfalten. Wenn sie das gründlich genug tun, kann wahres Lernen beginnen und wird nicht aufzuhalten sein.
Im Osten dagegen gibt es eine andere Tradition. Der Lehrer hebt typisches menschliches Verhalten dadurch hervor, daß er es selbst an den Tag legt. Das schockiert die anderen und macht sie auf ihre Schwächen aufmerksam, so daß sie lernen, ohne zuerst die Abwehrhaltung einzunehmen, die dann entsteht, wenn man die Schwächen direkt angreift. Dieses Verhalten hält bei den Schülern das Gefühl wach, daß sie keinen Grund haben, sich für ›auserwählt‹ zu halten, nur weil sie auf einem spirituellen Weg sind, sondern daß sie wahre Demut brauchen.
Als ich ein kleiner Junge war, ging ich eines Tages in das Arbeitszimmer meines Vaters und ließ die Tür offen. Er befahl mir nicht, daß ich sie schließen sollte. Statt dessen sagte er:

›Oh, ich habe anscheinend die Tür offengelassen. Würdest du sie bitte zumachen?‹
Daran erinnere ich mich noch heute, nach über vierzig Jahren.

Hiri und die Asche

Abu Osman al-Hiri tat etwas ganz ähnliches, als ihm jemand eine Ladung Asche aus einem Fenster auf den Kopf kippte. Seine Begleiter wollten die Person beschimpfen, die das getan hatte. Aber al-Hiri sagte nur: ›Wir sollten zutiefst dankbar dafür sein, daß mich nur Asche getroffen hat, obwohl ich glühende Kohlen verdient habe.‹

F: Warum sprechen Sie bei Ihren öffentlichen Auftritten nicht mehr über Gott?

A: Die Leute beklagen sich viel häufiger darüber, daß ich viel zu viel über Religion rede (was zeigt, daß man es nicht allen recht machen kann). Aber der Grund, aus dem ich viel weniger als manche andere über Gott spreche, ist derselbe, aus dem Ibn Arabi das angeblich auch getan haben soll. Er sagte: ›Es ist unwürdig, von Reinheit zu sprechen, wenn man Müll wegräumt; Reinheit ist das Ergebnis unumgänglicher Vorbereitungen.‹ Mir ist natürlich bekannt, daß Arabi vor ein Inquisitionsgericht kam wegen seiner ›Liebeslyrik‹, die man inzwischen als große mystische Literatur erkannt hat...
Angeblich soll auch Rabia gesagt haben: ›Jemandem, der einen Apfel schält, vorzuwerfen, er befasse sich mit der Schale, ist reine Unkenntnis, auch wenn es so aussieht, als sei die Situation richtig beschrieben.‹
Ein Sufi-Lehrer, den ich kenne, sagte einmal in meiner Gegenwart zu jemand, der ihn gebeten hatte, über Gott zu sprechen: ›Es wäre eine Beleidigung für Gott, wenn ich zu

Ihnen über ihn spräche, und es wäre eine Überschätzung meiner Person, mir zuzutrauen, daß ich es wagen könnte, von Gott zu sprechen.‹

Der ›Gott‹ der meisten Menschen ist ihre Eitelkeit, ihr Selbstbetrug; ›Gott‹ ist der Ausdruck, den sie für emotionale und intellektuelle Zwecke verwenden. Es ist wichtig, über ein Ding, und erst recht über Gott, mit Zurückhaltung zu sprechen, außer wenn man dazu berechtigt ist.

Der Gebrauch des Wortes ›Gott‹ muß sich nach dem Stand der geistigen Entwicklung der Person richten, die es benützt, und nach dem Stand der Zuhörer oder Leser. Shabistari sagte in seinem Sufi-Handbuch *The secret Garden* (Der verborgene Garten) im 14. Jahrhundert:

›Wenn der Moslem wüßte, was ein Götze ist, dann wüßte er, daß sich auch im Götzendienst Religion verbirgt. Wenn der Götzendiener wüßte, was Religion ist, wüßte er, wo er auf Abwege geraten ist. Er sieht in dem Götzenbild nur das Gegenständliche. Deshalb ist er nach Meinung des Islams ein Heide.‹

In seinem *Fihi ma Fihi* sagte Rumi: »Für den Menschen gibt es drei spirituelle Stadien. Im ersten schenkt er Gott keinerlei Beachtung, aber vergöttert alles und dient ihm: Frau oder Mann, Reichtum und Kinder, Steine und Äcker. Aber Gott betet er nicht an. Wenn er ein wenig Wissen und Bewußtsein erworben hat, dann dient er nur noch Gott. Und wenn er nach diesem Stadium noch weitergeht, dann verstummt er. Sodann sagt er weder ›ich diene Gott nicht‹ noch ›ich diene Gott‹, denn er hat diese beiden Stufen überschritten.«*

* Rumi, *Fihi ma Fihi*, Hg. Prof. Firuzanfar, übersetzt von A. J. Arberry (Discourses of Rumi), London, John Murray, 1961, S. 205/206.

Esoterik

Knaur®
Taschenbücher

Band 4114
288 Seiten
ISBN 3-426-04114-6

Gibt es ein Leben vor dem Leben? Besteht die Möglichkeit, sich an frühere Inkarnationen zu erinnern?

In diesem spannenden, authentischen Bericht geht es nicht um abstrakte Diskussionen über die Wahrscheinlichkeit wiederholter Erdenleben, sondern um einen konkreten Fall: den Fall Bridey Murphy. Über ihr Leben im 19. Jahrhundert erfahren wir alles Wichtige und viele minutiöse Details – aus dem Mund einer jungen, heute lebenden Amerikanerin. In Hypnose läßt sie sich zurückversetzen in die frühe Kindheit, bis zur Geburt. Und plötzlich tauchen Bilder auf, die aus einer Zeit vor der Geburt stammen müssen. Sie beginnt Einzelheiten von einem Leben zu erzählen, an das sie sich bewußt nicht erinnern kann.

Esoterik

Moira Timms

Zeiger der Apokalypse

Harmageddon und
neues Zeitalter
288 S. Band 4108

Moira Timms untersucht, was falsch gelaufen ist mit der Menschheitsentwicklung der vergangenen Jahrhunderte. Sie erläutert

- die drastischen Wetterveränderungen der letzten Jahrzehnte
- die langsame, aber zunehmend schneller werdende Verlagerung der Pole
- den desolaten Zustand unserer Wirtschafts- und Geldsysteme
- die permanent schlechter werdende Qualität unserer Ernährung
- die von Menschen verursachten ökologischen Probleme

Aufgrund dieser analytischen Betrachtungen, aber auch durch Hinzuziehung alter Prophezeiungen wie der Apokalypse des Johannes, der Überlieferung der Hopis und der E.-Cayce-Readings kommt das Buch zu dem Schluß, daß uns schwere Zeiten bevorstehen. Gleichzeitig wird aber auch auf die großen Chancen hingewiesen, die diese Zeitwende und Phase des Übergangs mit sich bringt.